JN116466

Europe's Trade
The Network of World Trade

世界貿易のネットワーク

［改訂版］

国際連盟経済情報局［著］
佐藤　純［訳］

創成社

訳者まえがき

本書は，第二次世界大戦中に国際連盟の経済情報局（Economic Intelligence Service）によって刊行された『ヨーロッパの貿易』と『世界貿易のネットワーク』を訳出したものである。原題は，*Europe's Trade: A Study of European Countries with Each Other and with the Rest of the World,* League of Nations, Geneva, 1941; *The Network of World Trade: A Companion Volume to "Europe's Trade"*, League of Nations, Geneva, 1942, である。

1920年に国際紛争の調停・解決を目的として創設された国際連盟は，優秀な経済学者が集う優れたシンクタンクでもあった。経済情報局の局長ラヴディ（Alexander Loveday）は信頼の厚い人物であり，彼の下には若く優秀な経済学者が集った。ラヴディは部下の研究者に対し，研究対象である国・地域への旅行をすすめるなど，資金，時間，両面において支援を惜しまない人物であったようである（P. Clavin, *Securing the World Economy, The Reinvention of the League of Nations, 1920-1946,* Oxford University Press, 2013, p.202）。原著は，かかる恵まれた研究環境の中で，スウェーデン人であるヒルガート（Folke Hilgerdt）によって執筆された。

『世界貿易のネットワーク』は，これまで多くの研究者に影響を与えてきたが，気軽に日本語で読むことができる状況にはない。同書は，終戦後まもなく，大蔵省によって訳されているが（大蔵省理財局『世界貿易網』（国際聯盟）『調査月報』第36巻特別第2号，昭和22年3月5日発行），この翻訳は現代では通常使用されない漢字や表現，さらには意味をなさない文章が多く，通読するのは困難であろう。また，『ヨーロッパの貿易』の邦訳はない。

検討対象や目的（課題）の力点は異なるものの，いずれの著書もイギリスを基軸とするグローバルな貿易・決済のネットワークである多角的貿易システムの形成過程，及びその構造と機能を明らかにしている。その上で，1930年代初頭における同システムの解体こそが世界貿易の激減を引き起こした原因であると論じられているが，かかる議論は，その原因を主要大国による近隣窮乏化政策に求める通説とは大きく異なるものであり，にわかには受け入れがたいであろう。

しかし，特に商品貿易については，貿易相手・規模は数十年単位でゆるやかに変化するものであり，通貨・通商政策によって一気に変化させうるものではない。したがって，1930年代初頭における世界貿易の混乱が，1870年頃に出現したグローバル経済の停滞に起因していたこと，また，その様相はイギリスを中心とするヨーロッパ債権諸国を中心に編成されたグローバル経済の特質に根差したものであったとする本書の主張は，通説より説得力を有すると思われる。

原著の副題が示すように，『世界貿易のネットワーク』は，前年に刊行された『ヨーロッパの貿易』の姉妹編である。そこで，『ヨーロッパの貿易』を第Ⅰ部，『世界貿易のネットワーク』を第Ⅱ部として，1冊にまとめることとした。また，巻末に収録されている膨大な付表，及びこれと関連する本文中の解説部分は割愛した。本文に関しては，文や語句の省略や補足を行った箇所がある。これについては煩瑣になるのを避けるため，逐一注を付し明示していないが，著者の意図を損なわないよう細心の注意を払ったつもりである。なお，原著には章番号はないが，本書ではそれを付すこととした。

本訳書は，科学研究費補助金の研究を受けて行った研究の成果でもある（基盤研究（C）「両大戦間期におけるイギリスを基軸とする多角的貿易システムの解体過程に関する研究」2017～2019年度)。日本学術振興会の助成に対し謝意を表したい。また，図表作成に関してお世話になったナレッジデータサービス株式会社のスタッフ，出版にいたるまで大変お世話になった創成社の西田徹氏に深く感謝申し上げたい。言うまでもなく，訳書にある誤りはすべて訳者の責任であり，忌憚のないご指摘，ご意見を賜ることができれば幸いである。

2020年11月

佐藤　純

改訂にあたって

初版が出版されたのは，米中間の貿易紛争がひと段落した後であったが，その後，ロシアがウクライナに侵攻し（2022年2月），西側諸国が大規模な経済制裁を発動するという歴史的な出来事があった。現代の世界情勢と1930年代のそれを安易に比較し，論じることはできない。しかし，最近の世界情勢は，大戦へと帰結した1930年代を連想させる局面が少なからずあり，この時代に対する関心が再び高まっているように思われる。

そこで初版の在庫も尽きつつあったので，改訂版を出版することにした。これを機会に，誤字や図表の修正を行うと同時に，本書の事実上の著者であるヒルガートが記した「多角的貿易論」（Folke Hilgerdt, "The Case for Multilateral Trade", *The American Economic Review*, Vol.33, No.1. Mar., 1943）を収録した。同論文の訳出と出版を許可してくれたアメリカ経済学会（American Economic Association）に謝意を表したい。この論文と第14章を熟読いただければ，本書の要点（多角的貿易論）を把握することができるので，最初にこれらを読解することをおすすめする。

なお，国際連盟の貿易や国際収支に関する定期刊行物は，主に統計資料として利用されてきたが，多角的貿易論に基づく興味深い分析が随所にみられる。これらは，本書で訳出した２つの著書を含め極東書店からまとめて刊行されている（*The League of Nations economic statistical series, 1910-1945*, Far Eastern Book-Sellers, Kyokuto Shoten, 1987）。関心のある方は参考にしていただけると幸いである。また，国際連盟から刊行された資料の詳細については，藤瀬浩司編『世界大不況と国際連盟』（名古屋大学出版会，1994年）の文献資料目録を参照されたい。

ブロック経済政策の先駆けとなったイギリスの通商政策については未だ不明な点が多い。確かに，イギリスは最大の支配領域を有する「持てる国」であり，同国の通商政策が世界的な影響を与えたという点については議論の余地はない。しかし，1930年代初頭における世界貿易の劇的縮小，及びその後の長期的停滞との因果関係については未だ実証できていない。その理由は，イギリスの通商政策が他国のそれと同列に扱われ，もっぱら産業保護政策の視点から検討されてきたことにあると思われる。

まずは，イギリスが19世紀末葉に覇権的地位を確立し，国際貿易，とりわけ国際金融の分野において基軸的位置を占めていたという事実に注目する必要がある。19世紀末葉から第二次世界大戦にいたる時期は，その後半期には綻びを見せていたとは言え，イギリスを基軸とする「グローバル経済」の時代であった。そして，この「グローバル経済」は，多角的貿易システムを基盤として，主にイギリスの海外投資というかたちで放出されるポンドが世界的に循環する有機的構造を有していた。このシステムに組み込まれることで，周辺諸国の一次産品生産・輸出は急拡大し，アメリカやヨーロッパ諸国の工業も急激に発展していったのである。したがって，イギリス通商政策の影響は，他国のそれとは比較にならないほど大きかったと思われる。

わたくし事となるが，最近，井上巽『金融と帝国Ⅱ―スターリング・ブロックの形成と展開―』（文眞堂，2022年）をご恵送いただいた。この著書では，多角的貿易システムの機能喪失という観点から，1930年代イギリス通商政策の再検討がなされており，戦後定着した産業保護論の視点に基づく通説に一石を投じる内容となっている。シティ金融利害の規定性を主張する点では「ジェントルマン資本主義論」と同じであるが，イギリスの国際収支状況や政策形成過程の解明もなされており，ケインとホプキンズ（P.J. Cain and A.G. Hopkins）の議論よりも説得的な議論が展開されている。ぜひ，本訳書とともに井上氏の著書（特に序章と第1章）を読んでいただきたい。

原著との出会いは大学院時代にまでさかのぼる。指導教官の浜田正行先生には，本書の第14章にあたる部分の読解指導を毎週一対一でしていただいた。また，井上先生からは原著を再読するようにすすめられ，このことが本書出版の契機となった。渡辺昭一先生には，初版の紹介文を書いていただいたが（東北学院大学論集『歴史と文化』第65号・第66号合併号，2022年），改めて原著の意義を確認することができた。一方，逆説的ではあるが，イギリスを中心とする「グローバル経済」に対する理解を深めていく中で，佐藤勝則先生のヨーロッパ周辺部に立脚した歴史観の重要性も，ようやく理解できるようになってきた。先生方からこれまで受けてきた学恩に対し心より感謝申し上げたい。最後に，創成社の塚田尚寛社長と西田徹氏（出版部部長）に感謝の意を表したい。

2023年2月

佐藤　純

目　次

第 I 部

ヨーロッパの貿易

まえがき

各国の貿易統計が入手できなくなったため，毎年6月に出版している *Review of World Trade* を用意することができなかった。そこで，今年の春，第二次世界大戦前のヨーロッパの貿易に関する特別な研究を出版することにした。この研究は膨大な量の統計分析を伴う作業であったが，ロックフェラー財団の寛大な支援を受けることができ可能となった。

この研究の目的は，世界貿易におけるヨーロッパの役割，ヨーロッパの域外市場に対する依存度，域外市場のヨーロッパに対する依存度，ヨーロッパにとっての帝国貿易の重要性，以上の点について考察することにある。加えて，各国・地域間の商業・経済的依存関係を描くことも本研究の目的である。

将来的には，本書を補完するヨーロッパ以外の国・地域の貿易に関する著書の執筆も望まれる。しかし，いずれにせよ，ヨーロッパの分析から始めることは妥当であろう。というのも，債務国から債権国へと向かう投資収益の流れにおいて，ヨーロッパは重要な役割を果たしていたからである。一体性をもつ世界貿易を分割することはどうしても恣意的なものとなるので，次に出版を予定している著書は本書と重なる部分がでてくるであろう。だが，異なった視点からではあるが，両著ともイギリスを扱うことになるし，地理的グループのみならず，政治的グループの貿易も検討することになる。

本書は過去を扱っているが，将来にも価値があるものとなろう。本書では，大戦前におけるヨーロッパの食糧と原料の純輸入に関する膨大なデータを提示しているが（イギリスとアイルランドを含めたものと除外したもの，両方のデータを収録している），これらは，今日でも重要な意義を有するであろう。

本書が扱う限られたテーマを超えて，さらなる研究を行う方は本書巻末の詳細な統計資料を参照されたい（本訳書では割愛：訳注）。また，ヨーロッパの生産と貿易に関する情報をさらに必要とするならば，国際連盟刊行の*Review of World Trade*, *International Trade Statistics*, *International Trade in Certain Raw Materials and Foodstuffs by Countries of Origin and Consumption*, 及び，国際農業機関刊行の*International Yearbook of Agricultural Statistics*にあたっていただきたい。

A. ラヴディ
経済，金融，運輸局局長

国際連盟経済情報局
1940年12月

第1章　序　文

本書の射程はあまりにも広く簡単に要約することは難しい。しかし，最初に要点を列挙しておくことは，データに隠された複雑な因果関係の理解に役立つであろう。1935年のデータが主に示されている理由は，1930年代において，もっとも標準的な貿易動向を示す年だと考えられるからである。なお，1930年代の貿易動向については最終章（Ⅰ部第8章：訳注）で論じられる。

1．第二次世界大戦前のヨーロッパの貿易額は，世界全体の貿易額の半分を少し上回る程度であった。

2．1935年において，ヨーロッパの輸入総額において，食糧の輸入額は28%，原料と半加工品の輸入額は45%，工業製品の輸入額は27%を占めていた。

3．ヨーロッパの輸出総額のうち，工業製品の輸出額は57%，原料と半加工製品の輸出額は4分の1を占めていた。

4．1935年において，ヨーロッパの域外からの輸入は，輸入総額の46%を占めていたが，域外への輸出に関しては輸出総額の36%を占めるにすぎなかった。

5．ヨーロッパの域外からの輸入額と域外に対する輸出額が一致しないのは，海外投資とサービス業（運輸，銀行，ホテル）が生み出す巨額の収益が理由

である。1935 年におけるヨーロッパの輸入超過額は 21 億６千万ドルにもなり，その半分超をイギリスが占めていた。1937 年には，ヨーロッパの輸入超過額は 31 億７千万ドルにもなった。しかし，これらの年において，ヨーロッパの海外投資収益とサービス貿易の黒字は，ヨーロッパの食糧輸入を賄うのに十分な額であった。

6．ヨーロッパの高度に工業化した 10 ヵ国の食糧の純輸入額は 23 億ドル，原料と半製品のそれは 28 億ドルであった。前者の３分の２，そして後者の３分の１近くはイギリス一国によって占められていた。ヨーロッパの工業製品の純輸出額は 27 億ドル程度であり，その 36%をイギリス一国が占めていた。

表１　ヨーロッパの貿易　1935 年

純輸入（－）　純輸出（＋）

（単位：1億ドル）

	イギリス	ヨーロッパ工業諸国（イギリスを除く9ヵ国）	その他のヨーロッパ諸国	ヨーロッパ全体
食糧と動物（live animals）	−1.44	−0.83	+0.55	−1.72
原料，あるいは一部加工された	−0.90	−1.91	−0.06	−2.87
原料工業製品	+0.99	+1.75	−0.73	+2.01
全商品	−1.35	−0.99	−0.24	−2.58

7．ヨーロッパは域外からの一次産品の供給に大きく依存していた。というのも，ヨーロッパの農業地帯に属する諸国は原料の純輸入国であり，ヨーロッパ工業諸国の食糧輸入の４分の１もカバーできなかったからである。

8．ヨーロッパの農業地帯は，ヨーロッパの工業諸国に対して一次産品を十分に供給することができない。それゆえ，ヨーロッパ全体の貿易において，ヨーロッパの農業地帯が占める割合は小さい。1935 年において，ヨーロッパの農業国（18 ヵ国）からの輸入額は，ヨーロッパの輸入総額の 17%，輸出総額の 19%しか占めていなかった。

9．ヨーロッパ域内貿易とは，実質的に工業諸国間（10 ヵ国）の貿易と考えてよい。すなわち，農工間分業よりも工業国間の依存関係こそが重要なのである。1935 年において，ヨーロッパの工業地域の輸入総額のうち，同地域が占める割合は 34%，ヨーロッパ域外は 51%であった。一方，ヨーロッパ農業地域が占めた割合はわずか 15%であった。

10. ヨーロッパの農業国（18 ヵ国）は，ヨーロッパ工業国にかなり依存していた。前者の輸入総額に占める後者の割合は３分の２であり，輸出総額に占める割合は４分の３であった。

11. ヨーロッパの工業国と農業国の対称性は，ヨーロッパからイギリスを除外すればより穏当なものとなろう。イギリスの貿易の３分の２近くはヨーロッパ域外と行われている。イギリスの帝国貿易は，近隣のヨーロッパ諸国との貿易額をはるかに超える規模であった。

12. ヨーロッパの貿易において，その海外領土（イギリス自治領や植民地，保護領などのさまざまな形態の支配領域：訳注）との貿易が占める割合は，それ以外の国・地域が占める割合とほぼ同じ程度であった。しかし，1930 年代において，イギリスの帝国貿易はその重要性を増大させた。

13. 「帝国貿易」のほぼすべてはヨーロッパ工業諸国によるものである。しかも，その半分以上はイギリスによるものである。概してヨーロッパ列強は，自国の支配領域との貿易を拡大させている。

14. 上記の結果として，ヨーロッパと政治的に結びついていない諸国は，ヨーロッパとの貿易の比重を低下させていった。ヨーロッパの貿易を全体として捉え，その性質を考慮する際には，ヨーロッパの輸入に占める外部世界（ただしヨーロッパと政治的に結びついている諸地域は除く）の割合はわずかに25%であり，輸出の場合も17%程度にすぎないことを認識しておくべきであろう。

15. 重要な産品におけるヨーロッパの域外供給に対する依存度を検討する上で，イギリスとアイルランドを含むヨーロッパ全体と，大陸ヨーロッパを区分することが必要である。以下の表２は，1935年における上記２地域の主要産品の貿易状況について示したものである。重量に関するデータは，付表Ⅳ（本訳書では割愛：訳注）を参照されたい。

表２　イギリスと大陸ヨーロッパの一次産品貿易

純輸入（－）　純輸出（＋）

（単位：100万ドル）

	イギリスとアイルランド	大陸ヨーロッパ
生きた状態の牛（live cattle）を含む重要な動物性食品（6種）	−580	+226
重用な植物性食品（22種）	−542	−545
その他全ての食糧	−276	−3
タバコ	−81	−47
油糧種子と油粕	−73	−274
主要な肥料	−2	−37
未加工繊維（6種）	−316	−686
ゴム	−35	−56
木材とパルプ	−218	+58
石炭とコークス（燃料用を除く）	+155	−200
原油，石油，ガス，燃料油	−130	−183
銅，鉛，錫，亜鉛（未加工状態のもの）	−54	−111
鉄鉱石，マンガン鉱，錫鉱石，ボーキサイト	−52	−46
その他の原料，及び半加工品	−129	−353
合計	−2,333	−2,257

第2章　ヨーロッパの貿易：規模と構造

1．ヨーロッパの貿易の重要性

ヨーロッパに住む人々の数は世界全体の19%，その面積は世界の陸地面積の４%を占めるにすぎない[1)]。しかし，平均的な年において，ヨーロッパの貿易総額（輸入額＋輸出額）は世界全体の約半分を占めていた。

ヨーロッパは輸出するより輸入している。1938年において，世界全体の輸入額に占めるヨーロッパの輸入額の割合は56%であるが，輸出額の割合は46%であった。1938年の世界全体の貿易額に占めるヨーロッパの貿易額の割合は51%である。なぜ，ヨーロッパは輸出するより多く輸入することができるのだろうか。これについては後に説明していく。

ヨーロッパにソ連を入れると上記の数値は増加する[2)]。しかし，それはわずかである。というのも，ソ連はいわば自給自足的な経済単位であり，貿易はその陸地面積や人口に比してきわめて小規模だからである。したがって，ソ連は，同国を除くヨーロッパとは対照的な特徴を有している。図1をみると，各国・地域の貿易額，人口，及び陸地面積が，いかに不均等であるかが確認できよう。

近年，ヨーロッパ域外の諸大陸も発展したため，世界貿易に占めるヨーロッパの地位は低下傾向にある。20世紀初頭においてヨーロッパが占める割合は３分の２，1913年においても60%超という高いものであった。第一次世界大戦はこの低下傾向，特に輸出の減少を加速させた。この結果，アメリカと日本が自国の工業製品輸出市場としてラテン・アメリカとアジアの市場の一部を確

図1　貿易額，人口，面積の割合

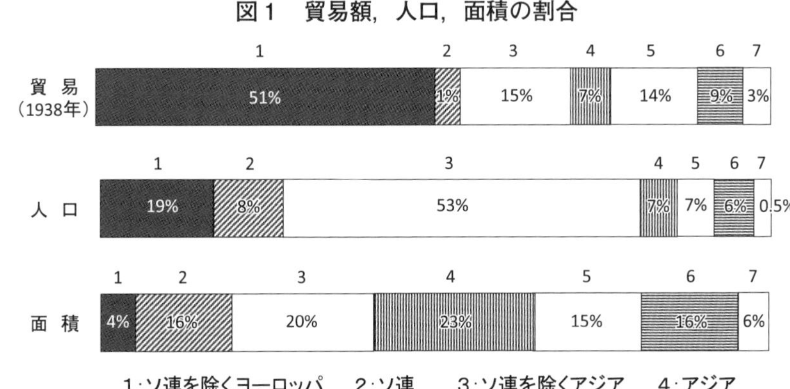

保することができ，これと並行して原料と一次産品輸入を増大させた。加えて，1914年以前においては，大規模な海外投資が可能であったのはヨーロッパ諸国のみであったが，1918年以降においては，ヨーロッパ諸国が海外投資能力を低下させた一方で，アメリカは海外投資を急拡大させた。

1925年以降，世界貿易に占めるヨーロッパの割合はそれほど変化しなかった。ただし，大不況の初期においては，主に各商品の相対的価格の変化によって，輸入額，輸出額，双方が一時的に上昇した[3)]。

2．輸入額と輸出額

1938年のヨーロッパ全体の貿易額は240億7千万ドル，一人当たり61ドルとなる。10年前は一人当たり93ドルであった。ただし，この当時のドルの金平価はかなり高かったことに注意する必要がある。表3はヨーロッパと「その他世界」（rest of world）の貿易額を，金ドル（1934年平価）とポンド建てで示している[4)]。

1928年と1932年の間において貿易額が大幅に減少した理由は，主に1929年終わりに始まった世界恐慌による価格の低下である。価格の低下は工業製品

表３　ヨーロッパ，及びその他世界の貿易

	輸入					輸出				
	1925年	1928年	1932年	1935年	1938年	1925年	1928年	1932年	1935年	1938年
新金ドルでの表示（1億ドル）										
ソ連を除くヨーロッパ	30.90	32.38	13.78	11.67	13.63	23.96	25.70	10.65	9.09	10.44
ソ連	0.72	0.83	0.61	0.21	0.27	0.55	0.71	0.50	0.32	0.25
その他世界	24.51	25.62	9.26	8.85	10.30	28.91	29.19	10.67	10.16	11.97
合計	56.13	58.83	23.65	20.73	24.20	53.42	55.60	21.82	19.57	22.66
ポンドでの表示（1億ポンド）										
ソ連を除くヨーロッパ	3.78	3.93	2.32	2.38	2.79	2.93	3.12	1.79	1.85	2.13
ソ連	0.09	0.10	0.10	0.04	0.06	0.07	0.09	0.08	0.07	0.05
その他世界	3.00	3.11	1.56	1.81	2.10	3.53	3.54	1.80	2.07	2.45
合計	6.87	7.14	3.98	4.23	4.95	6.53	6.75	3.67	3.99	4.63
割合（％）										
ソ連を除くヨーロッパ	55	55	58	56	56	45	46	49	46	46
ソ連	1	1	3	1	1	1	1	2	2	1
その他世界	44	44	39	43	43	54	53	49	52	53
合計	100	100	100	100	100	100	100	100	100	100

注：本書に出てくる表は基本的に特別貿易方式によって作成されている。すなわち，国内で消費される分の輸入額，国内の労働力によって生産された商品の輸出額である。また，表4で扱われる例外はあるが，基本的に商品貿易のみの数値である。

図２　世界貿易の動向　1929 年＝ 100

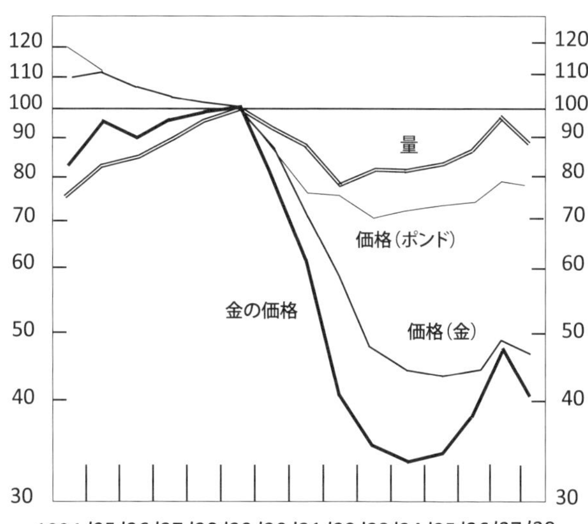

よりも一次産品の方が急激であったが，その影響は多くの国・地域に及んだ。とりわけ，異なった経済構造を有する諸国間の関係に悪影響が及んだ。図2が示すように，世界貿易の量は1929～32年の間に4分の1減少したが，その後増加に転じた[5)]。特に物価が回復した1936～37年の間に世界貿易の量は増加した。それと同時に，異なった加工段階にある商品の価格関係も通常の状態に戻った。かかる変化の詳細については，*Review of World Trade* の各巻を参照されたい[6)]。

3. 各品目グループの貿易[7)]

ヨーロッパは「世界の工場」である。ヨーロッパは主に一次産品を輸入し，工業製品を輸出している。表4が示しているように，1937年において，食糧の純輸入額は23億ドル，原料の純輸入額は41億ドルであった。一方で，同年のヨーロッパの工業製品の純輸出額は28億ドルであった。ヨーロッパの域外地域はヨーロッパに対し食糧と原料の余剰を輸出し，ヨーロッパから工業製品を輸入していたことになる。

表4でヨーロッパの貿易として示された貿易額は，域外地域との貿易に加え，ヨーロッパに属する諸国間の貿易も含まれている。同様に，「その他世界」の数値は，ヨーロッパ域外地域の「外国」貿易に加え域内貿易も含まれている。輸出額と輸入額は同じ方法で評価されなければ，超過額の計算を正確に行うことができない。もし，正確な評価ができれば，大陸間，あるいはグループ間の貿易収支は均衡するはずである。しかし，以下で検討されるヨーロッパ域内貿易の説明でみられるように，実際には正確なものとはならず，誤差が生じることになる。実際には，輸入額はかなり高く，輸出額はかなり低いはずである。

1932年以降におけるヨーロッパの食糧の輸入超過額と，工業製品の輸出超過額は，高度に工業が発展したヨーロッパ10ヵ国によるものと考えてよい。ヨーロッパ10ヵ国とは，オーストリア，チェコ・スロヴァキア，ベルギー，

表４　ヨーロッパとその他世界の貿易

面積（100万k㎡）a	人口 1937年（10万人）		輸入 1925年	輸入 1928年	輸入 1932年	輸入 1935年	輸入 1937年	輸出 1925年	輸出 1928年	輸出 1932年	輸出 1935年	輸出 1937年
			1億新金ドル									
6.2	410	ヨーロッパ（ソ連を除く）										
		食糧と生きた状態の動物	10.3	10.0	4.9	3.3	4.2	4.4	4.8	2.2	1.6	1.9
		原料，あるいは一部加工された原料	13.1	13.2	5.2	5.2	7.2	5.3	5.7	2.3	2.3	3.1
		工業製品	7.5	9.2	3.7	3.2	3.8	14.3	15.2	6.2	5.2	6.6
		合計	30.9	32.4	13.8	11.7	15.2	24.0	25.7	10.7	9.1	11.6
126.4	1,706	その他世界										
		食糧と生きた状態の動物	5.2	5.4	2.2	1.9	2.3	9.8	9.2	3.8	3.0	3.8
		原料，あるいは一部加工された原料	8.3	8.5	2.9	2.7	4.1	14.1	13.7	4.5	4.6	6.6
		工業製品	11.7	12.5	4.8	4.4	6.1	5.0	6.4	2.2	2.3	3.4
		金と銀b	—	—	—	—	—	0.5	0.6	0.6	0.6	0.7
		合計	25.2	26.4	9.9	9.0	12.5	29.4	29.9	11.1	10.5	14.5
132.6	2,116	世界合計	56.1	58.8	23.7	20.7	27.7	53.4	55.6	21.8	19.6	26.1
			%									
		ヨーロッパ（ソ連を除く）										
		食糧と生きた状態の動物	33	31	35	28	28	18	19	21	18	16
		原料，あるいは一部加工された原料	43	41	38	45	47	22	22	21	25	27
		工業製品	24	28	27	27	25	60	59	58	57	57
		合計	100	100	100	100	100	100	100	100	100	100
		その他世界										
		食糧と生きた状態の動物	21	20	22	21	18	33	31	34	29	26
		原料，あるいは一部加工された原料	33	32	29	30	33	48	46	41	43	46
		工業製品	46	48	49	49	49	17	21	20	22	23
		金と銀b	—	—	—	—	—	2	2	5	6	5
		合計	100	100	100	100	100	100	100	100	100	100

a：10 k㎡＝3.86平方マイル
b：通常，金と銀の貿易は商品貿易には含まれない。ただし，ヨーロッパ域外にあるいくつかの貴金属生産諸国の場合は商品貿易として扱われている。

表５　ヨーロッパの貿易構造

面積（100万㎢）	人口 1937年		輸入 1925年	1928年	1932年	1935年	1937年	輸出 1925年	1928年	1932年	1935年	1937年
			1億新金ドル									
2.35	249	ヨーロッパ工業諸国a										
		食糧と生きた状態の動物	8.94	8.86	4.42	3.04	3.83	2.38	2.46	1.08	0.77	0.90
		原料，あるいは一部加工された原料	11.74	11.49	4.52	4.50	6.30	4.16	4.39	1.77	1.69	2.24
		工業製品	5.32	6.41	2.74	2.18	2.61	13.59	14.66	5.89	4.92	6.26
		合計	26.00	26.76	11.68	9.72	12.74	20.13	21.51	8.74	7.38	9.40
3.81	161	その他ヨーロッパ諸国（ソ連を除く）										
		食糧と生きた状態の動物	1.30	1.18	0.47	0.29	0.34	1.99	2.36	1.07	0.84	1.00
		原料，あるいは一部加工された原料	1.38	1.70	0.66	0.68	0.92	1.14	1.30	0.55	0.62	0.86
		工業製品	2.22	2.74	0.97	0.98	1.20	0.70	0.53	0.29	0.25	0.36
		合計	4.90	5.62	2.10	1.95	2.46	3.83	4.19	1.91	1.71	2.22
6.16	410	ヨーロッパ（ソ連を除く）合計	30.90	32.38	13.78	11.67	15.20	23.96	25.70	10.65	9.09	11.62
			%									
		ヨーロッパ工業諸国a										
		食糧と生きた状態の動物	35	33	38	31	30	12	11	12	10	10
		原料，あるいは一部加工された原料	45	43	39	46	50	21	21	20	23	24
		工業製品	20	24	23	23	20	67	68	68	67	66
		合計	100	100	100	100	100	100	100	100	100	100
		その他ヨーロッパ諸国（ソ連を除く）										
		食糧と生きた状態の動物	27	21	22	15	14	52	56	56	49	45
		原料，あるいは一部加工された原料	28	30	32	35	37	30	31	29	36	39
		工業製品	45	49	46	50	49	18	13	15	15	16
		合計	100	100	100	100	100	100	100	100	100	100

a：オーストリア，チェコ・スロヴァキア，ベルギー，フランス，ドイツ，イタリア，オランダ，スウェーデン，スイス，イギリスのことである。

フランス，ドイツ[8)]，イタリア，オランダ，スウェーデン，スイス，そしてイギリスのことである。もっとも，これらの工業諸国とその他のヨーロッパ諸国との区分はいささか恣意的なものである。表５はこれら２つのグループの各商品カテゴリーの貿易状況を示している。

ヨーロッパ工業諸国の輸入額のうち75～80％は原料・食糧，輸出額の３分の２は工業製品が占めている。貿易が全体的に縮小傾向にあったとき，食糧より原料の貿易額の方が減少の程度が激しかったが，両者を合計した額に大きな変化はなかった。

表５がカバーする期間を通して，ヨーロッパの非工業諸国は原料を大量に輸入していた。これらは国内で消費され，それを用いて工業製品を製造・輸出していたわけではなかった。しかし，ヨーロッパの非工業諸国の原料輸入額は輸出額を少し上回る程度であり，海外からの完成品の購入は食糧輸出によって賄われていたと考えられる。

ヨーロッパの非工業諸国の貿易構造は，ヨーロッパ以外の大陸の貿易構造と似ている。しかし，一次産品供給地としてのヨーロッパの非工業諸国の重要性は低い（図３を参照されたい）。

表４と表５は各グループの人口と陸地面積を示しているが，両表は以下のことを示唆している。すなわち，世界の工業地帯が西ヨーロッパの比較的小さな地域に集中して存在することによって，工業製品と一次産品の

図３　貿易品目の構成　1937 年

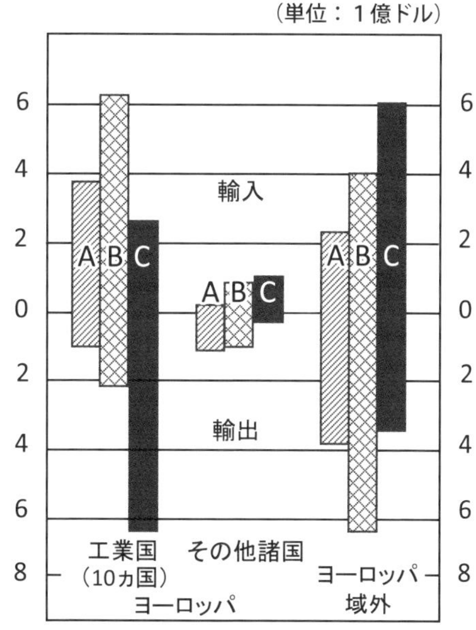

A：食糧と生きた状態の動物
B：原料（一部加工されたものも含む）
C：工業製品

交換が行われるようになった，という事実である。

ところで，陸地面積と農業・鉱物資源の賦存状況との関連性は弱いが，耕地面積と農産物の生産量との関連性は強い。ヨーロッパにおいては，工業用に使用される作物の生産量は少ないため，食糧貿易と一人当たりの耕地面積の間には強い関連性がある。図4は，ヨーロッパに属する21ヵ国の食糧の純輸入額，あるいは純輸出額を示したものであるが，この関連性をよく示している[9)]。

食糧貿易の収支の大きさに基づいて諸国を配置しているので，イタリアを例外として，工業諸国は左側に出てきている。これらの工業諸国の大半は外国からの食糧供給に大きく依存している。それがなければ，ヨーロッパ工業諸国の人口が現在のような規模にはならなかったであろう。高度に発展した工業と貿易によって，ヨーロッパ工業国に住む人々は，農業国に住む人々よりも食糧の供給事情が良いのである。工業国に住む人々は，農業国に住む人々よりも高価な動物性食品をより容易に入手可能である。

フランスとスウェーデンの人口密度はそれほど高くはなく，住民一人当たりの耕地と1ヘクタール当たりの生産量が相対的に大きい。しかし，両国は食糧の純輸入国である。これは，両国の生活水準がほとんどの農業諸国よりも高いことが理由である。

ギリシアを例外として，東南ヨーロッパの農業諸国は食糧の純輸出国である。しかし，これら諸国の単位当たりの穀物生産量は小さく，ポーランド，トルコ，そしてユーゴスラヴィアの場合，一人当たりの耕地面積は0.5ヘクタール未満である[10)]。ヨーロッパの農業国の耕地面積は相対的に小さい。ヨーロッパにおいて人口圧力が最も大きな地域は，人口稠密な工業地帯ではなく，開発が最も遅れた農業地帯である。その上，工業国より農業国の方が人口増加のペースが速く，このような状況はしばらく続きそうである[11)]。これらのうちいくつかの国は，急速な工業化の必要性を認識しだしている。

図４　一人当たりの食糧貿易額と耕地面積　1936 年

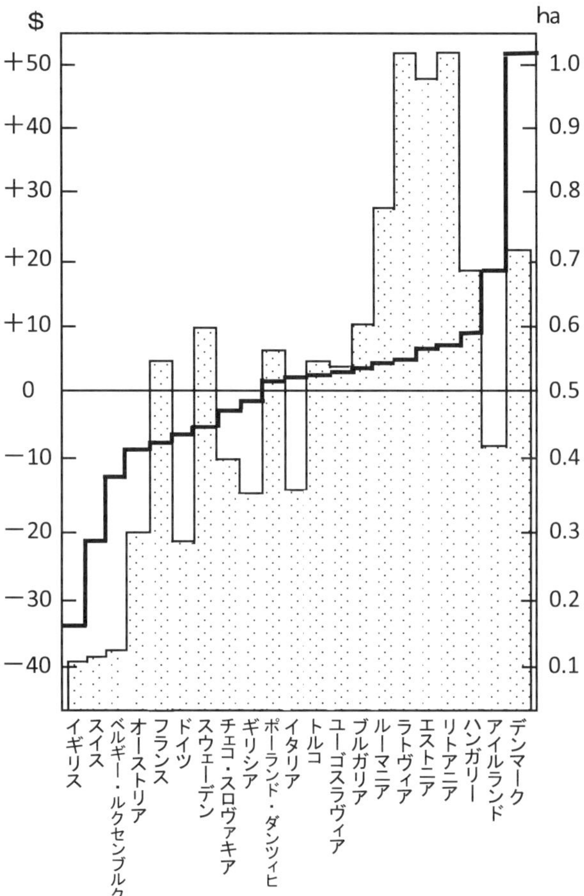

注1：太線は一人当たりの純輸入額，あるいは純輸出額（左の目盛），
影を付けた部分は 一人当たりの耕地面積を示している（右の目盛）。
注2：耕地面積と関連のない食糧を大量に輸出していたため，オランダと
ノルウェーのデータは記載していない。

【注】

1）ヨーロッパに含まれる統計領域は，アルバニア，オーストリア，ベルギー－ルクセンブルグ，ブルガリア，チェコースロヴァキア，デンマーク，エストニア，フィンランド，フランス，ドイツ，ギリシア，ハンガリー，アイスランド，アイルランド，イタリア，ラトヴィア，リトアニア，マルタ，オランダ，ノルウェー，ダンツィヒ自由市（Poland-Danzig），ポルトガル，ルーマニア，スペイン，スウェーデン，スイス，トルコ，イギリス，ユーゴスラヴィア，その他のいくつかの小領域（ジブラルタル，スバルバル，及びいくつかの自由港）である。なお，トルコは含めたがソ連は除かれている。

2）ソ連を含めると，1938年の数値は，輸入が57％，輸出が47％，輸出入貿易の合計では52％となる。

3）工業製品価格の落ち込みは一次産品ほどではなかったので，ヨーロッパ工業諸国の一次産品輸入は相対的によく維持されていた。同時に，貿易制限政策がその効果を完全に発揮するまでは，これら諸国間の工業製品貿易も相対的に高いレベルを維持していた。

4）1934年２月以降のUSドルは，純金0.88867グラム（旧US金ドルの59.06％の価値）であった。旧US金ドルは，比較のために，*Review of World Trade* などの国際連盟経済情報局の初期の出版物において使用されている。実際のUSドルやポンドよりも金建ての通貨単位を用いた方が適当であると考えた。というのも，この時期の貿易の様相を規定したのは金に対する物価の低下だったからである。

5）貿易量の動向を考察する際には，価格変化の影響を除去する必要がある。詳細については，*Review of World Trade, 1938,* Annex I.

6）*Review of World Trade, 1937,* pp.13-14.

7）ここでのグループ分けは，ブリュッセル関税品目分類法（1913年）に基づいている。

8）特に指示がない場合，本書で用いるドイツとは，オーストリア併合前のドイツ（Altreich）のことである。

9）図４を検討する際には，耕地面積と食糧貿易の関連性は必ずしも強くはないということに留意する必要がある。というのも，一人当たりの食糧の消費量は，生活水準によって変化するからである。また，食糧の生産量は，耕地面積のみならず地味，牧草地の面積，食品産業の活動（たとえば，製糖，あるいは油糧種子からの食用油の製造など），これらの諸要因によって決定されるからである。その上，耕地は食用ではない作物（industrial crops，綿，亜麻，タバコなど）の生産にも利用されている一方で，魚などのいくつかの食糧は土地から生み出される生産物ではない。

10）アイルランドも同じ状況であるが，同国の主要な輸出品は牧草地の使用によって生産される動物性産品である。

11）75頁を参照。

第3章　ヨーロッパの域内・域外貿易

1．域内貿易と域外貿易

図3から，その規模と構成において，ヨーロッパの輸入とヨーロッパを除くその他世界の輸出，及び，ヨーロッパの輸出とその他世界の輸入が見事に一致していることが見て取れる。しかし，このことから，ヨーロッパの貿易とはすなわち「その他世界」との商品交換であると考えるべきではない。確かに，ヨーロッパの一部の国はこのような性質の貿易を行っている。だが，ほとんどのヨーロッパの国の輸出の大部分はヨーロッパに属する国に向けられているが，輸入先の大半もヨーロッパに属する国である。

表6は，1935年におけるヨーロッパ各国の輸出入先としてのヨーロッパとその他世界の相対的重要性について示している[1)]。2つのグループ（「高度に工業化した諸国」と「その他諸国」）内の配列順は貿易規模に基づいている。

イギリスは輸出入双方において最大の貿易規模を有しているが，ヨーロッパに対する貿易依存度は他のどの国よりも低い。イギリスの輸入に占める大陸ヨーロッパの割合は3分の1であるが，アイルランドを入れると3分の1を少し超える。輸出に関しても大陸ヨーロッパが占める割合は3分の1である。イギリスの帝国貿易はヨーロッパとの貿易よりも7％大きい。イギリス以外のすべてのヨーロッパの国の場合，輸出額の半分以上はヨーロッパとの貿易が占めている。フランスを除き，輸入額についても状況は同じである。アイルランドの大陸ヨーロッパとの貿易は小規模であるが（輸入額の14%，輸出額の5％を占めるにすぎない），イギリスとの貿易は大きな割合を占めている（輸入額の72%，

表6　ヨーロッパの貿易　1935年

（単位：%）

	輸入			輸出		
	ヨーロッパ全体の輸入に占める割合a	輸入に占めるヨーロッパの割合a	輸入に占めるヨーロッパ域外の割合	ヨーロッパ全体の輸出に占める割合a	輸出に占めるヨーロッパの割合a	輸出に占めるヨーロッパ域外の割合
高度に工業化した諸国						
イギリス	29.6	34	66	23.1	37	63
ドイツ	14.4	57	43	18.9	72	28
フランス	11.9	38	62	11.3	53	47
ベルギー・ルクセンブルク	5.3	59	41	6.4	71	29
オランダ	5.5	63	37	5.0	77	23
イタリア	5.5	60	40	4.8	60	40
スウェーデン	3.2	79	21	3.6	75	25
スイス	3.5	79	21	2.8	79	21
チェコ・スロヴァキア	2.4	67	33	3.4	76	24
オーストリア	2.0	82	18	1.9	89	11
合計	83.3	49	51	81.2	60	40
その他諸国						
デンマーク	2.4	85	15	2.9	96	4
スペイン	2.4	54	46	2.1	70	30
ノルウェー	1.7	72	28	1.6	72	28
ポーランド・ダンツィヒ	1.4	64	36	1.9	85	15
アイルランド	1.6	86	14	1.1	97	3
ハンガリー	1.0	90	10	1.5	92	8
フィンランド	1.0	74	26	1.5	80	20
ルーマニア	0.8	93	7	1.6	93	7
ユーゴスラヴィア	0.7	83	17	1.0	89	11
ギリシア	0.9	69	31	0.7	75	25
ポルトガル	0.9	70	30	0.5	71	29
トルコ	0.6	82	18	0.9	79	21
ブルガリア	0.3	97	3	0.4	93	7
ラトヴィア	0.3	80	20	0.4	89	11
リトアニア	0.2	80	20	0.3	87	13
エストニア	0.2	73	27	0.3	92	8
アイスランド	0.1	100	—	0.1	88	12
アルバニア	0.0	82	18	0.0	86	14
その他の小さな地域	0.2	–	–	0.0	–	–
合計	16.7	75	25	18.8	85	15
全ヨーロッパ（ソ連を除く）	100	54	46	100	64	36
ソ連	1.8b	57	43	3.5b	74	26

a：ソ連を除くヨーロッパである。

b：ソ連を除く輸入（輸出）に占めるソ連の輸入（輸出）の割合である。

表7　ヨーロッパ工業諸国（英仏を除く）の貿易　1935年

（単位：%）

	輸入に占めるヨーロッパの割合	輸出に占めるヨーロッパの割合
ヨーロッパ工業諸国（10カ国）	49	60
ヨーロッパ工業諸国（イギリスを除く9カ国）	58	69
ヨーロッパ工業諸国（英仏を除く8カ国）	64	73

表8　ヨーロッパの貿易

（単位：%）

	1925年	1928年	1931年	1932年	1935年	1937年	1938年
輸入	52	54	60	54	54	51	52
輸出	65	64	69	66	64	63	64

表9　ヨーロッパの域内貿易の割合　1935年

（単位：%）

	輸入	輸出
1. ソ連を含むヨーロッパ	56	65
2. ソ連を除くヨーロッパ	54	64
3. ソ連とイギリスを除くヨーロッパ	51	56
4. ソ連，イギリス，及びアイルランドを除くヨーロッパ	51	57

輸出額の92%）。表6が示すように，イギリスとフランスを除くヨーロッパ工業諸国は，ヨーロッパとの貿易にかなりの程度依存している。

しかし，ヨーロッパ農業諸国のヨーロッパに対する貿易依存度はさらに高い。これら諸国の輸入総額の75%，輸出総額の85%はヨーロッパとの貿易が占めている。

一次産品価格が相対的に低い時には，ヨーロッパの貿易におけるヨーロッパ工業国間の貿易が相対的に高い割合を占めることになる。なぜなら，一次産品の輸入額が減少することで，一次産品輸入のために輸出する工業製品の量も減少するからである。1929年に始まった世界恐慌は，ヨーロッパ域内貿易の割合を増大させた。しかし，各国政府の貿易制限措置によって，はやくも1931年には，ヨーロッパの貿易総額に占める域内貿易の割合はもっとも高いものとなった。

表9は，1935年におけるソ連を含むヨーロッパの域内貿易の割合，ソ連を除くヨーロッパの域内貿易の割合，ソ連とイギリスを除くヨーロッパの域内貿易の割合，そしてソ連とイギリスとアイルランドを除くヨーロッパの域内貿易の割合を示している。

表10は，上述の4グループの貿易額（貿易総額，域内貿易額，域外貿易額）を示したものである。なお，この種の統計は，各国の貿易相手国の記録の仕方が異なるため，ある程度の不正確さは免れない[2)]。しかし，イギリスによるヨーロッパのいくつかの国に対する再輸出に関する若干の調整をすれば，この表は十分に真実を伝えていると考えられる[3)]。

これらの数値にソ連が与える影響について述べておきたい。ソ連との貿易はヨーロッパにとってそれほど重要ではないが（表6によるとヨーロッパの輸入総額の2％，輸出総額の3.5％しか占めていない），ソ連にとってヨーロッパは主要な貿易相手である。1935年において，ソ連のヨーロッパ以外の国・地域に対する輸出額は，輸出総額のわずか35％を占めるにすぎない。その結果，ソ連をヨーロッパに入れると，ヨーロッパの域外貿易に対する域内貿易の相対的重要性は著しく増大する（表10を参照されたい）。

各グループの域内貿易の輸入と輸出の額は同じ商品の価格だと言ってよい[4)]。通常，輸入額の方が輸出額よりも大きくなっている。これは，貿易統計は国境価格に基づいて記録しているので，国境を接している国家間の貿易を例外として，輸送費（運賃と保険料）を含む輸入額は輸出額を上回るからである。なお，貿易仲介業者が得る収益も，輸入額と輸出額が一致しない理由の一つである。

域内貿易における輸入額と輸出額の差は，各グループの輸入超過額のうちどの程度が輸送費と仲介業者の収益であるのかを大雑把に示している（表11を参照されたい）。この部分は各グループの域外貿易とは区別する必要がある[5)]。

1937年において，ヨーロッパの域外からの輸入超過額は30億ドルを超える。この超過額の一部は，上述の貿易額の記録法の相違によるものであるが，輸送や保険等のサービスは大部分ヨーロッパの会社によって提供されていたの

表 10　ヨーロッパの貿易：域内及び域外貿易

（単位：1億新金ドル）

	輸入					輸出				
	1925年	1928年	1935年	1937年	1938年	1925年	1928年	1935年	1937年	1938年
1．ソ連を含むヨーロッパ										
貿易総額	31.61	33.21	11.88	15.45	13.90	24.51	26.41	9.41	11.95	10.69
域内貿易	16.83	18.35	6.60	8.12	7.37	16.30	17.43	6.16	7.68	6.96
域外貿易	14.78	14.86	5.28	7.33	6.53	8.21	8.98	3.25	4.27	3.73
2．ソ連を除くヨーロッパ										
貿易総額	30.90	32.38	11.67	15.20	13.63	23.96	25.70	9.09	11.62	10.44
域内貿易	15.98	17.40	6.25	7.73	7.03	15.48	16.53	5.84	7.32	6.67
域外貿易	14.92	14.98	5.42	7.47	6.60	8.48	9.17	3.25	4.30	3.77
3．ソ連とイギリスを除くヨーロッパ										
貿易総額	21.36	23.52	8.22	10.49	9.43	17.64	19.74	6.99	9.04	8.14
域内貿易	9.99	11.58	4.18	5.13	4.72	9.85	11.20	3.94	5.00	4.56
域外貿易	11.37	11.94	4.04	5.36	4.71	7.79	8.54	3.05	4.04	3.58
4．ソ連，イギリス，及び アイルランドを除くヨーロッパ										
貿易総額	20.85	23.03	8.04	10.27	9.23	17.28	19.37	6.90	8.93	8.02
域内貿易	9.95	11.53	4.14	5.08	4.68	9.82	11.16	3.90	4.96	4.52
域外貿易	10.90	11.50	3.90	5.19	4.55	7.46	8.21	3.00	3.97	3.50

注：いくつかのヨーロッパ諸国の統計においては，イギリスからの輸入として記録されているが，実際は同国から再輸出されたものも含まれている。

表 11　ヨーロッパの輸入超過

（単位：1億新金ドル）

	ヨーロッパ域内貿易における輸送費，仲介業者の利益，その他の輸入超過額					その他世界に対する輸入超過額				
	1925年	1928年	1935年	1937年	1938年	1925年	1928年	1935年	1937年	1938年
1．ソ連を含むヨーロッパ	0.53	0.92	0.44	0.44	0.41	6.57	6.88	2.03	3.06	2.80
2．ソ連を除くヨーロッパ	0.50	0.87	0.41	0.41	0.36	6.44	5.81	2.16	3.17	2.83
3．ソ連とイギリスを除くヨーロッパ	0.14	0.38	0.24	0.13	0.16	3.58	3.40	0.99	1.32	1.13
4．ソ連，イギリス，及び アイルランドを除くヨーロッパ	0.13	0.37	0.24	0.12	0.16	3.44	3.29	0.90	1.22	1.05

で，この点に留意する必要はさほどないであろう。

ヨーロッパの輸入超過の大部分はイギリスによるものである。イギリスを除くとヨーロッパの輸入超過額は31億7千万ドルから13億2千万ドルにまで減少する。また，他のヨーロッパ諸国の輸送費の負担は，イギリスよりも大きかったので，実際はこの減少幅はより大きなものとなる。

2．各グループの貿易

ヨーロッパの域外貿易のデータを示した表10によって，ヨーロッパ域外地域の相互間の貿易額，国境内の貿易額，そして，ヨーロッパとの貿易額に関する大まかな推計が可能となる[6)]。

ヨーロッパの域内貿易の額は，ヨーロッパ以外の国・地域の域内貿易と大体同じ額である（すなわち，同じ大陸内に所在しているか否かに関係なく，ヨーロッパ域外の国・地域間の貿易である）。ヨーロッパ域外地域の貿易総額に占めるヨーロッパとの貿易額の割合は非常に大きい。ヨーロッパ以外の国・地域にとってヨーロッパがいかに重要であるかは以下の事実から明らかであろう。表10で検討されているすべての時期において，ヨーロッパが輸入先か輸出先として，あるいはその両方において関与している貿易は，世界貿易全体の70～76%を占めていた。

工業国と農業国の貿易構造の相違を考えると，（i）ヨーロッパの高度な工業諸国[7)]，（ii）その他のヨーロッパ諸国，（iii）ヨーロッパ以外の地域，これら3地域を，域内貿易，各地域のその他2地域との貿易に分割するとよい。表13は1935年のデータである[8)]。表12と表13を理解しやすくするために，1935年の輸出に関する情報を図5と図6で示した[9)]。

表13が示す重要な事実は，工業こそが貿易の先祖であるということである。ヨーロッパの工業諸国の人口は2億4千7百万人であり，その他ヨーロッパ20ヵ国の人口は1億5千8百万人である。ヨーロッパ工業諸国の輸出総額の44%は，他のヨーロッパ工業諸国に対する輸出によって占められており，ヨー

表 12　ヨーロッパとその他世界の貿易：域内，及び両地域間の貿易

	輸入					輸出				
	1925年	1928年	1935年	1937年	1938年	1925年	1928年	1935年	1937年	1938年
	1億新金ドル									
1. ソ連を除くヨーロッパ										
域内貿易	15.98	17.40	6.25	7.73	7.03	15.48	16.53	5.84	7.32	6.67
域外貿易	14.92	14.98	5.42	7.47	6.60	8.48	9.17	3.25	4.30	3.77
合計	30.90	32.38	11.67	15.20	13.63	23.96	25.70	9.09	11.62	10.44
2. ヨーロッパ以外の諸大陸a										
(ⅰ)域内貿易b	16.31	16.83	5.56	7.87	6.37	15.48	15.84	4.94	7.12	5.74
(ⅱ)ヨーロッパとの貿易c	8.90	9.60	3.50	4.60	4.20	13.50	13.50	4.95	6.70	5.90
合計	25.21	26.43	9.06	12.47	10.57	28.98	29.34	9.89	13.82	11.64
世界合計	56.11	58.81	20.73	27.67	24.20	52.94	55.04	18.98	25.44	22.08
	%									
1. ソ連を除くヨーロッパ										
(ⅰ)域内貿易	52	54	54	51	52	65	64	64	63	64
(ⅱ)その他世界との貿易	48	46	46	49	48	35	36	36	37	36
合計	100	100	100	100	100	100	100	100	100	100
2. ソ連を含むヨーロッパ以外の諸大陸a										
(ⅰ)域内貿易	65	64	61	63	60	53	54	50	52	49
(ⅱ)ヨーロッパとの貿易	35	36	39	37	40	47	46	50	48	51
合計	100	100	100	100	100	100	100	100	100	100

a：商品貿易のみ。表4を参照されたい。

b：ヨーロッパ以外の諸大陸の外国貿易と域内貿易の差額は，全貿易額と下の行に示されているヨーロッパとの貿易額との差額を表している。ヨーロッパ以外の諸大陸の貿易において，輸入額が輸出額よりもかなり高い値になっている。これは，輸入額に輸送費が含まれていることが理由だと思われるかもしれない。しかし，アメリカといくつかの国は輸入額に輸送費を含めてはいないことを指摘しておく。

c：ヨーロッパ大陸とそれ以外の諸大陸との間の貿易から推計した。

表 13　世界貿易の構造　1935 年

面積（100万km²）	人口	グループ	1～3グループからの輸入				1～3グループからの輸出			
			1. ヨーロッパ工業諸国	2. その他ヨーロッパ諸国	3. ヨーロッパ以外の諸大陸	世界全体	1. ヨーロッパ工業諸国	2. その他ヨーロッパ諸国	3. ヨーロッパ以外の諸大陸	世界全体
			1億ドル							
2.4	247	1. ヨーロッパ工業諸国	3.31	1.27	3.24	7.82	3.23	1.15	3.00	7.38
3.8	158	2. その他ヨーロッパ諸国	1.49	0.18	0.27	1.94	1.29	0.17	0.25	1.71
126.4	1,672	3. ヨーロッパ以外の諸大陸	4.92	0.50	5.55	10.97	4.48	0.47	4.94	9.89
132.6	2,077	世界全体	9.72	1.95	9.06	20.73	9.00	1.79	8.19	18.98
			%							
		1. ヨーロッパ工業諸国	34	65	36	38	44	16	40	100
		2. その他ヨーロッパ諸国	15	9	3	9	75	10	15	100
		3. ヨーロッパ以外の諸大陸	51	26	61	53	45	5	50	100
		世界全体	100	100	100	100	48	9	43	100

注：表の上部に記載されている各種商品の流れを示すドル価格は，下部に記載されている%に対応している。輸入額が輸出額を上回るのは輸送費が含まれているからである。輸入に関しては垂直に，輸出に関しては水平に読むとよい。グループ3とグループ1，2との貿易については，後者の前者との貿易額から推計した。数値は商品貿易のみに関するものである。グループ3にはソ連が含まれている。また，グループ1を構成する諸国は，表5の脚注にしるされている。

図５　世界貿易：２グループ間　1935 年

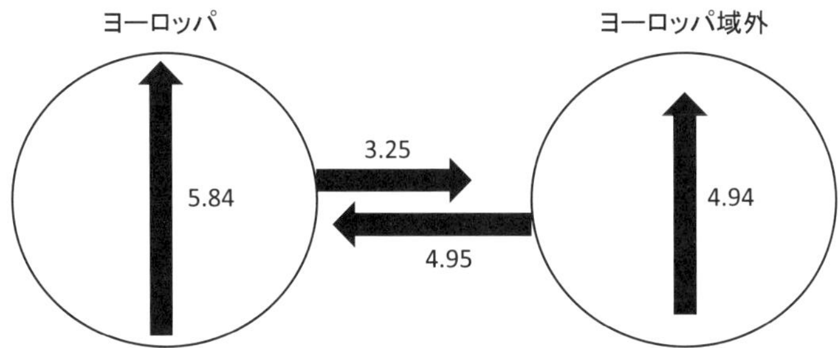

注１：数値の単位は10億ドル。
注２：線の長さと円の大きさは輸出の規模に比例している。

図６　世界貿易：３グループ間　1935 年

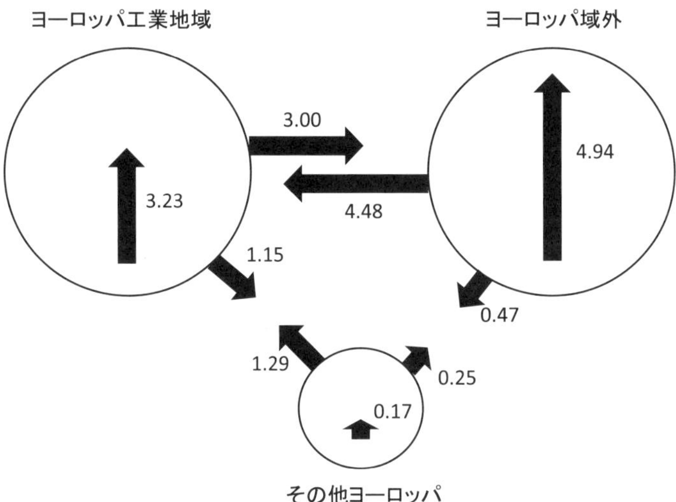

注1：数値の単位は10億ドル。
注2：線の長さと円の大きさは輸出の規模に比例している。

ロッパ農業諸国に対する輸出額が占める割合はわずかに16%である。ヨーロッパ域外地域の輸出総額のうち45%はヨーロッパ工業諸国に対する輸出が占め，ヨーロッパ農業諸国に対する輸出額はわずかに５%を占めるにすぎない。ヨーロッパの工業国間の貿易は主に工業製品の交換であるが，石炭，鉄鉱石，カリ，食糧も取引されている。これら工業諸国とそれ以外のヨーロッパ諸国との貿易には，デンマークから英独両国に対して輸出されたバターとベーコン，フィンランドからヨーロッパ工業諸国に対して輸出された木材とパルプ，ダニューブ諸国からドイツに対して輸出された小麦とトウモロコシ，そして，これらの産品と交換に工業諸国から輸出された繊維や金属などの重要な製品が含まれている。しかし，ヨーロッパ工業諸国とその他のヨーロッパ諸国との間の貿易は相対的に小規模であり，これら農業諸国の貿易が世界貿易全体に占める割合はわずかに10%であった。

一方で，ヨーロッパの農業諸国にとってヨーロッパ工業諸国は，各種産品の供給源としても自国産品の輸出先としても死活的に重要な存在であった。具体的に言えば，ヨーロッパ農業諸国の輸出に占めるヨーロッパ工業諸国の割合は75%，輸入に占める割合は64%であった。

【注】

1）1935年を取り上げた理由は，それが比較的最近の年であると同時に以下の年よりも平常の年と考えられるからである。つまり，1936年はイタリア－エチオピア戦争が勃発した年，1936～37年は好景気の年，そして，1937～38年は，いくつかの国が戦争準備のため大幅に輸入を拡大した年であった。

2）付表Ⅲ（本訳書では割愛：訳注）には，いくつかの統計手法に関する説明が記されている。

3）表11の注を参照されたい。

4）ただし，以下のことに注意する必要がある。すなわち，外国船に販売された衣料や食糧は輸出として記録されるが，当該船を所有する国，あるいは当該船舶が向かった国の輸入としては記録されていない。また，ヨーロッパにいくつか存在する自由港の貿易統計は入手不可能であり，これも各域内の輸入額と輸出額の不一致を引き起こす理由である。さらには，ヨーロッパ諸国間で輸送途上にある商品（輸出として記録されているが，未だ輸入としては記録されていない）の価格が，年の始めと終わりで相違することも理由として考えられる。

5）表10の輸入額と輸出額はおおむね正確であるが，1925年と1928年の収支については若干の誤差があると考えられる。

6）「その他世界」のヨーロッパからの輸入額は，ヨーロッパから「その他世界」への輸出額と輸送費の合計と等しい。すなわち，「その他世界」からヨーロッパに対する輸出額は，ヨーロッパの「その他世界」からの輸入額から輸送費を差し引いたものとなる。なお，いくつかの諸国の統計に含まれる金と銀の額については，これを貿易額から差し引く必要がある。

7）ヨーロッパの工業諸国とは，表7の上段に示されている国々のことである。

8）1935年は，比較的最近の年であり，1937年よりも「通常の年」と言える。しかし，1935年の貿易額は通常の年よりもより小さかった。

9）図5と図6は，同じ表の輸入額を反映したものである。輸入国によって記録された数値（輸送費等を加えてある）ではあるが，同じ商品の流れを示している。

第4章 「帝国貿易」

ヨーロッパとその統治下にある，あるいは独立国ではあるが政治的にヨーロッパ列強と密接に結びついている地域は，世界の陸地面積の半分近く，人口の半分以上，貿易額の4分の3近くを占めている。

世界の陸地面積に占めるインドとイギリス自治領の割合は18%，ヨーロッパの植民地，保護領，委任統治領，その他の海外領土が占める割合は24%である。これらを合わせると，ヨーロッパの陸地面積の9倍にもなる。しかし，人口はヨーロッパの総人口の60%程度であり，貿易額にいたってはヨーロッパの5分の2にもならない。

表14は，上述の国・地域の1928年，1935年，1938年の貿易額，及び1937年の人口と陸地面積を示している。なお，比較のために，ヨーロッパ，ソ連，アメリカ，その他世界のデータも示してある。

ヨーロッパとその支配領域（自治領，インド，及び，その他ヨーロッパ列強の海外領土）との間の貿易は，ヨーロッパの工業製品と一次産品との交換によって成り立っている。ヨーロッパの輸入総額において，その支配領域が占める割合は1928年には36%，1938年には48%にもなった。同時期の輸出総額に占める割合は48%から53%に増大した。なお，この貿易額の半分以上は，イギリスとイギリス自治領，及びインドとの貿易によって占められている。表15は，ヨーロッパにとって，その支配領域がいかに重要な意味を有していたのか，そして，ヨーロッパ諸国がいかにヨーロッパ経済圏に依存していたのかを示している。また，表16は，ヨーロッパの支配領域とヨーロッパ各国との貿易状況について示している。

表14　ヨーロッパ，イギリス自治領，ヨーロッパ列強の海外支配領域，その他世界の貿易額

（単位：1億新金ドル）

面積（100万km²）	人口(1937年) 単位：100万人		輸入 1928年	輸入 1935年	輸入 1938年	輸出 1928年	輸出 1935年	輸出 1938年
6.2	410	ヨーロッパ(ソ連を除く)	32.38	11.67	13.63	25.70	9.09	10.44
24.1	419	イギリス自治領諸国とインドab	5.84	1.98	2.53	6.84	2.56	2.98
		以下の諸国の植民地，保護国，委任統治領，その他c						
9.5	69	イギリスa	1.98	0.78	0.81	1.96	0.83	0.78
11.9	70	フランス	1.13	0.58	0.47	0.93	0.51	0.47
2.1	67	オランダ	0.71	0.30	0.49	1.10	0.43	0.57
2.4	14	ベルギーa	0.08	0.02	0.04	0.06	0.04	0.08
3.3	8	イタリア	0.08	0.09	0.18	0.02	0.02	0.02
—	1	スペインd	0.03	0.01	0.01	0.01	—	—
2.1	9	ポルトガル	0.09	0.04	0.04	0.07	0.03	0.03
0.3e	—	デンマーク	—	—	—	—	—	—
31.6	238	合計	4.10	1.82	2.04	4.15	1.86	1.95
		その他世界						
21.2	175	ソ連	0.83	0.21	0.27	0.71	0.32	0.25
7.8	129	アメリカ	6.90	2.04	1.95	8.52	2.24	3.06
41.7	745	その他諸国	8.78	3.01	3.78	9.68	3.50	3.98
132.6	2,116	世界全体	58.83	20.73	24.20	55.60	19.57	22.66

a：表の貿易統計には，以下の金と銀の貿易額も含まれている（表4の脚注を参照せよ）。単位は1億新金ドル。表の数値から以下の金額を差引くことにより商品のみの貿易額を推計することが可能となる。

	輸入 1928年	輸入 1935年	輸入 1938年	輸出 1928年	輸出 1935年	輸出 1938年
イギリス自治領諸国とインド	0.01	–	–	0.45	0.45	0.41
以下の国の植民地，保護領，その他						
イギリス	–	–	–	0.03	0.05	0.06
ベルギー	–	–	–	–	0.01	0.01

b：イギリス自治領諸国とはオーストラリア，カナダ，ニューファンドランド，ニュージーランド，及び南アフリカ連邦のことである。アイルランドはヨーロッパに含まれている。

c：表15〜表16と同様，植民地，保護国，その他には，ジブラルタル，マルタ，イタリア領エーゲ海諸島などのヨーロッパに位置する領域は除いている。

d：スペイン領モロッコのみである。その他のスペイン領に関するデータは入手できなかった。

e：グリーンランドの氷で覆われた部分は除外している。

表 15　ヨーロッパの貿易

	1億新金ドル						%					
	輸入			輸出			輸入			輸出		
	1928年	1935年	1938年	1928年	1935年	1938年	1928年	1935年	1938年	1928年	1935年	1938年
ソ連を除くヨーロッパ												
（ i ）域内貿易	17.40	6.25	7.03	16.53	5.84	6.67	54	54	52	64	64	64
（ ii ）イギリス自治領，インド，及びヨーロッパの海外領域との貿易	5.45	2.47	3.14	4.41	1.76	1.97	17	21	23	17	19	19
（iii）その他世界との貿易	9.53	2.95	3.46	4.76	1.49	1.80	29	25	25	19	17	17
合計	32.38	11.67	13.63	25.70	9.09	10.44	100	100	100	100	100	100
（ ii ）の詳細												
以下とのヨーロッパの貿易												
イギリス自治領とインド	3.45	1.33	1.72	2.49	0.89	1.04	63	54	55	56	51	53
以下の国の植民地，保護国，委任統治領，その他												
イギリス	0.67	0.37	0.51	0.63	0.27	0.32	12	15	16	14	15	16
フランス	0.68	0.44	0.46	0.77	0.43	0.31	13	18	15	18	25	16
オランダ	0.49	0.21	0.30	0.33	0.06	0.13	9	9	9	8	3	7
ベルギー	0.06	0.06	0.09	0.04	0.01	0.02	1	2	3	1	1	1
イタリア	0.01	0.01	0.01	0.03	0.06	0.11	—	—	—	1	3	6
スペイン	0.06	0.03	0.03	0.06	0.02	0.01	1	1	1	1	1	—
ポルトガル	0.03	0.02	0.02	0.06	0.02	0.03	1	1	1	1	1	1
合計	5.45	2.47	3.14	4.41	1.76	1.97	100	100	100	100	100	100

表16 ヨーロッパの貿易

	1億新金ドル						%					
	イギリス自治領, 及びインドからの(に対する)			ヨーロッパの支配領域からの(に対する)			イギリス自治領, 及びインドからの(に対する)			ヨーロッパの支配領域からの(に対する)		
	1928年	1935年	1938年	1928年	1935年	1938年	1928年	1935年	1938年	1928年	1935年	1938年
以下の国の輸入												
イギリス	1,653	902	1,195	564	342	468	48	68	69	28	30	33
ドイツ	656	98	151	377	131	227	19	7	9	19	11	16
フランス	357	125	118	598	399	383	10	10	7	30	35	27
ベルギー・ルクセンブルグ	124	54	63	75	65	101	4	4	4	4	6	7
オランダ	80	17	31	167	64	97	2	1	2	8	6	7
イタリア	256	33	32	61	53	47	7	2	2	3	5	3
オーストリア, チェコ・スロヴァキア, スウェーデン, スイス	136	39	49	34	24	36	4	3	3	2	2	3
ヨーロッパ工業諸国合計	3,262	1,268	1,639	1,876	1,078	1,359	94	95	96	94	95	96
ソ連を除くその他ヨーロッパ諸国	189	60	78	128	60	57	6	5	4	6	5	4
ソ連を除くヨーロッパ合計	3,451	1,328	1,717	2,004	1,138	1,416	100	100	100	100	100	100
ソ連	58	6	16	6	—	—						
以下の国の輸出												
イギリス	1,861	672	767	722	256	298	75	76	73	37	29	32
ドイツ	187	83	107	126	49	80	7	9	10	7	6	9
フランス	100	16	18	651	361	249	4	2	2	34	41	27
ベルギー・ルクセンブルグ	74	29	38	76	31	42	3	3	4	4	3	5
オランダ	55	14	23	170	41	77	2	2	2	9	5	8
イタリア	68	16	18	74	75	123	3	2	2	4	9	13
オーストリア, チェコ・スロヴァキア, スウェーデン, スイス	108	39	53	40	22	22	4	4	5	2	2	2
ヨーロッパ工業諸国合計	2,453	869	1,024	1,859	832	891	98	98	98	97	95	96
ソ連を除くその他ヨーロッパ諸国	38	20	19	62	41	33	2	2	2	3	5	4
ソ連を除くヨーロッパ合計	2,491	889	1,043	1,921	876	924	100	100	100	100	100	100
ソ連	5	5	2	1	4	—						

イギリス自治領諸国やヨーロッパの支配領域は，ゴム，ジュート，カポック，セラック，そして香辛料を生産する事実上唯一の国・地域である。程度の差はあるが，ヨーロッパ諸国はこれらの国・地域による上記産品の供給に依存している。

ヨーロッパとその支配領域との間の貿易の半分以上は，イギリス一国によって占められている。また，イギリス，ドイツ，フランスを合わせると，この貿易の実に５分の４を占めることになる。ヨーロッパの非工業諸国が占める割合は小さく，輸入で約５％，輸出で３％を下回る程度である。

近年，ヨーロッパ列強諸国とその支配領域との間の経済的関係は強くなる傾向にある。表17はこのことを示している。1928～38年において，ヨーロッパ列強の自身の帝国からの輸入額は金建ての価格で21％，自身の帝国以外からの輸入額は62％も減少した。このように，供給源としての帝国の重要性が相対的に増したのである。一方で，輸出相手はさして変化しなかったので，「帝国貿易」，あるいは植民地貿易の収支は変化した。たとえば，1928年において，イギリスは，同国を除くイギリス連邦諸国に対して３億４千８百万ポンドの輸出超過の状況にあったが，1938年には５億９百万ドルの輸入超過となっていた[1)]。

表18が示すように，ヨーロッパ列強諸国が自国と政治的に結びついた国・地域から輸入しようとする傾向は，その他の国との貿易にも影響を及ぼした。すなわち，ヨーロッパ列強諸国は，ヨーロッパの食糧・原料輸出国，及び帝国グループに属さない海外諸国からの輸入を減少させたのである。このことは，その規模を考慮すると，世界貿易に重要な影響を与えたと思われる。

イギリス自治領諸国やヨーロッパ列強の支配下にある国・地域の輸出は特定の産品に特化している。そして，これらの国・地域の輸出産品は，世界恐慌まで続いた比較的自由な貿易体制の下で決定されてきた。近年，これら諸国の貿易は特恵待遇によって「本国」を優先するようになった。しかし，これら諸国の輸出先は，世界の工業諸国であり，ヨーロッパには限られていない。イギリスを除くと，アメリカはどのヨーロッパの国よりも輸入額が大きい[2)]。また，イギリス自治領やヨーロッパ列強の支配下にある諸国は，工業製品の多くをア

表17 ヨーロッパの貿易：海外領土との貿易a

（単位：100万新金ドル）

	自国の海外領土・自治領との貿易			他国の海外領土・自治領・その他との貿易		
	1928年	1935年	1938年	1928年	1935年	1938年
以下の国の輸入						
イギリス	2,018	1,141	1,521	199	103	142
フランス	471	359	358	483	165	142
ベルギー・ルクセンブルク	43	46	66	156	72	99
オランダ	105	46	69	142	35	60
イタリア	10	9	8	307	77	71
スペイン	24	11	—	114	30	—
ポルトガル	16	9	10	—	5	6
合計b	2,687	1,621	2,032	1,401	487	520
ドイツ	—	—	—	1,033	228	378
オーストリア，チェコ・スロヴァキア，スウェーデン，スイス	—	—	—	170	63	84
その他ヨーロッパ諸国c	—	—	—	165	67	119
ヨーロッパ合計	2,687	1,621	2,032	2,769	845	1,101
1928年を基準とする割合（%）	100	60.3	75.6	100	30.5	39.8
以下の国の輸出						
イギリス	2,366	872	1,012	216	57	52
フランス	619	352	241	131	25	26
ベルギー・ルクセンブルク	29	6	14	121	54	66
オランダ	126	27	61	99	29	39
イタリア	25	61	108	117	31	33
スペイン	28	8	—	11	4	—
ポルトガル	9	5	6	—	2	2
合計b	3,202	1,331	1,442	695	202	218
ドイツ	—	—	—	313	132	187
オーストリア，チェコ・スロヴァキア，スウェーデン，スイス	—	—	—	147	61	75
その他ヨーロッパ諸国c	—	—	—	55	39	45
ヨーロッパ合計	3,202	1,331	1,442	1,210	434	525
1928年を基準とする割合（%）	100	41.6	45.0	100	35.9	43.4

a：インドはイギリスの海外領土，自治領，その他に含まれている。

b：デンマークは含まれていない。同国のグリーンランドとの貿易は無視してもよいほど少ないからである。

c：ソ連を除く。

表 18　ヨーロッパの貿易：域外諸国・地域からの輸入

（単位：%）

国	自国の海外領土，自治領，その他からの輸入a		他国の海外領土，自治領，その他からの輸入a		その他海外諸国・地域からの輸入		合計
	1928年	1938年	1928年	1938年	1928年	1938年	1928年と1938年
イギリス	38	54	4	5	58	41	100
フランス	23	41	24	16	53	43	100
ベルギー・ルクセンブルク	8	19	31	28	61	53	100
オランダ	15	22	21	19	64	59	100
イタリア	1	4	30	33	69	63	100
スペイン	5	13b	24	37b	71	50b	100
ポルトガル	30	31	—	17	70	52	100
合計c	27	43	14	12	59	45	100
ドイツ	—	—	36	37	64	63	100
オーストリア，チェコ・スロヴァキア，スウェーデン，スイス	—	—	25	22	75	78	100
その他ヨーロッパ諸国d	—	—	19	28	81	72	100
ヨーロッパ合計d	19	31	19	17	62	52	100

a：インドはイギリスの海外領土，自治領，その他に含まれている。
b：1935年の数値である。それ以降の年に関するデータは入手できなかった。
c：デンマークは含まれていない。同国のグリーンランドとの貿易は無視してもよいほど少ないからである。
d：ソ連を除く。

メリカと日本から輸入している。1938 年においてさえ，イギリス連邦（「本国」を除く）の輸出総額の３分の１は，ヨーロッパ以外の国・地域に対するものであった。また，オランダの支配領域に関しては，輸出総額に占めるヨーロッパ以外の国・地域の割合は半分以上であった。いくつかのヨーロッパ列強，特にフランスの支配領域の状況はイギリスやオランダのそれといささか異なっている。これらの領域は，最近になりようやく経済発展がみられたため，「本国」との貿易関係が決定的に重要な意味を有していた。

アメリカや日本との貿易は確かに重要な意味を持っていたが，海外の支配領域を含むとヨーロッパはかなりの程度，自給自足的な貿易グループとなる。このグループ全体の貿易に占める域内貿易の割合は，1928 年，1935 年，1938 年において，輸入については 73 ～ 74%，輸出については 79 ～ 83%であった[3)]。支配領域を除いたヨーロッパの場合，輸入では 52 ～ 54%，輸出では 64%となる[4)]。このように，ヨーロッパの域内貿易の割合が高い理由は，工業化のレベルが高いから

表19 大陸ヨーロッパ，イギリス連邦，その他世界の貿易：域内貿易とグループ間の貿易

面積（100万km²）	人口 1937年（100万人）	グループ	1億新金ドル 輸入 1928年	1935年	1938年	輸出 1928年	1935年	1938年	% 輸入 1928年	1935年	1938年	輸出 1928年	1935年	1938年
28.0	528	1, ソ連を含む 大陸ヨーロッパとその海外領土												
		（i）域内貿易	13.87	5.42	6.09	13.26	5.07	5.80	55	59	58	62	64	63
		（ii）グループ2との貿易	4.39	1.41	1.64	4.36	1.47	1.86	18	16	16	20	19	20
		（iii）グループ3との貿易	6.86	2.23	2.72	3.93	1.37	1.51	27	25	26	18	17	17
		合計	25.12	9.06	10.45	21.55	7.91	9.17	100	100	100	100	100	100
33.9	539	2, イギリス連邦												
		（i）域内貿易	7.60	3.06	3.51	6.97	2.78	3.19	44	48	45	48	55	56
		（ii）グループ1との貿易	4.79	1.62	2.06	3.99	1.28	1.48	28	25	27	27	25	26
		（iii）グループ3との貿易	4.79	1.73	2.19	3.70	1.04	1.04	28	27	28	25	20	18
		合計	17.18	6.41	7.76	14.66	5.10	5.71	100	100	100	100	100	100
61.9	1.067	1+2, 上記グループの合計												
		（i）域内貿易 1: i, ii; 2: i, ii	30.65	11.51	13.30	28.58	10.60	12.33	72	74	73	79	81	83
		（ii）グループ3との貿易	11.65	3.96	4.91	7.63	2.41	2.55	28	26	27	21	19	17
		合計	42.30	15.47	18.21	36.21	13.01	14.88	100	100	100	100	100	100
70.7	1.049	3, その他世界												
		（i）域内貿易	8.43	2.68	3.25	8.13	2.37	2.80	51	51	54	43	40	39
		（ii）グループ1との貿易	4.16	1.47	1.62	6.25	2.03	2.42	25	28	27	33	34	34
		（iii）グループ2との貿易	3.92	1.11	1.12	4.45	1.57	1.98	24	21	19	24	26	27
		合計	16.51	5.26	5.99	18.83	5.97	7.20	100	100	100	100	100	100
132.6	2.116	全世界合計	58.81	20.73	24.20	55.04	18.98	22.08						

注：商品貿易のみの数値（表4, 14の注を参照せよ）。各グループの域内貿易の数値については，主に以下のデータに基づいている。①表10のグループ4の域内貿易の数値，②イギリス連邦と大陸ヨーロッパ諸国の海外領土からの輸入額，③イギリス連邦諸国から「外国」に対する自国産品の輸出額（*Statistical Abstract for the British Empire* の数値），以上である。

図７　世界貿易：３グループ間　1935 年

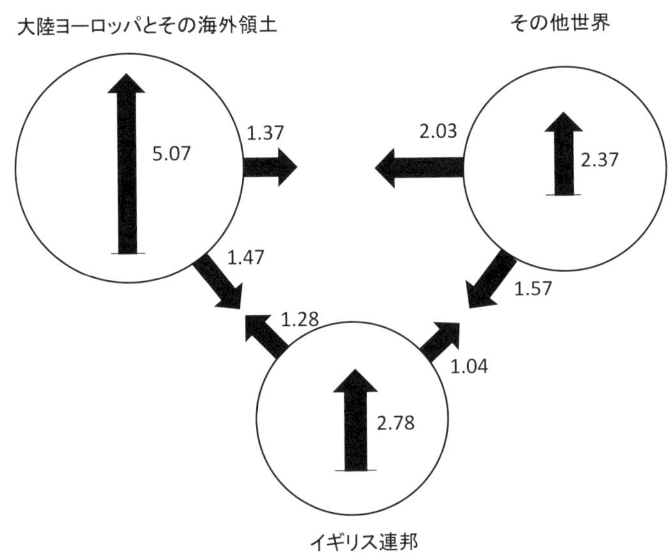

注1：数値の単位は10億ドル。
注2：線の長さと円の大きさは輸出額の大きさに比例している。

である。

その経済的結び付きの強さゆえに，イギリス連邦は特別な地位を占めている。表19は，世界貿易を（１）大陸ヨーロッパとその支配領域，（２）イギリス連邦[5)]，（３）その他世界，以上３グループに分けて考察したものである。この表は，各グループの域内貿易と各グループのその他２グループ間との貿易を示している。1935年に関しては，世界貿易の全体像を図で示している（図７を参照されたい）。

これら３グループの貿易を比較してみると，最初の２グループの貿易の規模はほぼ同じであり，第３のグループの貿易は最初の２グループを合わせた規模であることがわかる。ちなみに，イギリス連邦は，大陸ヨーロッパとその支配領域よりも，人口に関しては２%，領域に関しては21%上回っていた。（３）その他世界は，（１）大陸ヨーロッパとその支配領域，（２）イギリス連邦を合わ

表20　各グループの貿易額

（単位：1億新金ドル）

	1928年	1935年	1938年
大陸ヨーロッパとその海外領土	19.5	6.5	7.7
イギリス連邦	17.3	5.6	6.8
その他世界	18.8	6.2	7.1

せたものよりも，領域に関しては14%，人口に関しては２％程度上回っていた。

貿易のグループとしては，（１）のグループは，他の２グループよりも重要であった。しかし，各グループの域内貿易を無視すれば，各グループの貿易額の差はさほど大きくはならない。表20は，各グループの他の２つのグループとの間の貿易総額（輸入額＋輸出額）を示している。

最初の２グループは域内貿易が占める割合が特に高い。図６と図７を比較すると興味深い事実が浮かび上がる。図６は，世界をヨーロッパ工業地域，ヨーロッパ農業地域，その他の世界，以上３つに分割しているが，これら３グループの人口密度は非常に異なっている。最初のグループにおいては，同質の国が隣り合った状態で所在している。また，お互いに，そして第３のグループに対して経済的に依存している。したがって，ヨーロッパ工業諸国のグループの貿易総額に占める域内貿易額の割合は比較的低い。図７で示されたグループは異質な国から構成されている。各国の天然資源の賦存状況と生産設備の大きな違いは，グループ内諸国の関係を補完的なものとした。それゆえ，構成国は世界各地に散らばって所在しているが，グループ内貿易は図６と同規模，あるいはより大きな規模となっている。特に遠距離の海上輸送は相対的に安価になるので，地理的に密集して所在する諸国間よりも，地理的に分散した諸国間の方が経済的つながりを強化しやすかった。

【注】

1）チャネル諸島，ジブラルタル，マルタは「ヨーロッパ域外にあるイギリス連邦諸国」から除外されている。

2）アメリカの1928年と1938年の輸入額は各々以下の通りである（新金ドルで表示）。イギリス自治領とインド→11億9千9百万ドル，3億5千7百万ドル，その他のイギリス海外領土→5億8百万ドル，1億6千1百万ドル，フランスの海外領土→2千4百万ドル，1千5百万ドル，ベルギー領コンゴ→2千7百万ドル，2百万ドル，オランダの海外領土→2億4千万ドル，9千2百万ドル，ポルトガルの海外領土→5百万ドル，1百万ドル，スペインの海外領土→1百万ドル，0ドル，イタリア→両年とも0ドル，合計→20億4百万ドル，6億3千3百万ドル。

3）表19のグループ1とグループ2の合計額を参照されたい。

4）21頁を参照。

5）便宜的に「イギリス連邦」と記しているが，これには植民地，保護領，海外領土，及び宗主権下，あるいは委任統治下にある地域も含まれている。

第5章 ヨーロッパの貿易収支

1. 輸入超過の決済

なぜ，ヨーロッパは輸出額に見合わぬほどの輸入が可能だったのだろうか。ヨーロッパの巨額な輸入超過状態は，国際収支勘定における「見えざる」項目（"invisible" items, 貿易外取引の項目：訳注）によって可能となった。「見えざる」項目における黒字とは，世界各地からもたらされる投資収益とサービス収支の黒字のことである。

これについて詳細に検討していく前に，貿易収支統計の誤差や記録漏れなどについて考慮する必要がある。最近の統計においては，これらの誤差が一体どの程度のものであるかについてある程度明らかにされている[1)]。また，近年では，銀や金以外の貴金属の地金を商品貿易とみなすことが慣例となっている[2)]。表21は，これらについて考慮し修正したものである。この表ではヨーロッパの

表21 ヨーロッパの貿易（調整済）

（単位：1億新金ドル）

	工業国（10ヵ国）		その他諸国a		ヨーロッパ全体	
	1928年	1935年	1928年	1935年	1928年	1935年
商品輸入額	26.76	9.72	5.62	1.95	32.38	11.67
商品輸出額	21.51	7.38	4.19	1.71	25.70	9.09
輸入超過額（－）	−5.25	−2.34	−1.43	−0.24	−6.68	−2.58
金を除く地金（銀など）	+0.02	+0.08	—	—	+0.02	+0.08
調整額	+0.16	—	+0.05	+0.02	+0.21	+0.02
調整済の商品貿易収支	−5.07	−2.26	−1.38	−0.22	−6.45	−2.48

a：ソ連を除く。

表 22　ヨーロッパ諸国の経常収支

純受取額（＋）　純支払額（－）

（単位：1億新金ドル）

	1928年				1935年			
	商品貿易	利子・配当支払い	サービス貿易	合計	商品貿易	利子・配当支払い	サービス貿易	合計
工業国（10ヵ国）								
イギリス	−2.91	＋2.06	＋1.85	＋1.00	−1.28	＋0.91	＋0.53	＋0.16
ドイツ	−0.50	−0.23	−0.53	−1.26	＋0.04	−0.10	＋0.14	＋0.08
その他諸国	−1.66	＋0.46	＋2.35	＋1.15	−1.02	＋0.50	＋0.57	＋0.05
合計	−5.07	＋2.29	＋3.67	＋0.89	−2.26	＋1.31	＋1.24	＋0.29
その他諸国	−1.38	−0.19	＋0.63	−0.94	−0.22	−0.11	＋0.35	＋0.02
ヨーロッパ全体（ソ連を除く）	−6.45	＋2.10	＋4.30	−0.05	−2.48	＋1.20	＋1.59	＋0.31

注：表中の数値は，国際連盟刊行の *Balances of Payments* から主に収集したものであるが，一部推計がなされており完全に正確なものではない。1928年においては，賠償金の支払いと受取りは「サービス貿易」の項目に入れられている。1935年のドイツの利子・配当支払額は推計値である。

2つのグループとヨーロッパ全体の額が示されている。

表22は，上記の修正後の商品貿易の赤字が，利子・配当収入やサービス収入によって，いかに決済されたのかを示している。サービス貿易でとりわけ重要なものは，輸送，旅行，及び移民送金である。1928年において，ヨーロッパ全体の経常収支はマイナスになっている。これは，輸入を決済するために新たな借入や金の売却が必要であったことを示唆している。一方，1935年の経常収支は黒字となっているので，ヨーロッパは海外投資や，金購入に用いることができる余剰の資金があったことがわかる。イギリスとドイツは共に高度に工業化した国であったが，データは別々に示されている。その理由は，前者は輸入超過額と海外投資収益が大きい国であり，後者はヨーロッパ最大の債務国だったからである[3)]。

表22は，ヨーロッパは全体として（イギリスは違うが），輸入超過を決済する上で，投資収益よりもサービス収支の黒字の方が大きな役割を果たしていたことを示している。しかし，以下の点に留意する必要がある。すなわち，表中の「サービス貿易」の項目には，ヨーロッパ域内貿易で生じた輸送費，あるいはヨーロッパ国籍の船が域外で提供した輸送費が含まれているという事実であ

る。これは，ヨーロッパ内部の取引と考えられるべきである。この点について少し説明しておきたい。

1928年において，ヨーロッパ域内の輸入額は輸出額を約9億ドル，1935年においては約4億ドル超過していた。かかる差が生じるのは，輸入額には輸送費と仲介業者の手数料が含まれているからである[4)]。したがって，輸入額を輸出額と比較検討する際には，この分を差し引く必要がある。さらに，ヨーロッパ域外からの商品輸入額は，ヨーロッパ域内における輸送費によって少し嵩上げされている。すると，差し引かれるべき額は，1928年は10億ドル，1935年には5億ドル程度となるであろう。逆に，ヨーロッパ域外でヨーロッパの船が活動する際に必要となる石炭，衣料，食糧への支出や港の使用料などを考慮する必要がある。しかし，これらは少額であり無視しても差し支えないであろう。なお，保険料はヨーロッパ域外で支払われることはめったにない。いずれにせよ，ヨーロッパ域外からヨーロッパに輸入される商品の価格は，ヨーロッパ域内の輸送費（仲介業者の収益を含む）を上回る額によって差し引かれる必要がある。

ヨーロッパの域外からの輸入超過額は，サービス貿易の黒字の結果，1928年には20～25億ドル程度，1935年には10億ドル程度差し引かれる必要があり，その結果，1928年は約40億ドル，1935年は約15億ドルとなる[5)]。これと整合性を保つため，ヨーロッパのサービス貿易の受取額は1928年には20億ドル，1935年は5億ドルに減額される必要がある[6)]。

図8は，ヨーロッパの輸入超過がいかに決済されていたかを簡単に示したものである。この図から，もし，輸入に伴う輸送費とそれと関連する項目（図中Aの部分）を除外すれば，輸入超過額の大きな部分は海外投資収益によって決済されていたことがわかるであろう。特に，サービス貿易の黒字が少なかった1935年はそうであった。しかし，ヨーロッパが享受してきた金融上の優位は，第一次世界大戦によって揺らぎ，世界大不況下におけるキャピタル・ロスや債務の清算によって掘り崩されてしまった。さらに，現在の戦争（第二次世界大戦：訳注）は，ヨーロッパの輸出の減少と一次産品価格の上昇を引き起こし，そ

図8　輸入超過の決済

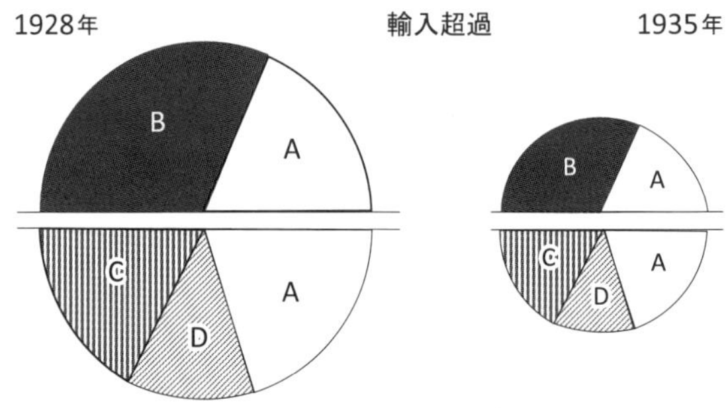

A：ヨーロッパ域内貿易における輸送費，あるいはヨーロッパの船舶が稼働した輸送費（上部は輸入超過の一部として，下部は対応するサービス収支の受取として二重に記載されている）。
B：実質の輸入超過
C：利子・配当
D：Aを除くサービス

の結果，ヨーロッパ債権諸国は海外資産を取り崩す必要に迫られている。

表12で示したように，ヨーロッパの域外に対する輸入超過額は，1928年には輸入総額の39%，1935年には40%，1938年には41%を占めていた。輸入額からヨーロッパの船が稼ぎ出した輸送費を差し引いても，輸入超過額は輸入総額のおよそ3分の1を占める。程度の差はあるが，ヨーロッパ諸国は輸入超過の状態だったのである（ただし，トルコは例外であり，1928年にはヨーロッパ域外地域に対して黒字を計上していた）。しかし，域外地域からもたらされる純所得（主に利子・配当などの投資収益）の大部分は，ヨーロッパの少数の債権諸国，とりわけイギリスの収入となっていた[7)]。したがって，いくつかのヨーロッパ諸国は域外地域に対する輸入超過を，ヨーロッパ債権諸国に対する輸出超過によって決済する必要があった。かように，ヨーロッパの域内貿易は，ヨーロッパ域外との貿易に密接に結びついていたのである。この問題については，後にさらに詳しく検討する。

2．貿易収支のネットワーク

ヨーロッパ諸国の域内，及び域外との貿易収支を示した付表Ⅱ（本訳書では割愛：訳注）は，多種多様なパターンを示しており，一見しただけではその関連性を見出すことはできない。しかし，これらの貿易収支は，ヨーロッパ諸国の域外貿易にとって重要な三角貿易，あるいは多角的貿易の存在を反映している。表23では，貿易収支の分析を容易にするために，諸国のグループ分けがされている。1928年は未だ三角貿易システムが機能していたと考えられるので，この年のデータを検討するのが適当であろう。

表23に示されているように，1928年において，ヨーロッパの域外との貿易収支は，54億7千3百万ドルの赤字であった[8)]。しかし，実際の赤字額はより大きかったと考えられる。その理由は，ヨーロッパ域外からの輸入の一部を，ヨーロッパからの輸入として記録している国が存在するからである。このことを考慮すると，ヨーロッパ域外との貿易収支の推計値は58億1千万ドルとなる[9)]。表23で示されているように，1928年におけるヨーロッパの海外領土（植民地やイギリス自治領）との貿易収支は，10億4千4百万ドルの赤字であった。また，同年のアメリカとの貿易収支は26億9千4百万ドル，「その他世界」との貿易収支は15億4千1百万ドルの赤字であった。

以上の数値は，ヨーロッパの海外投資による受取額とはまったく一致しない。対照的に，アメリカは，ヨーロッパがもっとも貿易赤字を計上している国であるが，アメリカは差し引きすると，ヨーロッパから利子・配当収入を得ていた。また，ヨーロッパの海外領土のヨーロッパに対する貿易黒字は小さかったが，ヨーロッパの利子・配当収入の3分の2は同地域からもたらされていた。このように，一見すると矛盾するような事実は，表24で示した1928年におけるアメリカの国際収支を分析することで理解可能となる[10)]。

表24をみると，アメリカはヨーロッパに対しては，基礎収支のみならず，商品貿易においても大幅な黒字であったが，その他の地域に対しては赤字であっ

表 23　ヨーロッパ諸国の商品貿易収支

以下の国の収支　黒字（＋）　赤字（－）

（単位：100万新金ドル）

	イギリス	ドイツ	ヨーロッパ工業諸国（8カ国）a	スカンジナビア諸国とバルト諸国（スウェーデンを除く6カ国）b	ポーランドと東南ヨーロッパ諸国（8カ国）c	スペインとポルトガルd	ヨーロッパ合計（27カ国）
1928年							
以下の国との収支							
イギリスとアイルランド	-91	＋133	＋471	＋384	-80	-5	＋812
ドイツ	-182	―	-524	-263	-78	-59	-1,106
ヨーロッパ工業諸国（8カ国）a	-847	＋503	＋6	-135	-199	-1	-673
スカンジナヴィアとバルト諸国（スウェーデンを除く6カ国）b	-511	＋101	＋45	-4	＋21	-14	-362
ポーランドと東南ヨーロッパ（8カ国）c	＋45	＋84	＋69	-28	-9	-7	＋154
スペインとポルトガル	-61	-20	＋37	＋5	-1	-1	-41
その他ヨーロッパ諸国e	＋6	＋3	＋28	＋1	＋19	-3	＋54
ヨーロッパ全体（ソ連を除く）	-1,641	＋804	＋132	-40	-327	-90	-1,162
ソ連	-126	＋13	-51	＋1	-13	-18	-194
イギリス自治領とインド	＋199	-468	-548	-23	-63	-57	-960
ヨーロッパの海外領土	＋158	-252	＋76	-16	＋1	-51	-84
アメリカ	-1,110	-487	-684	-173	-123	-117	-2,694
その他世界	-490	-306	-615	-37	-32	-61	-1,541
ヨーロッパ以外の全ての国	-1,369	-1,500	-1,822	-248	-230	-304	-5,473
全世界	-3,010	-696	-1,690	-288	-557	-394	-6,635
1938年							
以下の国との収支							
イギリスとアイルランド	-1	＋35	＋163	＋111	＋5	-7	＋306
ドイツ	-43	―	-242	-54	-2	-10	-351
ヨーロッパ工業諸国（8カ国）a	-284	＋212	-11	-79	＋33	-11	-140
スウェーデンを除くスカンジナヴィアとバルト諸国（6カ国）b	-216	＋18	＋29	-9	＋12	-3	-169
ポーランドと東南ヨーロッパ（8カ国）c	-29	＋28	-76	-14	-8	-1	-100
スペインとポルトガル	-12	―	＋14	＋2	＋4	＋2	＋10
その他ヨーロッパ諸国e	―	-5	＋8	-1	＋14	＋1	＋17

ヨーロッパ全体（ソ連を除く）	−585	＋288	−115	−44	＋58	−29	−427
ソ連	−47	−6	−29	−10	−5	—	−97
イギリス自治領とインド	−449	−44	−142	−8	−28	−3	−674
ヨーロッパの海外領土	−177	−147	−151	−8	−4	−5	−492
アメリカ	−468	−103	−308	−46	−19	−9	−953
その他世界	−251	−66	−151	−7	−10	−5	−490
ヨーロッパ以外の全ての国	−1,392	−366	−781	−79	−66	−22	−2,706
全世界	−1,977	−78	−896	−123	−8	−51	−3,133

注：本表は付表Ⅲ（本訳書では割愛：訳注）の1928年と1938年のデータを要約したものである。最上段の国・グループと第1列のそれらとの間の貿易収支を示している。商品の船積地と仕向国の記録の仕方が異なるなど，様々な理由により数値の単純な比較は困難である。域内貿易で生じる収支は，ほとんどが輸送費によるものである。理論的には，それはマイナスになるはずであるが，「ヨーロッパ工業諸国（8ヵ国）」の場合は黒字になっている。また，「イギリスとアイルランド」の場合，赤字額はあまりにも大きい。これは，アイルランドが遠方の国から輸入したいくつかの産品を，イギリスからの輸入として記録したからである。

a：オーストリア，ベルギー・ルクセンブルク，チェコ・スロヴァキア，フランス，イタリア，オランダ，スウェーデン，スイス。

b：デンマーク，エストニア，フィンランド，ラトヴィア，リトアニア，ノルウェー。

c：ここでの「東南ヨーロッパ」とは，アルバニア，ブルガリア，ギリシア，ハンガリー，ルーマニア，トルコ，ユーゴスラヴィアのことである。

d：1938年はポルトガルのみの数値である。スペインのデータは入手できなかった。

e：アイスランド，マルタ，その他の小さな領土。また，国が特定できない貿易も含まれている。

表24　アメリカの国際収支　1928年

（単位：100万新金ドル）

	ヨーロッパ	ヨーロッパ以外の地域	世界
商品貿易	+2,005	−566	+1,439
利子・配当，戦債の受取り	+417	+838	+1,255
サービス等	−972	−621	−1,593
金（外国の中央銀行に預託した金の名義変更は除く）	+511	+152	+663
長期資本	−572	−626	−1,198
合計	+1,389	−823	+566
短期資本，金の名義変更，誤差・脱漏	—	—	−566

たことがわかる。アメリカはヨーロッパに対する貿易黒字によって，その他地域に対する輸入超過を決済していたのである。ヨーロッパに対して債務を負っていた諸国は，アメリカに対する輸出超過によってヨーロッパに対する利子・配当支払いを行っていた。このようにその他地域は，アメリカを介した三角貿易によって，ヨーロッパに対する利子・配当支払いを履行していたのである。イギリス領マラヤとインドからイギリスにもたらされる投資収益，そして，オランダ領東インドからオランダにもたらされる投資収益は，このアメリカを含む三角決済を通じて実現されていた[11)]。また，ラテン・アメリカのヨーロッパに対する利子・配当支払いも，この三角決済を通じて行われていた。

商品貿易の収支から判断すると，ヨーロッパの支配領域からヨーロッパへと向かう資金の流れは，さらに複雑であったと思われる。すなわち，ヨーロッパの支配領域とアメリカとの間には，仲介的役割を果たす国が存在していた[12)]。アメリカではなく，他の国を介した資金の流れもあったが，このことは，なぜヨーロッパが，その支配領域よりも大きな輸入超過額を「その他世界」に対して有していたかを説明している。

ヨーロッパ諸国に関する検討に移ろう。1928年において，ヨーロッパ全体が海外から得る利子・配当，その他のサービスによる総収入の５分の３は，イギリス一国で稼ぎ出したものであった。また，イギリスの海外投資のほぼすべてはヨーロッパ域外諸国・地域に対するものであった。それゆえ，ヨーロッパの域外地域に対する貿易赤字の多くは，イギリスによるものだと予想されるであろう。しかし，ヨーロッパ全体の域外地域に対する貿易赤字のうち，イギリスが占める割合はわずか４分の１であった。トルコを除くすべてのヨーロッパ諸国は域外地域に対して赤字であったが，これと海外から受け取る利子・配当との関連はほとんどない。ヨーロッパの域外地域に対する貿易赤字のうち，ドイツが占める割合は最大であった（15億ドル）。それにも関わらず，ドイツは巨額の対米債務を有していたので，「見えざる」項目においても支払超過の状態にあった[13]。表23が示しているように，ドイツの15億ドルの赤字のうち，８億ドル以上はヨーロッパに対する貿易黒字によって，残りは輸送費や対外借款によって決済されていた。

ドイツの貿易は，大半のヨーロッパ諸国に対して輸出超過，その他諸国に対しては輸入超過という特徴を有している。アメリカに対する輸入超過額は巨額であり，1928年には４億８千７百万ドルであった。また，ドイツはアメリカと同じく，海外の債務諸国からヨーロッパの債権諸国へと向かう資金の流れにおいて一定の役割を果たしていた。しかし，この資金の帰着点であるイギリスやオランダは，ドイツに対して比較的少額の輸入超過しか有してはいなかった。ドイツとイギリスの間には，その他のヨーロッパ工業諸国，及びスペイン，デンマーク，フィンランド，エストニア，ラトヴィアなどの農業諸国が介在していた。これら諸国は，ドイツに対しては輸入超過，イギリスに対しては輸出超過の関係にあった。1928年において，ヨーロッパ14ヵ国（上記の工業諸国，スカンディナヴィア・バルト諸国）は，ドイツに対して７億８千７百万ドルの輸入超過，イギリスに対して８億５千５百万ドルの輸出超過を有していた。これら14ヵ国のイギリスに対する貿易黒字額は20億ドルを超えており，この巨額の黒字は，ドイツだけでなく，ヨーロッパ域外地域に対する輸入超過を決済する上できわめて重要な役割を果たしていた。

イギリスは上記14ヵ国に対して13億３千８百万ドルの輸入超過を有していた[14]。一方，イギリスは，同国に対して巨額の利子・配当支払いを行う必要のある諸国に対して輸出超過を有していた。具体的に言えば，イギリスはイギリス連邦に属する諸国から利子・配当収入の半分以上を得ていたが，それら諸国に対して3億4千8百万ドルの輸出超過を有していたのである。このように，債務国から債権国に対して行われる支払いは，当該二国間で直接的に行われるわけではなく，いくつかの諸国との，そしてこれら諸国間の貿易を伴う迂回的な方法が選択されているようである。

一定の持続性を示す主だった諸国間の貿易収支の状況は，上で大まかに示してきた資金移動のシステムにその起源を求めることができる。このシステムは1870年頃に形成された。この頃，鉄道，及び海上輸送手段の向上がみられ，国際貿易に新たな可能性が開けた。それにより，ヨーロッパ資本の助力を得た一次産品生産諸国の生産が促進され，アメリカと大陸ヨーロッパにおいて工業が急速に成長した。工業化の途上にあったこれらの諸国・地域は，一次産品生産諸国の急速に増大する輸出余剰を吸収することが可能であった。というのも，これら諸国は直接・間接的に，いくつかの債権諸国，特にイギリスに対する輸出超過によって一次産品生産諸国に対する輸入超過を決済することが可能であったからである。アメリカの工業国化は，三角貿易のみならず，1914年まで続いたイギリス資本の流入，さらには，ヨーロッパに対する食糧や工業原料輸出によって実現された。同時期，全体としてみると，大陸ヨーロッパは資本輸出主体であった。ただし，大陸ヨーロッパの東・東南地域は，上記の資金移動のシステムに大きくは関与していなかった。スカンディナヴィア諸国はこのシステムに関与していたが，いくつかの点でドイツとは異なる形で関与していた。スカンディナヴィア諸国は主にドイツに対して工業製品の輸入超過状態にあり，動物性食品や木材のような産品を輸出していた[15)]。

世界各国・地域の貿易収支の帳尻を合わせるシステムは，数十年間の発展の時期を経た後に，20世紀初頭に完全なものとなった。このシステムは，第一次世界大戦中におけるヨーロッパ債権諸国による米国証券の清算，1920年代における中央ヨーロッパに対する過剰な貸付けによって若干変化した。しかし，その型は大きく変化することはなかった。また，第一次世界大戦によって，世界経済における同システムの重要性は減じたどころか，むしろ増大したと思われる。1930 年代になると，このシステムの一部に故障が生じ，その初期の機能を果たさなくなった。世界貿易は，海外投資活動の停止，商品価格の低下，そして，ほとんどすべての国が導入した貿易・通貨に対する一連の規制策，これらの影響を受けることとなった。なお，貿易・通貨に対する規制策は，直接的に貿易収支の圧縮を目的としたものであった。

要するに，債務国から債権国へと向かう資金移動のルートが変化したのである。このことは，帝国や植民地の貿易において最も明瞭に見て取れる。1928 年において，イギリス，フランス，ベルギー，そしてオランダは，各々の支配領域に対して合計で６億２百万ドルの貿易黒字を有していたが，1938 年には６億８千６百万ドルの赤字へと転じた[16)]。この 12 億８千８百万ドルもの変化の理由は，「本国」の資本輸出の削減，あるいは停止であった。また，1938 年においては，自治領諸国や海外領土は「本国」に対する債務の返済を，間接的にではなく，直接的，すなわち，「本国」との貿易を通して履行したことも理由の一部である。

同時に，ヨーロッパ諸国やアメリカは，一次産品輸入を，かなりの程度，一次産品生産諸国に対する輸出によって決済するようになった。これらの諸国は，以前は債権国から債務国へと向かう資金移動において間接的ルートとなっていた。ドイツのヨーロッパ域外からの輸入超過は，1928 年にはイギリスの 110%に相当する規模であったが，1938 年にはわずか 26%へと減少した（表 23 を参照）。ヨーロッパ諸国間の貿易収支の多くが減少した。また，貿易黒字の多くは相互間の債務の返済に使用されたので，これを三角貿易の決済に使用することは不可能であった。1928 年においては，ポーランドと東南ヨーロッパ諸国から構成されるグループは，巨額の輸入超過を対外借入によって決済することができた。しかし，1938 年においては，域外からの輸入超過を決済するために，ヨーロッパ諸国から貿易黒字を獲得する必要があった。

以上でみてきた変化の原因と意味については，ヨーロッパ各国の貿易相手を分析する次章において検討していく。しかし，その検討に入る前に以下の事実を強調しておきたい。すなわち，実質的にすべての国で行われた通商・金融政策の変更は，世界貿易に不具合を引き起こした根本的な原因とはみなし得ないという事実である。この変更は，各国に突きつけられた混乱に対する正当な防衛策であり，それを実行した政府を責めるべきではない。かかる見解は必ずしも皆に受け入れられるものではないかもしれない。しかし，以下のことがますます明らかになっている。すなわち，第一次世界大戦から引き継いだ深刻な不具合は，1925～29年の見せかけの繁栄によって隠蔽されていたのであり，この不具合は，国家間の商業上の取引に対して幅広い影響を与えてきたのである。

おそらく，戦後復興における最大の欠陥は，復興を実現した国際的な貸付けそれ自体にあったと思われる。具体的には，中・東南ヨーロッパ諸国に対する過剰な貸付けである。これは非生産的な事業に対するものであり，対外債務の返済にまわすことが可能な輸出超過を生み出さなかった。また，貸付資金は，直接，あるいは間接的に短期借款によって調達されていた。これは，大戦後，各国の通貨価値が不安定な中で，短期的な収益を求め，あるいは通貨価値の減価を避けることを目的として国から国へと移動していた資金であった。1928年には新規の借款は停止し，短期資金の引揚げが生じた。この年，ヨーロッパの重要な通貨の一つであるフランの法的安定が実現された（1926年12月以降，フランは1ポンド＝122.25フランで事実上の安定を達成していたが，1928年6月には法的安定も達成された：訳注）。同時に，いくつかの債務国の不安定な経済状況が目につくようになった。

これに引き続く数年間，多くの国が孤立主義的，あるいは差別的政策によって自らを守ろうとしたため，国際貿易の初期のネットワークは一部崩壊を余儀なくされた。その結果，一連の恒久的問題が生じた。多くの国でデフォルトが生じ，通貨価値が不安定になった。また，ヨーロッパからアメリカへの資本逃避が続いた。そして，中央・東ヨーロッパ諸国の三角貿易が衰退した結果，ヨーロッパ域外から原料を購入するための資金が不足することとなった。どこよりもヨーロッパにおいてであるが，各国が通商上のより大きな自立性を獲得しようとすればするほど，各国の経済的相互依存関係の強さが明らかとなった。

【注】

1）輸出入の申告がなされなかった時期があるので，いくつかの国の貿易統計は正確ではない。たとえば，1929年以前のフランスの貿易額は過大な値となっている。

2）金の貿易も一部は商品貿易の性質を帯びている。すなわち，国内で産出された金の輸出や，工業用の金の輸入などである。しかし，本書の検討においては，この点を無視しても差し支えないと思われる。

3）通常，工業国は債権国であるが，この当時，ドイツに加え，イタリア，オーストリア，チェコ・スロヴァキアも債務国であった。

4）表11とそれに関する本文の記述を参照されたい。表で示されている数値（8億7千万ドルと4億1千万ドル）は，大雑把な額であり正確なものではない。これらは，海上輸送費，仲介業者の手数料，鉄道輸送費，及び保険料を調整せずに合計することで得た数値である。

5）表12をみると，これらの数値は，これに対応する「ヨーロッパ域外地域」のヨーロッパに対する輸出超過額とほぼ一致していることがわかるであろう。

6）1928～35年において，ヨーロッパのサービス貿易の黒字が半分近く減少した理由は，アメリカからの旅行客の支出と，アメリカ在住のヨーロッパからの移民の送金が減少したことが理由であったと思われる。

7）表22を参照されたい。

8）本書において，特に断りなく用いられている「ドル」は，1934年平価の「金ドル」のことである。

9）表11と表10の脚注を参照されたい。

10）出典は，アメリカ商務省が刊行した*Trade Information Bulletin,* No.698，及び，*Commerce Reports,* October 6th, 1930である。1928年以降，アメリカの国際収支統計は改定を重ねてきたが，ヨーロッパとそれ以外の地域との国際収支に関するデータは刊行されていない。

11）*Review of World Trade, 1938*に掲載されている図10は，アメリカのイギリスに対する貿易黒字が，イギリス領マラヤとインドとの貿易赤字によって相殺されている状況を明確に示している。

12）インドとアメリカとの間にはブラジルが介在していた。ブラジルはインドに対して貿易赤字であったが，この赤字はヨーロッパではなく，アメリカに対する貿易黒字によって決済していた。

13) 1928年においては，この支払いはアメリカで起債された新規借款によって決済された。しかし，新規の借款が行われない年においても，ドイツの巨額な輸入超過の状態を継続していた。

14) 表23においては，イギリスとアイルランドは一つのグループにまとめられている。その理由は，アイルランドの海外投資は，同国の輸入超過状態を可能としていたのであるが，これはイギリスと同様の状況だったからである。1928年において，イギリスとアイルランドのヨーロッパ14ヵ国に対する輸入超過額は13億5千8百万ドルであった。

15) 飼料の生産は外国からの穀物供給に大きく依存しているが，これはある意味，製造業と同じ状況である。また，輸出された木材の大半は挽材（sawn timber）であった。

16) 表17を参照されたい。

第6章　ヨーロッパ諸国の貿易相手と貿易収支の状況

最近のヨーロッパの貿易，特に貿易収支の状況は，輸入先と輸出先の変化に反映されている。表25と表26は，1928年と1938年におけるヨーロッパ各国（アルバニアとアイスランド，及び小さな支配領域は除外している）の4つのグループとの貿易分布を示したものである[1)]。4つのグループとは，（i）ヨーロッパの工業地帯，（ii）その他のヨーロッパ，（iii）イギリス自治領，インド，及び，ヨーロッパ列強の海外領土，（iv）その他世界，以上である。

1928～38年の10年間において，世界経済は史上類をみないほどの変化を経験した。ヨーロッパ工業国間の貿易は著しく減少した。これは，ヨーロッパ工業諸国が不況にあえぐ国内製造業の振興を図り，また，一次産品輸入のための外貨を節約しようとしたからである。その他のヨーロッパ諸国はさまざまな影響にさらされた。いくつかの国は貿易黒字の関係にある工業諸国からの輸入を増やす必要に迫られた。たとえば，デンマークの場合，輸入総額に占めるイギリスからの輸入額の割合は14%から35%へと増加した。ルーマニア，ユーゴスラヴィア，トルコのような国は，ドイツの東南欧諸国に対する輸出攻勢にさらされた。ポーランド，アイルランド，ハンガリー，ポルトガルは，工業生産量が急拡大しつつあった国々であるが，ヨーロッパ以外の国・地域からの輸入を拡大させた。三角貿易の解体により，ポーランドやハンガリーのような国は，ヨーロッパ以外の国・地域に対する輸出に転換することによって，これらの輸入を決済しなくてはならなかった。

以下，表を用いながら，ヨーロッパ各国の貿易動向の変化，及び，それが貿易収支に対していかなる影響を及ぼしたかについて詳細に検討していく。

表 25　ヨーロッパ諸国の輸入

国名	輸入額 100万新金ドル		%							
			高度に工業化した諸国		その他諸国（ソ連を除く）		イギリス自治領・植民地，ヨーロッパ列強の海外領土		その他世界	
	1928年	1938年	1928年	1938年	1928年	1938年	1928年	1938年	1928年	1938年
高度に工業化した諸国										
イギリス	8,860	4,196	24	16	16	16	25	40	35	28
ドイツ	5,647	2,195	33	29	16	25	18	17	33	29
フランス	3,560	1,326	36	29	7	5	27	40	30	26
ベルギー・ルクセンブルク	1,505	770	60	48	6	6	13	21	21	25
オランダ	1,827	778	57	52	5	7	14	17	24	24
イタリア	1,987	585	39	46	10	17	16	14	35	23
スウェーデン	775	520	61	60	14	16	2	2	23	22
スイス	867	363	68	65	6	9	8	6	18	20
チェコ・スロヴァキア	961	291	50	45	34	23	5	12	11	20
オーストリア	772	243	55	31	30	41	4	8	11	20
その他諸国										
デンマーク	748	358	66	76	6	8	5	2	23	14
スペイン	982	152	47	46	4	8	14	15	35	31
ノルウェー	459	289	64	68	13	11	5	5	18	16
ポーランド・ダンツィヒ	639	247	70	56	6	9	5	13	19	22
アイルランド	487	201	85	61	1	6	3	14	11	19
ハンガリー	358	124	75	71	19	19	2	2	4	8
フィンランド	342	183	71	72	9	12	1	2	19	14
ルーマニア	332	136	80	81	12	9	—	1	8	9
ユーゴスラヴィア	233	114	74	75	15	9	2	5	9	11
ギリシア	273	132	48	55	18	20	10	11	24	14
ポルトガル	203	100	69	56	6	6	8	16	17	22
トルコ	193	119	70	74	9	6	4	2	17	18
ブルガリア	87	60	84	81	12	14	1	1	3	4
ラトヴィア	101	44	68	71	16	8	4	6	12	15
リトアニア	49	38	73	78	16	5	1	5	10	12
エストニア	60	29	59	67	12	11	4	6	25	16

表 26　ヨーロッパ諸国の輸出

国名	輸出額 100万新金ドル		%							
			高度に工業化した諸国		その他諸国（ソ連を除く）		イギリス自治領・植民地，ヨーロッパ列強の海外領土		その他世界	
	1928年	1938年	1928年	1938年	1928年	1938年	1928年	1938年	1928年	1938年
高度に工業化した諸国										
イギリス	5,962	2,300	20	17	13	18	43	46	24	19
ドイツ	4,951	2,117	51	41	21	28	6	9	22	22
フランス	3,458	875	56	47	8	8	22	31	14	14
ベルギー・ルクセンブルク	1,454	729	63	61	8	9	10	11	19	19
オランダ	1,352	571	67	62	8	8	17	18	8	12
イタリア	1,336	546	46	38	14	14	11	29	29	19
スウェーデン	715	463	53	57	24	22	5	4	18	17
スイス	691	301	58	60	12	11	10	8	20	21
チェコ・スロヴァキア	1,062	355	55	48	31	26	3	7	11	19
オーストリア	526	146	54	44	34	38	3	6	9	12
その他諸国										
デンマーク	701	338	86	87	10	7	1	2	3	4
スペイン	692	102	68	64	4	7	5	6	23	23
ノルウェー	304	190	59	70	11	12	6	3	24	15
ポーランド・ダンツィヒ	477	225	81	73	14	12	1	3	4	12
アイルランド	376	116	98	98	—	—	1	1	1	1
ハンガリー	244	155	75	76	22	14	1	3	2	7
フィンランド	267	181	77	77	6	7	3	2	14	14
ルーマニア	278	158	60	65	33	21	—	6	7	8
ユーゴスラヴィア	192	116	75	79	21	11	2	2	2	8
ギリシア	134	90	71	64	4	12	1	1	24	23
ポルトガル	78	50	61	58	6	9	11	15	22	18
トルコ	150	115	61	70	9	9	4	2	26	19
ブルガリア	76	68	73	82	22	12	1	1	4	5
ラトヴィア	85	44	77	88	11	4	1	2	11	6
リトアニア	44	40	85	86	11	4	—	2	4	8
エストニア	58	28	74	76	19	13	—	1	7	10

1．イギリス

ヨーロッパの貿易においてイギリスが占める割合は，輸出，輸入ともに３分の１を超えている。一方，イギリスは他のどのヨーロッパの国よりも，自国の貿易に占めるヨーロッパの割合が低い。何世代にも渡って，イギリスは海外投資と並行して商品の輸出に専念してきたので，ヨーロッパよりも，域外の国・地域の需要に自らを適合させてきた[2)]。このことが，イギリスの輸出先に占めるヨーロッパの割合が小さい理由の一つとなっている。いま一つの理由は，イギリスのヨーロッパ域外に所在する自治領と植民地との間の政治・文化的結びつきの強さである。ヨーロッパ域外地域がイギリスの輸入先において大きな割合を占めているのは，外国からの食糧供給に大きく依存しているからである。最近では，イギリスの輸入総額に占める食料品輸入額の割合は３分の２にもなっている。しかし，イギリスはどの国よりも多くヨーロッパの産品を輸入している。特に，イギリスは，小国ではあるが高度に発展したヨーロッパの諸国から多くの商品を輸入している。これらの国はイギリス向けの輸出に特化した商品を生産してきた。1938年において，イギリスのデンマークからの輸入額はドイツからの輸入額を30％も超過していた。また，イギリスのオランダとスウェーデンからの輸入額は，フランスからの輸入額を超過していた。1932年以前においては，ここ最近に比べ，ヨーロッパとアメリカはイギリスに対する供給地としてより大きな役割を果たしていた。

表27と図９が示すように，1928～38年の間に，イギリスの貿易相手先，及び貿易収支の状況は大きく変化した。1931年の国際金融危機によって，イギリスの工業製品輸入は急増した。その理由は，この当時，イギリスは世界で唯一の自由市場であったこと，また，数年前，アメリカをはじめとする多くの国が関税率を上昇させたため，イギリス市場の魅力が増したからである。この結果，イギリスは金融・経済的混乱に陥り，まずはポンドを切り下げ，さらには関税やその他の貿易制限政策，そして帝国特恵制度を導入した。この結果，

表 27　イギリスの貿易

グループ	輸入（%）		輸出（%）		貿易収支（100万新金ドル）	
	1928年	1938年	1928年	1938年	1928年	1938年
ヨーロッパ工業諸国（スウェーデンを除く）	22	13	18	15	−899	−249
スカンジナヴィア，バルト諸国	10	12	5	10	−608	−274
その他ヨーロッパ諸国（ソ連を除く）	8	7	10	10	−81	−48
イギリス連邦諸国	23	36	40	44	＋348	−508
アメリカ	16	13	6	4	−1,082	−446
その他世界	21	19	21	17	−576	−369
合計	100	100	100	100	−2,898	−1,894

図９　イギリスの貿易収支　1928 年，1938 年

（単位：100 万新金ドル）

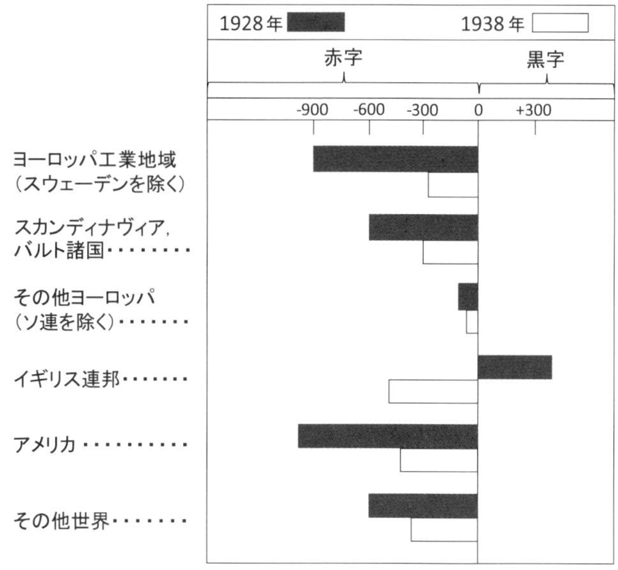

イギリスへの外国産品の流入は減少し，輸出産業の競争力が強化されることとなった。

その後数年の間に，イギリスの景気は回復し，工業製品の輸入が不況前のレベルにまで回復した。しかし，貿易は元の状態には戻らなかった。ヨーロッパ工業諸国からの輸入は回復することはなく，ヨーロッパとアメリカとの貿易よりもイギリス連邦諸国との貿易が拡大した。具体的に言えば，1928年においては，イギリスの輸入総額に占めるイギリス連邦諸国の割合は23％であったが，1938年にそれは36％へと増加した。輸出においては，イギリス連邦諸国とヨーロッパが占める割合が高くなり，アメリカとその他の国・地域が占める割合は低くなった。しかし，1928年においては，イギリスはイギリス連邦諸国に対して輸出超過であったが，1938年には大幅な輸入超過となった。

世界貿易の構造的変化を引き起こした原因を，イギリスの対外経済政策のみに帰することはできない。国内経済の苦境に対処するために，多くの国によって導入されたさまざまな政策もその原因となっている。いくつかのヨーロッパ工業諸国は，以前は一次産品輸入を，イギリス，あるいは，イギリスに対して輸出超過を有する諸国に対する輸出によって決済していた。しかし，最近では，これらの諸国は原料輸入を決済するためにイギリス連邦諸国以外の国・地域に対する輸出を増大させた。その結果，イギリスの輸出産業は，特にラテン・アメリカ市場において激しい競争にさらされるようになった。

2．ドイツ

ドイツはイギリスよりも工業化の程度が高い国であり，中央・北部ヨーロッパの工業国，あるいは高度に発展した国に対する輸出に大きく依存していた。1928年において，輸出総額の60％，対ヨーロッパ輸出額の80％は，ヨーロッパの工業諸国，スカンディナヴィア諸国，バルト諸国によって占められていたが，これら諸国の輸入総額においてイギリスが占める割合はわずか29％であった。ドイツにとっては，人口の少ないヨーロッパ諸国の方がはるかに重要であった。たとえば，オランダはドイツの輸出総額の10％を，スイスとチェコ・スロヴァキアは各々５％を，ベルギー，スウェーデン，デンマークは各々４％を吸収していた。一方で，イギリスは10％，フランスは６％，イタリアは４％であった。

かくして，ドイツの輸出産業は多様なものとなった。ドイツの産業は保護された市場の中で育ってきたのである。また，ドイツの国内市場はヨーロッパの小国に比べるとかなり大きかった。上記の点は，ドイツのいくつかの商品にとって決定的に有利に作用した。これらの商品は，大国とは言えないが経済的には高度に発展したヨーロッパ諸国によって大量に輸入されていたのである。もっとも，これらは必要不可欠な商品ではないため，各商品の需要は限られていた。しかし，これら商品の製造は利益を約束するものであった。ドイツの競争力の源泉は他にもある。ヨーロッパ大陸の中心部に位置していること，迅速な輸送を約束する鉄道システム，そして，歴史的に培われてきた商人・業者間の個人的な関係などである。

一方，ドイツは，オランダのチーズ，デンマークのバター，スウェーデンとフランスの鉄鉱石，スカンディナヴィア諸国のパルプと木材などの重要な産品を輸入していたが，これら諸国からの輸入は絶対的にも相対的にも小さかった。したがって，ドイツのこれら諸国との貿易は，大幅な輸出超過となっていた。ドイツは一次産品の輸入先であるヨーロッパ域外の地域に対して赤字であったので，この赤字を上記の北西ヨーロッパ諸国に対する輸出超過によって決済していたのである（図10を参照されたい）。

第一次世界大戦はドイツを貧困状態に陥れたが，1924年以降，潤沢な海外資本の流入によって国際収支の均衡が保たれてきた。しかし，対外借入の累増は利子負担を着実に増大させていった。そして，1928年における長期資本の流入，及び，その２年後の短期資本の流入の途絶は，ドイツを困難な状況に追いやった。1931年の国際金融危機の際，ドイツから巨額の短期資本が引き揚げられた。短期資本の大部分は，為替管理と据置協定（standstill agreement，ドイツは債権諸国に対し短期債権の６カ月間の凍結を認めさせた：訳注）によって封鎖

表 28　ドイツの貿易

グループ	輸入（%）		輸出（%）		貿易収支（100万新金ドル）	
	1928年	1938年	1928年	1938年	1928年	1938年
ヨーロッパ工業諸国（スウェーデンを除く）	31	24	48	36	＋553	＋238
スカンジナヴィア，バルト諸国	7	13	12	14	＋177	＋20
ドナウ，バルカン諸国	4	12	5	13	＋31	＋18
イギリス自治領，インド，ヨーロッパ列強の海外領土	18	17	6	9	−721	−191
アメリカ	15	7	7	3	−496	−103
その他世界	25	27	22	25	−359	−60
合計	100	100	100	100	−815	−78

図 10　ドイツの貿易収支　1928 年，1938 年

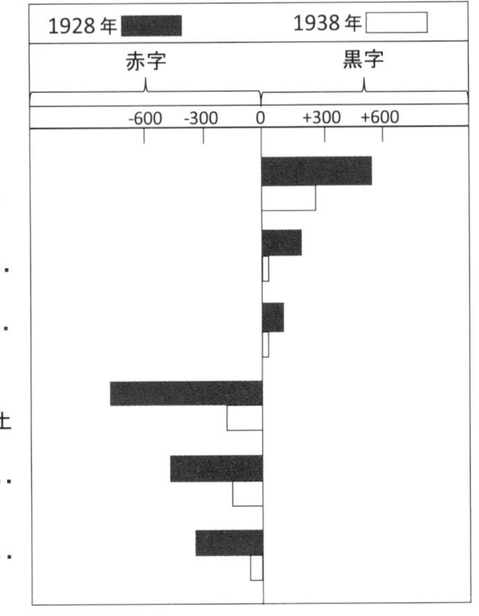

されたが，ドイツの国際収支の危機的状況は，各国が実施していた貿易・通貨に対する規制によって解消されることはなかった。

1932年に賠償支払いが終わりを迎え，ドイツの国際収支に対する圧力は緩和された。しかし，その２年後，ドイツは対外支払いの停止（transfer moratorium）を宣言し，その結果，いくつかの債権国はドイツとの間で支払協定を締結した。この協定の目的は，対独債権の少なくとも一部を回収することにあった。その後ドイツは，特に東南ヨーロッパ諸国やラテン・アメリカ諸国などの原料輸出国に対する輸出を拡大していった。この政策の目的は，北西ヨーロッパに対する輸出超過を当てにせずに，原料輸入を可能にすることにあった。

このようなドイツの貿易の再編は，世界各国・地域に対する出超額，あるいは入超額を減少させたが，これはもっぱら経済的考慮に基づいた政策であったとは言い難い。実際，いくつかの一次産品は「世界市場価格」をはるかに上回る価格で購入されていた。

３．フランス

1928年において，フランスの輸出総額に占めるヨーロッパの割合は64％，輸入総額に占める割合は43％であった。このように，フランスは巨額の輸出超過を有していたが，ヨーロッパ域外との貿易は赤字であった。しかし，フランスは，ドイツほどヨーロッパに対する輸出超過に依存してはいなかった。1928年にいたるまでの数年間，フランの過小評価を追い風としてフランスの輸出は活況を呈していた。フランスの経常収支も黒字であったが，その主な理由は，旅行者収入と賠償金の受取りであった。これと並行して，巨額の短期資本がフランスから流出していた。

1928年以降，フランの法的安定により巨額の資金がフランスに引き揚げられた。この資金は主に金（gold）であった。旅行者収入は1929年の100億フランから，1932年の30億フランへと減少した。また，賠償金の受取額も1929

年には70億フランであったが，1932年にはゼロになった。一方，世界的物価の低下によってフランスの輸出産業も競争力を失った。また，高級ワイン，香水，婦人用帽子，毛皮，高級繊維製品などの贅沢品は，長年フランに特徴的な輸出品目であったが，貿易統制によって特に厳しい影響を受けた。ベルギー，ドイツ，スイス，イギリスなどの近隣の工業諸国に対する輸出額は，1928年の247億フランから，1932年の74億フランへと下落した。また，同時期，これら諸国に対するフランスの輸出超過額も，94億フランから17億フランへと激減した。

この状況に対処するには，デフレ政策の遂行のみでは不十分であることが明らかとなり，主に輸入割当制による輸入制限が実行された。フランスは上記工業諸国に対してかろうじて輸出超過の状態を保つことができたが，輸出超過額は以前ほどの規模ではなかった（図11を参照されたい）。

フランスの海外領土との貿易は，大不況期を通して比較的高いレベルを維持していた。フランス海外領土は「本国」同様に「金ブロック」，あるいはフランスの関税圏に包摂されており，フランスとの貿易において特恵的待遇を受けていた。1928～32年において，フランスの輸入に占める海外領土の割合は13%から21%へ，輸出の場合は18%から32%へと上昇した。1932年以降においてはフランスの輸入に占める海外領土の割合は増大し続け，1938年には27%にもなった。一方で，輸出に占める割合はいく分か減少し，1938年には

表29　フランスの貿易

グループ	輸入（%）		輸出（%）		貿易収支（100万新金ドル）	
	1928年	1938年	1928年	1938年	1928年	1938年
イギリス，ドイツ，ベルギー，スイス	28	23	47	39	＋625	＋29
その他ヨーロッパ工業諸国	8	6	9	8	−12	−
その他ヨーロッパ（ソ連を除く）	7	5	8	8	＋52	＋3
フランスの海外領土	13	27	18	27	＋148	−118
イギリス自治領，インド，同海外領土	12	10	3	3	−307	−112
その他世界	32	29	15	15	−608	−246
合計	100	100	100	100	−102	−444

図11　フランスの貿易収支　1928年，1938年

（単位：100万新金ドル）

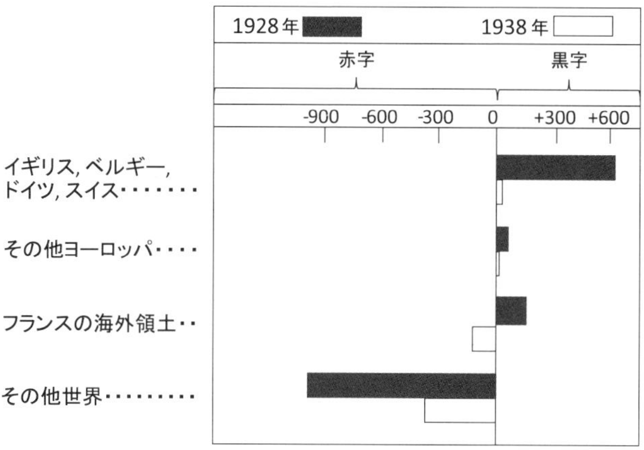

28%となった。この結果，フランスの海外領土との貿易収支は赤字となった。イギリスと同様，フランスも投資収益を二国間貿易によって直接的に回収したと思われる。

4．イタリア

イタリアの人口はフランスよりも多い。しかし，1938年において，イタリアの貿易額（輸出額＋輸入額）は，フランスの貿易額の2分の1を少し超える程度であった。しかも，ベルギーやオランダの貿易額を下回る年が多かった。フランスのように，イタリアは大不況期において，「見えざる」項目における黒字の急減に苦しんだ。特に，イタリアの貿易赤字の大きな部分をカバーしてきたサービス項目（「旅行」と「移民」）の黒字の減少は著しかった。自給自足を目指し導入した輸入規制策と食糧輸出の結果（もっとも，これによりイタリアは食糧自給を実現したわけではないが），イタリアの貿易収支は1932年に黒字に転換しはじめた。その後，1934年末に確立された為替管理体制，1935年初期に

表30　イタリアの貿易

グループ	輸入（%）		輸出（%）		貿易収支（100万新金ドル）	
	1928年	1938年	1928年	1938年	1928年	1938年
ドイツ，オーストリアa	12	27	16	19	−34	−53
ベルギー，フランス，イギリス	21	10	21	10	−139	−4
その他ヨーロッパ工業諸国	5	9	5	9	＋10	−3
その他ヨーロッパ（ソ連を除く）	10	17	18	15	−8	−24
イタリアの海外領土	1	2	2	23	＋14	＋123
その他世界	51	35	38	24	−499	−78
合計	100	100	100	100	−656	−39

a：1928年において，オーストリアからの輸入額は総輸入額の2.1%，輸出額は総輸出額の3.0%を占めていた。また，オーストリアからの輸入超過額は260万新ドルであった。1938年に関するデータは入手できなかった。

おける厳格な輸入規制，そして，イタリア－エチオピア戦争（1935～36年，イタリアはエチオピアを征服した：訳注）によって，イタリアの貿易はさらなる変化を遂げた。表30は，1928～38年において，イタリアの貿易相手国・地域，及び貿易収支がいかなる変化を遂げたのかを示している。

（1）ベルギー，フランス，及びイギリスとの貿易が縮小し（輸出入ともに半減），ドイツとの貿易が拡大した。

（2）ベルギー，フランス，及びイギリスに対する輸入超過額が97%減少し，ドイツに対する輸入超過額が拡大した。

（3）上記以外のその他のヨーロッパ工業諸国とヨーロッパ農業諸国からの輸入が拡大したので，これら諸国との貿易収支は赤字，あるいは黒字幅が縮小する結果となった。

（4）イタリアの海外領土からの輸入は低迷する一方で，輸出は2%から23%へと増大した。この結果，イタリアと海外領土との貿易は大幅な黒字となった。

（5）イタリアのその他世界との貿易赤字は著しく縮小した。

イタリアと海外領土との貿易収支の変化は，イギリスとフランスの場合にみられた変化とまったく逆方向であったという事実は興味深い。この理由は以下の通りである。第１に，イタリアの海外領土に対する投資は相対的に小規模であり，海外領土からイタリアに対する利子・配当払いは問題なく行われていた。第２に，おそらく，イタリアの海外領土に対する輸出が増大した理由は，政府調達品の供給増によると思われるからである。第３に，海外領土の輸出先は，外貨獲得を目的として，意図的に「本国」以外の諸国・地域に向けられたと考えられる。「本国」イタリアにとって，海外領土が稼ぐ外貨は，その輸出品目よりも重要な価値を有していたのである。

５．その他工業諸国

「その他工業諸国」は，オーストリア，ベルギー，チェコ・スロヴァキア，オランダ，スウェーデン，スイスから成っており，これまで検討してきた諸国よりも人口がかなり少ない。これら諸国の生産物に多様性はなく，外国からの供給に大きく依存している。工業製品においてもそうであり，1928 年における「その他工業諸国」のヨーロッパ工業諸国からの輸入は，輸入総額の 50 ～ 68％を占めていた。一方で，先に検討したより大きな工業諸国の場合，いずれの国の輸入も 39％を超えることはなかった（表 25 を参照されたい）。しかし，「その他工業諸国」の輸出貿易は高度に発展していた。「その他工業諸国」の輸出競争力は強力であり，各国の輸入規制策によって貿易が停滞した 1930 年以降においても，必要不可欠な工業製品を十分に輸入することが可能であった。

表 31 は，６ヵ国の貿易相手国・地域の相対的重要性を示している。この表をみると，フランスに依存していたベルギーを例外として，これらの国は輸入先としてドイツに大きく依存していたことがわかる。また，オーストリア，チェコ・スロヴァキア，スイスにとって，ドイツは輸出先としても重要であったことが見てとれよう。ベルギー，オランダ，スウェーデンにとっては，イギリスがもっとも重要な輸出先であった。「その他工業諸国」に属する６ヵ国の貿易において，イギリスは輸入よりも輸出に占める割合が大きかった。一方，

表 31 「その他工業諸国」の貿易

	オーストリア		ベルギー・ルクセンブルク		チェコ・スロヴァキア	
	1928年	1937年a	1928年	1938年	1928年	1938年
以下の国からの輸入（%）						
イギリス	3	5	11	8	4	5
ドイツ	20	16	13	11	25	16
フランス	3	3	21	14	4	5
その他ヨーロッパの工業諸国b	29d	24d	15e	14e	17f	19f
その他ヨーロッパ（ソ連を除く）	30	32	6	7	34	23
その他諸国	15	20	34	46	16	32
合計	100	100	100	100	100	100
以下の国に対する輸出（%）						
イギリス	4	5	17	14	7	9
ドイツ	18	15	14	12	22	14
フランス	2	4	13	15	1	3
その他ヨーロッパ工業諸国b	30d	32d	19e	20e	25f	22f
その他ヨーロッパ（ソ連を除く）	34	30	8	9	31	26
その他諸国	12	14	29	30	14	26
合計	100	100	100	100	100	100
以下の国との貿易収支（100万新金ドル）						
イギリス	−4	−	+77	+39	+32	+17
ドイツ	−52	−10	+12	+2	−87	+4
フランス	−10	+2	−129	+1	−26	−5
その他ヨーロッパ工業諸国b	−66d	+5d	+57e	−9e	+101f	+23f
その他ヨーロッパ（ソ連を除く）	−53	−19	+21	+58	+89e	+24
その他諸国	−61	−22	−90	−140	−8	+1
合計	−246	−44	−52	−49	+101	+64

a：オーストリアについては，1937年の数値が用いられている。というのは，1938年の数値はドイツ

b：オーストリア，ベルギー・ルクセンブルク，チェコ・スロヴァキア，イタリア，オランダ，スウェーデン，

c：オーストリアの貿易を含んだ数値である。1938年に関しては，ドイツとオーストリアの貿易統計

	輸入（%）		輸出（%）		貿易収支（100万新金ドル）	
	1928年	1937年	1928年	1937年	1928年	1937年
d：以下の貿易が含まれる。						
チェコ・スロヴァキア	18	11	13	7	−76	−14
イタリア	3	5	8	14	+18	+17
スイス	5	3	6	5	−6	+3
	1928年	1938年	1928年	1938年	1928年	1938年
e：以下の貿易が含まれる。オランダ	12	9	13	12	+20	+18
f：以下の貿易が含まれる。オーストリア	8	3	15	6	+84	+10
g：以下の貿易が含まれる。ベルギー	11	11	9	10	−87	−31

オランダ		スウェーデン		スイス	
1928年	1938年	1928年	1938年	1928年	1938年
10	8	16	18	8	6
27	21	31c	24c	23	23
4	5	4	3	18	14
16g	18g	10	15	19	22
5	7	14	16	6	9
38	41	25	24	26	26
100	100	100	100	100	100
22	23	25	24	14	11
24	15	13c	18c	18	16
6	6	6	3	7	9
15g	18g	9	12	19	24
8	8	24	22	12	11
25	30	23	21	30	29
100	100	100	100	100	100
+123	+65	+53	+18	+26	+12
−179	−81	−151c	−39c	−77	−38
+1	−3	+14	—	−109	−25
−80g	−44g	−8	−26	−40	−9
+20	−7	+57	+16	+26	−2
−360	−137	−26	−27	−25	−4
−475	−207	−61	−58	−199	−66

との貿易を含んでいないからである。
スイス。
は別々に記録されていないからである。

ベルギーを除く5ヵ国の貿易において，ドイツは輸出よりも輸入に占める割合が高かった。これら6ヵ国は（1ヵ国を例外として），イギリスとは輸出超過，ドイツとは輸入超過の関係にあった[3)]。ベルギーとスイスは，フランスに対しても大幅な輸入超過であった。

現在検討中の時期において，オーストリアとチェコ・スロヴァキアの貿易は，他の4ヵ国とは異なる傾向を示している。この2国は債権国ではない。チェコ・スロヴァキアは，巨額の債務を抱えつつ独立国となった（もっとも，大不況前にかなりの程度債務を減らしていたが)。また，オーストリアも巨額の対外債務を抱えていた。両国の製造業は，もともとは巨大な国内市場向けに発展してきたが，オーストリア・ハンガリー帝国の崩壊に伴う市場の分割によって生じた新たな状況に適合することができなかった。これらの「継承国家」（第一次世界大戦後，敗戦国オーストリア・ハンガリー帝国から独立した諸国：訳注）は保護関税によって製造業を育成しようと努めたが，製造不可能な製品については，崩壊した帝国の外，とりわけドイツから輸入するようになっていった。

1931年以降，両国の貿易は，主要な輸出先であった中央・東ヨーロッパにおける為替管理と清算協定の蔓延によってダメージを受けた。特にチェコ・スロヴァキアは，原料輸入に必要な外貨の獲得に困難をきたした。また，オーストリアとチェコ・スロヴァキアの対英貿易は小規模であったため，かかる困難はさらに厳しいものとなった。しかも，目下検討している時期（1928～38年）の後半期においては，イギリスは際立って重要な市場となっていた。なぜなら，当時，イギリスは自由に使用できる外貨を与えてくれる稀有な国だったからである。「その他工業諸国」グループに属する諸国の中で，イギリスと密接な経済関係を有する国は幸運であった。

世界恐慌前，すなわち未だ相対的に自由貿易主義が支配的であった時期において，スウェーデンは積極的に海外投資を行い債権国となった。また，ベルギー，オランダ，スイスも海外投資残高を積み上げていった。1930年代において，新規海外投資が減少，あるいは完全に停止したとき，これらの諸国は海

表 32　ヨーロッパ工業諸国との貿易

（単位：%）

	ベルギー・ルクセンブルク		オランダ		スウェーデン		スイス	
	1928年	1938年	1928年	1938年	1928年	1938年	1928年	1938年
輸入	26	30	27	35	16	25	29	34
輸出	31	32	22	30	18	20	18	24

外投資収益を用いて必要な産品を輸入することができた。しかし，海外投資収益は徐々に減少してゆき，それに伴い輸入も減少した。これら諸国とドイツとの間の貿易が減少した理由の一部はこれである。また，ドイツが一次産品生産諸国との貿易を選好したことも理由である。一方で，ドイツのスウェーデンからの輸入は増大した。というのも，スウェーデンの輸出品の大半は，ドイツが必要とした鉄鉱石のような原料や半工業製品だったからである。また，上記４ヵ国のイギリス，及びフランスとの貿易は減少した。

表31が示しているように，ドイツ，イギリス，及びフランスのような大きな工業諸国との貿易の減少は，より小さな諸国との貿易によって埋め合わされた。つまり，上記４ヵ国はお互いの貿易を拡大させると同時に，オーストリア，チェコ・スロヴァキア，及びイタリアとの貿易を拡大させたのである。表32は，これら４ヵ国とヨーロッパ工業諸国間の貿易をパーセンテージで示したものである。

このような貿易相手国・地域の変化は，ヨーロッパの工業大国（ドイツ，イギリス，フランス）は，工業国家としての自給自足率を高めることはできたが，競争力を失ったことを示唆している。より小さな工業諸国においては，国内市場の狭隘さが自給自足体制確立の足かせとなった。一方で，ベルギー，オランダ，スウェーデン，スイス４ヵ国は，より大きな工業諸国と競争していく中で，お互いに競争することなく，補完的な製造業を確立することに成功したようである。

ベルギー，オランダ，スウェーデン，スイスの貿易収支の状況は（表31の下部を参照せよ)，前章で論じた多角的貿易システムの解体を示している。それは，イギリスに対する黒字の減少と，ドイツに対する赤字の減少という形で表れている。1930年代の後半期においては，オランダ，スウェーデン，スイスのドイツに対する赤字は，前者に対する後者の利払いのために取り置かれることとなった。

6．スカンディナヴィア／バルト諸国（スウェーデンを除く）

このグループに属する国は，「その他工業諸国」グループのように，相対的に少ない人口と貿易に対する依存度の高さを特徴としている[4)]。また，相対的に高い経済発展レベルにあることも特徴としてあげられる。これら諸国の経済活動の主流は，農業，林業，その他の採取産業（extractive industries，鉱業，農業，漁業のような天然資源から物資を採取する産業：訳注）であるため，工業発展のレベルが高い国との貿易が主流である。1939年に至るまで，これら諸国の貿易は輸入先としてはドイツに高度に依存し，輸出先としてはイギリスに依存していることを特徴としていた。

これら諸国の輸入におけるイギリスとドイツの割合は，1928年，1938年ともに40～60%であった。輸出に関しては輸入以上に高い割合であり，75%を超える年もあった（1928年，1938年のデンマーク，1938年のラトヴィア，1928年のリトアニア)。

1928～38年において，このグループに属する6ヵ国の輸入に占めるイギリスの割合は著しく増大した。同時に，エストニアを例外として，これら諸国の輸入に占めるドイツの割合は減少した。イギリスの割合が増大した理由の一つは，同国が通商交渉上，有利な立場にあったからである。この当時，世界各国の貿易相手国・地域が，政府が主導する通商政策によって規定されていたことを考えると，この事実は大変重要である。イギリスは，これら諸国にとって主要な輸出先であり，同国との貿易で得た貿易黒字によって輸入を決済することができた。ノルウェーのみはイギリスに対して輸入超過であった。しかし，こ

表33　スカンディナヴィア，バルト諸国（スウェーデンを除く）の貿易

	デンマーク		エストニア		フィンランド		ラトヴィア		リトアニア		ノルウェー	
	1928年	1938年	1928年	1938年	1928年	1938年	1928年	1938年	1928年	1938年	1928年	1938年
以下の国からの輸入（%）												
イギリス	14	34	11	18	12	22	9	19	7	31	19	23
ドイツ	33a	25a	30	31	37	20	41	39	51	24	22a	17a
その他ヨーロッパ（ソ連を除く）	25	25	30	29	31	42	34	21	31	28	36	39
その他諸国	28	16	29	22	20	16	16	21	11	17	23	21
合計	100	100	100	100	100	100	100	100	100	100	100	100
以下の国への輸出（%）												
イギリス	55	56	35	34	35	45	27	43	20	39	26	28
ドイツ	21a	20a	26	31	16	15	26	33	58	27	14a	15a
その他ヨーロッパ（ソ連を除く）	20	19	31	24	31	25	35	16	18	24	30	39
その他諸国	4	5	8	11	18	15	12	8	4	10	30	18
合計	100	100	100	100	100	100	100	100	100	100	100	100
貿易収支（100万新金ドル）												
イギリス	+307	+64	+14	+4	+52	+40	+14	+10	+6	+4	−9	−14
ドイツ	−103a	−22a	−3	−0.2	−84	−10	−19	−2	+0.2	+1	−57a	−21a
その他ヨーロッパ（ソ連を除く）	−54	−25	+0.3	−2	−21	−32	−4	−2	−8	−1	−71	−37
その他諸国	−186	−37	−13	−3	−22	−2	−6	−6	−4	−2	−17	−28
合計	−36	−20	−2	−1	−75	−4	−15	—	−6	+2	−154	−100

a：オーストリアを含む数値である。1938年のオーストリアとの貿易については，ドイツのそれと分離して記録されていないからである。

の輸入超過分は，対英輸出に従事するノルウェー船が稼ぎ出す輸送費や，イギリスに対する鯨油の直接的販売によって得た収入（貿易統計には記録されていない）によって決済されていた。

これら諸国の輸入におけるイギリスの割合が増大したことは，ポンド建てでの輸出超過が減少傾向にあったことを意味する。しかし，この減少分は，輸出に占めるイギリスの割合の増大によってある程度は相殺された。フィンランドの輸出総額に占めるイギリスの割合は，35％から45％へ，ラトヴィアの場合は27％から43％へ，リトアニアの場合は20％から39％へと増大した。特にラトヴィアとリトアニアにとって対英輸出は死活的重要性を帯びていた。したがって，対英輸出の減少に伴い交換可能な外貨の供給が滞ると，これら諸国の工業発展は阻害されることになった。

この時期，ドイツからの輸入は減少したが，エストニア，ラトヴィア，及びノルウェーの対独輸出の割合は増大した。このグループに属する6ヵ国のドイツに対する貿易赤字は，1928年の2億6千6百万ドルから5千4百万ドルへと減少した。これと並行して，イギリスに対する貿易黒字は3億8千4百万ドルから1億8百万ドルへと減少した。

このグループに属する諸国はいずれも債権国ではない。しかし，海運，その他のサービス業からもたらされる収入によって順調に経済発展を遂げてきた。これら諸国の経済成長は，前節で検討したヨーロッパの小規模な工業諸国に比べれば初期の段階にあるが，1930年代に一定の工業化を果たすことができた。このことは，工業製品の供給国としてのドイツの役割が低下したこと，輸出先としての，あるいは一次産品輸入に必要な外貨供給先としてのイギリスの役割が増大したことに表れている。いずれにせよ，両グループの繁栄は多角的貿易，特にイギリスに対する輸出超過に依存していたので，第二次世界大戦勃発前に蔓延した二国間主義への傾斜に対して大いなる関心を抱いていた。

7．東・東南ヨーロッパ農業諸国

アルバニア，ブルガリア，ギリシア，ハンガリー，ポーランド，ルーマニア，トルコ，及びユーゴスラヴィアを合わせると，ヨーロッパの総面積の３分の１，人口の４分の１以上を占めることになる。しかし，ヨーロッパの貿易に占めるこれら諸国の割合は，輸入で６％，輸出で８％にすぎない。これらの諸国の貿易については，各国経済の特徴に照らして考察される必要がある。表34は，上記の国のうち７ヵ国について，人口，及び農業に関わるデータを示したものである[5)]。なお，比較のため西北ヨーロッパの７ヵ国に関するデータも掲載した。

平均すると，東・東南ヨーロッパの人口は，西北ヨーロッパのそれよりも３倍も速いスピードで増加している。人口に占める若年層の割合を考えると，今後も人口増加のスピードは落ちないであろう。耕地面積に占める農業人口の割合は高いが，高度な農業は行われていない。農業に必要な機械類は不足しており，農場にいる家畜の数もポーランドを例外として少ない。したがって，東・東南ヨーロッパにおける農業の生産性は低い。一人当たりの食肉と乳製品の生産量は，それが保有する家畜数に比例するはずである。しかし，東・東南ヨーロッパのそれは，西北ヨーロッパの２分の１，あるいは３分の１に過ぎなかった。穀物の生産量についても同様の状況であった。

東・東南ヨーロッパの工業諸国においては，農業に従事する人口は減少傾向にあったが，人口は全体として増加傾向を示している[6)]。確かに，工業の発展は急速であったが，資本の不足ゆえに，増加する労働力を吸収するほどの発展はみられなかった。また，資本不足は集約的農業の実現も不可能にしていた。1914年以前は過剰人口の重要なはけ口であった移民も制限され，新たな土地の開墾も困難になっていた。この結果，農業人口の一部は失業状態にあり，農産物の販売も制限されることとなった[7)]。

1918年以降，新たな国境線が引かれたことで，このグループの貿易相手は

表 34 人口動向と農業の状況

国	人口増加率（1932～37年）%	年齢 0 ～14歳が占める割合	純再生産率	全労働人口に占める農業労働者の割合	耕作地1㎢当たりの人数	牧草地1㎢当たりの牛の頭数	小麦の平均生産量（1933～37年）メートリック・キンタル／1ha
東・東南ヨーロッパ農業諸国（7ヵ国）	（1）	（2）	（3）	（4）	（5）	（6）	（7）
ブルガリア	6.2	35	1.2	81	66	－	12
ギリシア	7.0	32	1.2	54	61	28	9
ハンガリー	3.0	27	0.8－1	53	34	23	14
ポーランド	5.8	33	1－1.2	76	54	41	12
ルーマニア	6.0	36	1.2	78	57	23	9
トルコ	12.6	41	－	－	－	－	10
ユーゴスラヴィア	7.7	35	－	79	63	28	11
西北ヨーロッパ諸国（7ヵ国）							
ベルギー	1.8	22	0.8	17	53	88	27
デンマーク	4.2	25	0.8－1	35	21	93	31
フランス	0.2	25	0.8－1	36	33	45	15
ドイツ	3.2	24	0.8－1	29	46	71	22
オランダ	5.6	29	1－1.2	21	61	109	30
スウェーデン	1.6	22	0.8	36	27	61	24
イギリス	2.0	22	0.8	6	26	43	23

表35　ハンガリーとユーゴスラヴィアの貿易

（単位：%）

	輸入			輸出		
	1922年	1928年	1938年	1922年	1928年	1938年
オーストリアとチェコ・スロヴァキアが占める割合						
ハンガリー	53	39	18	53	52	22
ユーゴスラヴィア	49	35	18	31	27	14

表36　東南ヨーロッパ農業諸国の貿易

	輸入（%）		輸出（%）		貿易収支（100万新金ドル）	
	1928年	1938年	1928年	1938年	1928年	1938年
ドイツa	17	35	16	34	−69	+1
オーストリアa	11	5	16	7	+11	+14
チェコ・スロヴァキア	14	7	8	6	−113	−8
上記 3 カ国の合計	42	47	40	47	−171	+7
イギリス	8	9	6	8	−63	−7
イタリア	8	6	13	7	+23	+11
その他ヨーロッパ工業諸国	13	8	10	8	−78	+3
東南ヨーロッパの農業諸国b	12	6	15	7	−9	−7
その他ヨーロッパ	5	9	6	7	+6	+19
その他諸国	12	15	10	16	−98	−8
合計	100	100	100	100	−390	+18

a：1938年と同様，ルーマニアとブルガリアはドイツとの貿易をオーストリアのそれと分離して扱ってはいない。したがって，これら2国との貿易に関しては推計値である。これによる誤差はあっても大した重要性を持たないであろう。
b：この行の数値は当該諸国の域内貿易を示している。

大きく変化した。「継承国家」間の経済的関係は緩やかなものとなり，ハンガリーとユーゴスラヴィアのオーストリアとドイツとの貿易は縮小した。

1920年代において，このグループに属する諸国の貿易相手は多様であったが，ポーランドとアルバニアを例外として，ドイツとの貿易の割合が大きくなっていった。このことは，表36で確認できよう。また，同表は，オーストリア，チェコ・スロヴァキア，及びその他のいくつかの工業諸国（特にイタリア）の競争力の低下も示している。ドイツとの貿易が拡大した理由は，ドイツが世界市場価格よりも高い価格で各種産品を購入したからである。しかし，ドイツとの貿易によっては自由に使用できる外貨を入手することはできなかった。これら諸国は外国資本の助力を得て工業化しつつあり，ヨーロッパ域外から原料を輸入するために，交換可能な外貨を入手する必要があった。表36が示すように，1938年におけるこれら6ヵ国のドイツからの輸入額と，同国への輸出額はほぼ同じであった。

それゆえ，これらの諸国はヨーロッパ域外に対する輸出を拡大しようと試み，実際，ヨーロッパ域外に対する輸出の割合は，1928年の10%から1938年の16%へと増大した。ギリシアとトルコはタバコをアメリカに輸出することができたし，ハンガリーは自国の工業製品を世界各地に輸出することができた。しかし，ヨーロッパ域外に対する輸出は容易ではなく，西ヨーロッパ工業諸国に対する輸出拡大のため不断の努力がなされた。

ポーランドの状況はいく分異なっていた。ドイツとの貿易，特に輸出は1928～38年において著しく減少した。イギリスに対する輸出は拡大し，同国とその他の工業諸国に対する輸出超過額も増大した。同時に，ヨーロッパ域外地域からの輸入を決済するために，同地域に対する輸出の拡大も図られた。ポーランドの輸入総額に占めるヨーロッパ域外地域からの輸入額の割合は，1928～38年において24%から35%へと増大した。

表37　ポーランドの貿易

	ポーランドの輸入に占める割合(%)		ポーランドの輸出に占める割合(%)		貿易収支(100万新金ドル)	
	1928年	1938年	1928年	1938年	1928年	1938年
ドイツとオーストリア	34	23	46	24	+9	−3
イギリス	9	11	9	18	−17	+13
その他ヨーロッパ工業諸国	27	22	26	30	−49	+15
その他ヨーロッパ	6	9	14	12	+27	+9
アメリカ	14	12	1	5	−85	−18
その他世界	10	23	4	11	−47	−38
合計	100	100	100	100	−162	−22

8．その他ヨーロッパ諸国

スペイン，ポルトガル，及びアイルランドについても検討しておこう。これら３ヵ国は基本的に農業国であったが，東南ヨーロッパのように，急速に増大する人口を限られた土地で養うという問題を抱えてはいなかった。アイルランドの人口は一定のまま，あるいはいく分減少すらしていた。しかも，アイルランドはかなりの海外投資残高を有しており，そこからあがる収入を工業化に必要な資金にまわしていたと思われる。ポルトガルも債権国であり，同国とスペインは海外領土を保有していた。両国の海外領土は重要な原料を産出していたばかりか，「本国」の過剰な人口を吸収することも可能であった。さらに，これら３ヵ国は，貿易を行う上で東南ヨーロッパ諸国よりも地理的に有利な状況にあった。しかし，当然，これらの有利な状況が貿易上の問題を完全に解決してくれたわけではない。特にスペインは，1929 年以降の国際貿易の混乱に大きな影響を受けることになった。

1928 年において，スペインの主な貿易相手国はフランスであった。フランスは，スペインの輸出総額の 24%，輸入総額の 14%を占めていた。また，スペインのフランスに対する輸出超過額は３千５百万ドルにもなった。しかし，スペインによって輸出された産品のほとんどは，フランスの北アフリカ植民地も供給可能であったし，フランス国内でも生産可能であった。「本国」と北アフリカ植民地の密接な結びつき，及びフランスの保護貿易政策の導入によって，1935 年においてスペインの輸出総額に占める対仏輸出額の割合は半減した[8)]。ちなみに，翌年にはスペイン内戦が勃発した。この減少は，貿易における二国間主義への傾向が伴う欠陥を示している。すなわち，貿易を行っている二国間のうち，貿易黒字を有する国が弱い立場に置かれるという事実である。スペインの貿易制限政策は，同国の輸入におけるフランスの割合を 14%から６%へと低下させることに成功したが，一方でフランスに対する輸出超過額は６百万ドルにまで減少してしまった。スペインは輸出超過の関係にあった他の国との貿易においても著しい困難に逢着することとなった。たとえば，輸出に占めるイタリアの割合は1928年の８％から1935年の３％まで減少した。また，イタリアに対する輸出超過額は1928年には２千５百万ドルであったが，1935年には若干の赤字となった。これらの変化はスペインの貿易赤字が著しく減少しつつあったときに生じた（表38を参照されたい）。スペインのいくつかの輸出品については，ドイツという代替的市場を見出すことができた。一方，ドイツはスペインの輸入相手国として最大の地位を獲得した。しかし，全体として輸出額は著しく減少し，三角貿易に対する障害は内戦前のスペインに大きな経済的圧力を加えることとなった。

ポルトガルも同様の状況にあり，以前は海外から輸入していた食糧や工業製品を国内で生産するようになった。1920年代には輸入総額の約4分の1を占めていた穀物の輸入は，ほとんど行われなくなった。また，紡績用の糸や布の輸入量が減少する一方で，羊毛や原綿の輸入量が拡大した。ポルトガルの輸入に占めるイギリスの割合は，1928年から1938年の間に31%から17%へと減少した。その他の工業諸国の割合も減少したが，ドイツの割合は増加した。一方，ヨーロッパ域外地域が占める割合は25%から38%へと増大した。

1938年にいたる数年間，アイルランドもイギリスとの貿易紛争に巻き込まれたが，保護貿易政策の下で急速な工業化を達成した。アイルランドにとって，イギリスからの輸入は輸入総額の78%をも占めていたが，10年後には50%にまで急激に低下した。この減少分を埋め合わせたのが，原料生産国・地域（特にヨーロッパ域外）からの輸入の拡大である。しかし，イギリスはアイルランドの輸出品の唯一の重要な輸入国のままであり続けた。それゆえ，イギリスに対する貿易赤字が黒字に転じたことで，アイルランドは原料輸入を決済することができたのである。工業化を遂げつつあったヨーロッパ諸国の中で，アイルランドはきわめて有利な状況にあった。なぜなら，アイルランドの輸出は自由に使用できる外貨を同国にもたらしたし，この外貨の大きな部分は，「見えざる」項目からもたらされたものであった。それゆえ，アイルランドは東南ヨーロッパ諸国とはきわめて異なる状況にあったのである。というのも，後者

表38　スペイン，ポーランド，及びアイルランドの貿易

	スペイン				ポルトガル				アイルランド			
	輸入		輸出		輸入		輸出		輸入		輸出	
	1928年	1935年a	1928年	1935年a	1928年	1938年	1928年	1938年	1928年	1938年	1928年	1938年
以下の国との貿易が占める割合（%）												
イギリス	10	10	20	22	31	17	21	21	78	50	96	93
ドイツ	10	14	7	13	13	17	11	13	3	4	1	4
その他ヨーロッパ工業諸国b	27c	22c	41d	29d	25	22	28	24	4	7	1	1
その他ヨーロッパ（ソ連を除く）	4	9	4	7	6	6	7	9	2	6	—	—
その他諸国	49	45	28	29	25	38	33	33	13	33	2	2
	1928年		1935年		1928年e		1938年e		1928年		1938年	
以下の国との貿易収支（新100万金ドル）												
イギリス	+41		+42		(−46)		(−7)		−17		+8	
ドイツ	−42		−15		(−18)		(−10)		−13		−3	
その他ヨーロッパ工業諸国b	+28f		−8		(−29)		(−10)		−17		−13	
その他ヨーロッパ（ソ連を除く）	−22		−13		(−2)		(−2)		−5		−6	
その他諸国	−295		−74		(−30)		(−21)		−59		−71	
合計	−290		−95		(−125)		(−50)		−111		−85	

a：1936年以降の数値に関するデータは入手できなかった。
b：オーストリア，ベルギー・ルクセンブルク，チェコ・スロヴァキア，フランス，イタリア，オランダ，スウェーデン，スイス。
c：このうち，フランスは1928年には14%，1935年には6%を占めていた。
d：このうち，フランスは1928年には24%，1935年には12%を占めていた。
e：数値に括弧が付されている理由は，輸出が過小評価されているため誤解を与える可能性があるからである。
f：このうち，フランスは1928年は+35，1935年は+5である。

の輸出先の大部分は，地理的，及びその他の理由から，二国間ベースで貿易を行う国が大きな割合を占めており，しかも海外に対する巨額の利子・配当支払いも行う必要があったからである。

・・・・・・・・・

これまでの検討で，きわめて重要な意味を有する傾向が明らかになった。しかし，これと同様の傾向を示した国もあれば，やはり共通の原因によるものではあるが異なる傾向を示した国もあった。次章では，いくつかのヨーロッパの一次産品貿易をみることで，この傾向についてさらに検討していく。しかし，読者の便宜を考慮し，第８章に要点が記されているということを申し添えておく。

【注】

1）表７同様，各国は1935年の貿易規模の大きさの順に配置されている。

2）イギリス海外投資の大きな部分はヨーロッパ域外諸国・地域に向けられてきた。イギリスの海外投資残高の61％はイギリス連邦（主に自治領），32％はその他のヨーロッパ域外諸国・地域に所在しており，ヨーロッパ域内にはわずか７％しか所在していなかった（*Balances of Payments, 1937,* p.195）。なお，このデータは，1936年におけるイギリス海外投資残高の86％に関するものである。

3）ベルギーの対独貿易黒字は統計上の錯誤であると思われる。ドイツの統計によると，ベルギーの対独輸出額は対独輸入額よりも小さかった。

4）このグループの中において，エストニア，ラトヴィア，リトアニアはより若い国であり，グループ内の他の国よりも経済発展の程度が低い。特にリトアニアは，急速に拡大する人口ゆえに，地理的，及び経済的に東・東南ヨーロッパの農業諸国に似通った国となっている。これら３ヵ国は降雨の不規則さに悩まされており，単位面積当たりの穀物の生産量も少ない。一方で，東・東南ヨーロッパとは異なり，人口当たりの耕地面積は広く（図４参照），エストニアとラトヴィアの場合は人口の増加率もより緩やかである。

5）アルバニアは除外した。

6）1920～35年において，ポーランドの農業人口は15％増大した。同期間において，ブルガリアの農業人口は23％，ハンガリーのそれは３％増大した。1910年と1935年の間において，ブルガリアの農業人口は37％，ハンガリーのそれは８％増大した（D. Warriner, *Economics of Peasant Farming*, London, 1939, p.47）。

7）当然のことではあるが，上記の分析はすべての国に同じように当てはまるわけではない。たとえば，トルコの場合，人口増大のスピードは他国よりも速かったが，耕地拡大のスピードはさらに急速であった。したがって，余剰の農業人口は存在しなかったのである。ハンガリーは人口増大のスピードが遅く，比較的工業が発展していたため，よりましな状況にあった。

8）スペイン内戦の影響がなかった1935年に関するデータである。この後，数年間に関する完全な統計情報は入手不能である。

第7章 各種産品からみるヨーロッパの貿易

ヨーロッパに限らず，ある程度の広がりを持つ経済圏というものは，域外からの供給にあまり依存しなくてもよい状態にある。もっとも，必要不可欠ではあるが，ヨーロッパ域内では入手困難な鉱物や熱帯産品もいくつかある。しかし，ほとんどの商品の輸入量は，ヨーロッパ諸国の通商政策，景気動向，そして収穫高と在庫によって決定される。したがって，ヨーロッパの域外からの輸入量は毎年大きく変化するので，特定の年に関するデータを過度に重視すべきではない。

付表Ⅳ（本訳書では割愛：訳者）において，1935年における主要75品目の輸出入に関するデータが示されている。1935年は未だ世界貿易が低調な年であったが（ヨーロッパの輸入量は1929年レベルより4分の1少なかった），選択する年としては適切であると思われる。この年までに，世界貿易は1929～32年の経済不況から著しい回復を遂げた。一方で，1930年代に実施された各国の制限的通商政策も未だ完全なものとはなっていなかったし，大戦勃発の予想も各国経済にそれほど大きな影響を与えてはいなかった。

ここで選ばれた75品目は，ヨーロッパの輸入総額の54%を占めている。いくつか例外はあるが，これらの品目のほとんどは食糧と原料である。しかし，これらの品目がヨーロッパの輸出総額に占める割合はより小さい（27%）。表43，表50，表51，表55，表56は，付表Ⅳ（本訳書では割愛：訳者）を簡略化したものである。これらの表は，ヨーロッパ，及びその工業地域と農業地域の輸入超過額と輸出超過額を示してはいるが，個々の国の輸出総額と輸入総額を示してはいない。

75品目のうち55品目については，ヨーロッパは輸出するよりも多く輸入し

表 39　ヨーロッパの輸入超過額

（単位：100万ドル）

綿花	551	トウモロコシ	145
羊毛（脂を洗浄したものと未洗浄のもの）	318	紅茶	128
小麦	274	タバコ	128
木材（針葉樹，及びその他）	203	銅（未加工のもの）	121
牛肉，子牛肉，羊肉，子羊肉	182	バター	107
コーヒー豆	171	原油	103
ガソリン	152		
		上記15品目の合計a	2,583
		その他の50品目b	1,588
		総計	4,171

a：羊毛と木材は2品目として扱った。
b：1億ドルを超える品目はない。

ていた。ヨーロッパの各種産品の供給における相対的重要性を測定するためには，輸入超過額を比較検討する必要がある。しかし，ヨーロッパ域内で取引される商品の価格については，輸送費が含まれている分，輸出額より輸入額が高い値になっている。ヨーロッパ域内で多く取引され，相対的に高い輸送費がかかる８品目は，価格においては輸入超過を，量においては輸出超過を示している。すなわち，価格においては，ヨーロッパは65品目において輸入超過の状態にある。綿花と羊毛の輸入額はこれら65品目の輸入総額の５分の１以上を占めている。しかし，食糧のグループは，これら繊維のグループよりもはるかに重要である。

１．食糧，飼料，及び肥料

1935年におけるヨーロッパの食糧，生きた状態の動物の輸入額は，約33億3千万ドルになるが，これは純輸入額の２倍に相当する額である。このうち，15億８千万ドルはイギリスによる輸入であり，13億６千万ドルはその他の工業諸国による輸入である。残りのヨーロッパの輸入額は２億９千万ドルであ

表40　ヨーロッパの貿易：食糧と動物（1935年）　単位：100万ドル

	イギリス	アイルランド	大陸ヨーロッパ				ヨーロッパ合計（ソ連を除く）
			ドイツ	その他工業諸国（8カ国）	その他諸国	合計	
輸入	(1)	(2)	(3)	(4)	(5)	(6)	(7)
付表Ⅳ記載の28品目a	1,177	31	238	640	166	1,044	2,252
その他産品	403	15	182	400	78	660	1,078
合計	1,580	46	420	1,040	244	1,704	3,330
輸出							
付表Ⅳ記載の28品目a	36	50	6	291	427	724	810
その他産品	107	35	25	305	328	658	800
合計	143	85	31	596	755	1,382	1,610

a：1-26, 30-36の品目である。(1)(7)の欄の数値は付表Ⅳ（本訳書では割愛：訳者）から集計されたものより小さくなっている。
これは，イギリスの4千万ドルの再輸出額を差し引いているからである。付表Ⅳの注を参照されたい。

り，総額のわずか10分の1よりも少ない額である。

表40は，大陸ヨーロッパとイギリス，アイルランドを，農業諸国と工業諸国から分離し，各国・地域の食糧の大雑把な輸出入額を示したものである。この表では，付表Ⅳ（本訳書では割愛：訳者）に記されている28品目と，その他の食糧に関するデータを示している。なお，その他の食糧とは，魚，牛乳，缶詰にされたいくつかの食品，及び野菜などである。

1935年におけるヨーロッパの輸入超過額は，統計上では，17億2千万ドルになる。しかし，これは輸送費が含まれているので高い値となっている。この輸入超過額の6分の5はイギリス一国が占めている。この年，大陸ヨーロッパは価格で言えば3億ドル以上に相当する食品をヨーロッパ域外から輸入する必要があった。

しかし，食糧の輸入超過の状況のみで，ヨーロッパの域外からの供給に対する依存度を判断することはできない。というのも，食糧には飼料（たとえば油粕），あるいは油糧種子は含まれていないからである。また，西・北西ヨーロッパで特にみられる野菜の生産は，域外から輸入される人工肥料（たとえばリン酸肥料）に依存しているからである。それゆえ，表41では食糧とその他いくつかの関連する産品の貿易収支を示している。

表41　食糧等の貿易収支　1935年

（単位：100万ドル）

品目a	イギリス	アイルランド	大陸ヨーロッパ					ヨーロッパ合計（ソ連を除く）
			ドイツ	その他工業諸国（8カ国）	デンマーク	その他諸国	合計	
	（1）	（2）	（3）	（4）	（5）	（6）	（7）	（8）
すべての食糧b	−1,437	39	−389	−444	169	342	−322	−1,720
すべての食糧のうち以下のもの								
動物性食品：6品目（No.1−6）c	−630	50	−91	70	173	74	226	−354
植物性油を除く野菜：15品目（No.7−21）	−503	−30	−136	−419	−72	63	−564	−1,097
植物性油：7品目（No.30−36）d	−8	−1	−5	−1	7	18	19	10
その他の食糧	−296	20	−157	−94	61	187	−3	−279
タバコ	−77	−4	−48	−52	−5	58	−47	−128
油糧種子（6品目）	−59	—	−60	−147	−18	−14	−239	−298
油粕(oilseed cake and meal)	−13	−1	−9	−12	−12	−2	−35	−49
鯨油	−8	—	−17	−4	−2	−1	−24	−32
各種肥料e	—	−2	18	−26	−9	−20	−37	−39
上記すべての合計	−1,594	32	−505	−685	123	363	−704	−2,266

a：品目番号は付表Ⅳと表43, 50と同じである。
b：生きた状態の動物も含まれている。
c：生きた状態の牛も含まれている。
d：本書に出てくる「食糧」の定義は以前のブリュッセル関税品目分類法に基づいている。この分類法に従うと，一部，工業用に使用される植物性油も「食糧」に含まれている。また，鯨油のような動物性油は「原料」として分類されている。
e：リン酸塩（raw phosphate）も含まれている。

図 12　貿易収支　1935 年

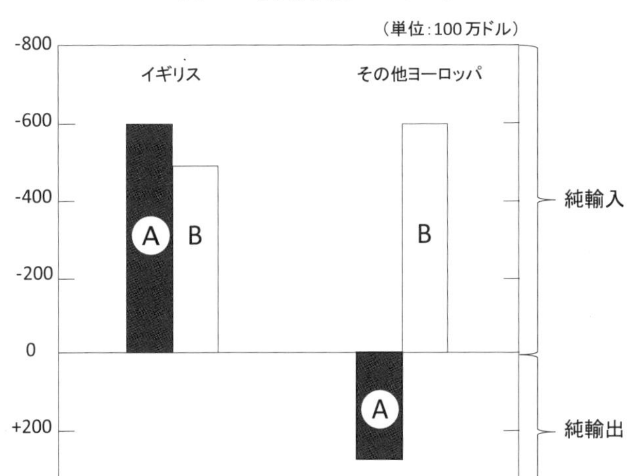

A：動物性食品（6種）
B：植物性食品（15種）

表 42　イギリスとその他ヨーロッパ：動物性食品の輸入超過額

（単位：100万ドル）

	イギリス			その他ヨーロッパ		
	輸入	輸出	収支	輸入	輸出	収支
動物性食品（6品目）a	633	3	−630	164	440	276
植物性食品（15品目）a	523	20	−503	858	264	−594
合計	1,156	23	−1,133	1,022	704	−318

a：これらは，付表Ⅳ，あるいは表43のNo.1−6とNo.7−21の食品である。

表 41 で示されている食糧，及びその他産品の純輸入額は 7 億ドルを超えている。これらの産品のイギリスの純輸入額は 15 億 9 千 4 百万ドルであった。ヨーロッパが域外から輸入した食糧の大きな部分は，コーヒー，紅茶，香辛料のような栄養価のない商品であった。これらの商品のうち，ずばぬけて重要なのはコーヒーであり，1935 年における大陸ヨーロッパの純輸入額は 1 億 6 千 6 百万ドルであった。紅茶の場合，イギリスとアイルランドの純輸入額は 1 億

１千５百万ドル，大陸ヨーロッパの純輸入額は１千５百万ドルであった。表41からわかる興味深い事実は，イギリスはその他のヨーロッパ諸国とは異なり，畜産品の輸入超過が大きいということである。

イギリスの輸入超過額の大部分は畜産品の輸入によるものであるが，その他のヨーロッパ諸国に関しては畜産品に関しては大幅な輸出超過の状態にあった。なお，この輸出超過額のうち，およそ５分の４はデンマークとアイルランドによって占められていた。

畜産物の生産は，工業製品の製造プロセスと似ている。飼料，及び飼料として使用される食糧はいわば原料である。デンマークとアイルランドの畜産物の輸出超過額は，野菜，及び飼料と肥料の輸入超過額によって大部分相殺される（表41を参照）。デンマークは通常，大量の油糧種子を輸入しているが，これらは各種の油や油粕に転換される。デンマークは各種の油を輸出しているが，油粕は国内の需要を満たすことができない。大陸ヨーロッパの工業諸国においてさえ，大量の穀物や油糧種子の輸入の理由の一部は，国内消費，あるいは輸出のための畜産物の生産に帰することができる。

イギリスによる大陸ヨーロッパのいくつかの国からの畜産物の輸入と，これら大陸ヨーロッパ諸国のヨーロッパ域外からの野菜や飼料の輸入の間には深い因果関係が存在する。イギリスがヨーロッパに対して有する輸入超過の大部分は，畜産物の輸入によるものである。したがって，畜産物は先述の多角的貿易システムにおいて非常に重要な役割を果たしているのである[1)]。多角的貿易システムが機能していた間においては，イギリスや同国に畜産物を供給しているヨーロッパ諸国のみならず，ドイツとヨーロッパ域外の農業諸国も畜産物の貿易で利益を得た。ここ数年，ドイツによるヨーロッパの畜産物輸入が増大した。しかし，これは，二国間主義に基づく貿易であったため，他の貿易取引に対して間接的な刺激を与えはしなかった。

表43は付表Ⅳ（本訳書では割愛：訳注）の最初の方に出てくる22品目のヨーロッパの純輸出と純輸入について示している[2)]。（３）と（４）の欄は，ヨーロッパの工業地域が，ヨーロッパの農業地域による食糧供給にどの程度依存し

表 43　ヨーロッパの貿易　1935 年

品目	純輸入(－)／純輸出(＋)				純輸入(－)／純輸出(＋)			
	ヨーロッパ全体		ヨーロッパ		イギリス自治領諸国・インド	ヨーロッパの海外領土	ヨーロッパ域外の諸国	特定できない諸国 ヨーロッパ域内の貿易
			工業諸国（10カ国）	その他諸国				
	100万ドル	1千メートル・トン						
	(1)	(2)	(3)	(4)	(5)	(6)	(7)	(8)
1. 牛	＋3	＋94a	-889a	＋983a	—	+13a	+29a	+52a
2. 牛肉, 子牛肉, 羊肉, 子羊肉	-182	-976	-1,003	＋27	-418	-13	-560	＋15
3. 豚肉	-42	-128	-437	＋309	-90	＋2	-43	＋3
4. バター	-107	-263	-486	＋223	-250	＋6	-19	—
5. チーズ	-5	-66	-88	＋22	-120	＋18	＋28	＋8
6. 卵(Eggs in the shell)	-20	-33	-173	＋140	-18	-7	-21	＋15
7. ジャガイモ	-10b	＋20b	-143	＋163	＋7	+54	+15	-76
8. 小麦	-274	-8,392	-7,855	-537	-3,983	-565	-2,978	-866
9. 小麦粉	-9	-37	-50	＋13	-335	＋166	＋18	＋114
10. ライ麦	-6	-147	-418	＋271	＋43	＋1	-131	-60
11. 大麦	-42	-1,599	-2,129	＋530	-180	-192	-1,158	-69
12. オート麦	-21	-723	-846	＋123	-195	-29	-502	＋3
13. トウモロコシ	-145	-6,471	-6,467	-4	-317	-794	-5,077	-283
14. 米	-34	-864	-700	-164	-408	-402	-202	＋148
15. バナナ	-59	-641	-593	-48	—	-464	-144	-33
16. 柑橘類	-81	-659	-1,238	＋579	-76	-288	-284	-11
17. 砂糖(unrefined)	-94	-2,539	-2,496	-43	-401	-653	-1,439	-46
18. 砂糖(refined)	＋27	＋446	＋703	-257	＋33	＋301	＋39	＋73
19. コーヒー豆(未焙煎)	-171	-704	-554	-150	-7	-113	-559	-25
20. 紅茶とマテ茶	-128	-221	-206	-15	-129	-95	-7	＋10
21. カカオ豆	-49	-364	-327	-37	-1	-301	-44	-18
22. タバコ	-128	-262	-315	＋53	-8	-76	-148	-30

a：1千頭。

b：ジャガイモの場合, 価格では純輸入となっているが, 重量では純輸出となっている。この明らかな矛盾は, 輸入額に含まれてはいるが, 輸出額には含まれていない相対的に高い輸送費によって生じていると考えられる。

〔表43, 50, 51, 55, 56全般に対する注〕品目に付された番号は付表Ⅳと一致している。(5)～(8)の欄の重量に関する数値はいささか不正確である。輸送途中での若干の重量の変化を無視すれば, ヨーロッパ諸国間の貿易においては, 輸出量・輸入量の超過はありえないはずである。しかし, 本表の(8)の欄を見ると, 純輸出, あるいは純輸入があることが確認できる。これは, 各国の統計手法の相違によって生じたものと考えられる。大陸ヨーロッパ（すなわち, イギリスとアイルランドを除外したヨーロッパ）の輸出入に関する数値については, 付表Ⅳの最後の2頁を参照せよ。

ているかを示しているので，特に注意してみていただきたい。

最終的に屠畜される生きたままの状態の牛については，ヨーロッパの工業地域の需要は，ヨーロッパの農業地域の供給によってほぼ満たされている。生きたままの牛は輸送が難しいので，この種の貿易はふつう近隣諸国との間で行われる。また，牛の貿易は家畜伝染病に伴う規制によって阻まれることが多い。ヨーロッパの工業地域で消費される牛肉と子牛肉のうち，生きたままの状態で輸入された牛が占める割合はわずかに１％程度である。また，主にイギリスによるものであるが，ラテン・アメリカから輸入された牛肉が占める割合も同程度である。イギリスが自治領諸国やインドから輸入する食肉の大部分は（(5)の品目２を参照されたい)，オーストラリアとニュージーランド産の羊肉と子羊肉である。1935 年において，ヨーロッパの牛肉，子牛肉，羊肉，子羊肉の総輸入量は 100 万トン以上になるが，イギリス一国でこの 90％以上を占めていた。

その他の食肉において，ヨーロッパの輸入量が少ないからといって，貿易量自体が小規模であったわけではない。表 45 が示すように，ヨーロッパ工業地域の需要の大部分は，ヨーロッパの農業地域の供給によって賄われていたのである。この表で使用されている数値は，ヨーロッパ大陸全体の輸入額ではなく，個々の国の輸入額を合計したものである。イギリス一国で，ヨーロッパ全体の卵の輸入額の半分以上，チーズの場合は３分の２近く，牛肉とバターの場合は約 90％を占めていた。ヨーロッパ全体のこれら産品の輸入額において，イギリス一国が占める割合は５分の４近くにもなる。その他の国を合わせても，輸入額はわずかに１億３千万ドルにしかならない。アイルランドはこれらの産品を輸入していなかったので，この数値は大陸ヨーロッパの全輸入額と言える[3)]。合計すると，大陸ヨーロッパは２億２千５百万ドルの純輸出額を有しており，イギリスの食糧需要のおよそ半分ほどを供給していた。大陸ヨーロッパのイギリスに対する輸出の大きな部分は，工業諸国とデンマークとアイルランドによって占められていた。大陸ヨーロッパの典型的な農業諸国が占めた割合はごく小さなものであった。表 44 は表 43 の４品目に関するデータである

表44　卵，チーズ，豚肉，バターの貿易　1935年

（単位：100万ドル）

1. ヨーロッパ全体の輸入額	562
2. イギリスの輸入額	431
3. 大陸ヨーロッパとアイルランドの輸入額	131
4. 大陸ヨーロッパとアイルランドの輸出額	381

表45　ヨーロッパの輸入：動物性食品　1935年

	豚肉	バター	チーズ	卵
ヨーロッパ全体の輸入額	180	232	63	86
ヨーロッパ全体の輸入量	500	569	216	286
輸入国		%		
イギリス	90	86	64	52
ドイツ	7	13	13	23
その他工業諸国	3	1	22	13
その他諸国	—	—	1	12
合計	100	100	100	100
輸出国a		%		
ヨーロッパ工業諸国b	12	13	37	26
デンマーク	40	23	2	23
アイルランド	7	4	—	7
その他ヨーロッパ諸国	13	10	5	28
ヨーロッパ以外の諸国	28	50	56	16
合計	100	100	100	100

a：いくつかのヨーロッパ諸国の数値は推計値であり多少の誤差は存在する。
b：主な輸出国と品目は，スウェーデン（豚肉とバター），オランダ，フランス，イタリア，スイス（チーズ），ベルギー（卵）である。

が，この状況をよく示している。

1930年代において，東ヨーロッパでは食肉貿易の振興を図った国もあったが，通商政策の新傾向によって挫折を余儀なくされた。特に，イギリスが自治領からの輸入を増やし始めたことが痛手となった。たとえば，イギリスはカナダからはベーコン，カナダ，オセアニアからはバターの輸入を拡大した。

表43中，小麦はヨーロッパが輸入している植物性食品の中で傑出して重要な品目である。ジャガイモの貿易量は大きいが，近隣諸国間での貿易であり，域外からの購入量はほんの少しである。イギリスは主要な小麦輸入国であるが，大部分，オランダとチャネル諸島から輸入している[4)]。最大の穀物輸入国

はイギリス，ベルギー，オランダ，スイスであるが，デンマークやアイルランドも大量に輸入している。両国の農牧業の大部分を占めるのは輸出用の食肉生産である。気候は毎年変化するので，特定の年の状況からヨーロッパの域外地域に対する従属の程度を推測することは適切ではない。表46は，1927～31年，1933～37年における各種穀物の生産量，輸入量，消費量を示したものである。ソ連は，ヨーロッパに対する穀物供給国として重要な国であるので，ヨーロッパにソ連を含めた数値も示しておいた。

1927～31年の時期においては，ヨーロッパが消費するトウモロコシの3分の1，そして，小麦の4分の1以上は域外から供給されていた。1933～37年の時期においては，ヨーロッパの小麦生産量は10%増える一方で，消費量がいく分か減ったので，域外からの輸入によってカバーされたのはわずか17%であった。輸入量自体は40%も減少した。畜産用の利用が増えたため，トウモロコシの輸入量の減少幅は小さかった。オート麦とライ麦の輸入量の減少はきわめて小さかった（消費量の2～4%）。ライ麦の大部分はソ連から輸入されていた。オート麦，ライ麦，そして大麦の消費量は減少傾向にあった。穀物の輸入量は両時期の間に約3分の1減少した。

表47では，小麦の輸入量と消費量の変化について詳細に示されている。1927～31年から1933～37年の間に，イタリア，ドイツ，フランスの輸入量は4百万トンから1百万トンへと下落したが，イギリスの輸入量の減少はわずかであった。以前は小麦の純輸入国であったチェコ・スロヴァキア，フランス，ドイツ，ポーランド，スペイン，スウェーデンは，1930年代半ばには一時的に小麦の純輸出国となった。イタリアの場合，輸入量はほんの少ししか減少しなかった。1937年頃からこの傾向は逆転し始めたようである[5)]。しかし，これは，諸国がより自由な通商政策へと復帰したことが理由ではなく，大戦勃発を見越し食糧備蓄の充実を目指したことが理由であったと思われる。

ヨーロッパの小麦輸入の減少は，アメリカの小麦輸出の急減によって大部分相殺された。アメリカは1920年代には平均して年間4百万トンの小麦を輸出していたが，1935～36年にはほぼゼロになった（1938年には再度3百万トンに

表 46　ヨーロッパ：穀物と米の生産量・純輸入量・消費量

	100万メートル・トン						消費に占める純輸入の割合	
	1927～31年			1933～37年				
	生産量	純輸入量	消費量a	生産量	純輸入量	消費量a	1927～31年	1933～37年
ソ連を除くヨーロッパ							%	%
小麦b	40.0	15.6	55.6	44.6	9.4	54.0	28.1	17.3
ライ麦	22.4	0.8	23.2	21.2	0.1	21.3	3.5	0.5
大麦	17.5	2.2	19.7	16.4	1.4	17.8	11.4	8.2
オート麦	26.5	0.9	27.4	24.1	0.6	24.7	3.3	2.3
トウモロコシ	14.8	7.5	22.3	18.3	6.9	25.2	33.6	27.5
米	1.0	0.8	1.8	1.2	1.2	2.4	43.1	50.5
ソ連を含むヨーロッパ								
小麦b	61.9	14.5	76.4	77.4	8.8	86.2	18.9	10.2
ライ麦	44.3	0.4	44.7	43.1	—	43.1	0.9	—
大麦	23.3	1.8	25.1	24.0	1.1	25.1	7.1	4.5
オート麦	41.1	0.7	41.8	41.6	0.5	42.1	1.7	1.1
トウモロコシ	18.2	7.4	25.6	22.0	6.9	28.9	29.0	23.8
米	1.3	0.8	2.1	1.5	1.2	2.7	40.5	45.9

a：生産量と純輸入量の合計。すなわち，国内ストックは無視している。
b：純輸入量には小麦粉の輸入量も含まれている。

表 47　ヨーロッパ：小麦の生産量と貿易量

国	100万メートル・トン						消費量に占める純輸入量（%）	
	1927～31年			1933～37年				
	生産量	純輸入量a	消費量b	生産量	純輸入量a	消費量b	1927～31年	1933～37年
イギリス	1.3	5.9	7.2	1.7	5.6	7.3	82.3	76.9
イタリア	6.2	2.0	8.2	7.3	0.5	7.8	24.3	6.6
ドイツ	3.7	1.6	5.3	5.1	0.3	5.4	30.7	5.9
フランス	7.5	1.4	8.9	8.1	0.2	8.3	15.3	2.3
ベルギー・ルクセンブルク	0.4	1.2	1.6	0.5	1.1	1.6	74.2	70.5
オランダ	0.2	0.8	1.0	0.4	0.6	1.0	82.9	58.5
スイス	0.11	0.48	0.59	0.15	0.47	0.62	81.5	75.9
上記7ヵ国合計	19.4	13.4	32.8	23.2	8.8	32.0	40.8	27.5
その他ヨーロッパ	20.6	2.2	22.8	21.4	0.6	22.0	9.6	2.7

a：小麦粉の輸入量も含む。
b：生産量と純輸入量の合計。すなわち，国内ストックの量は無視している。

増大した)。その他の主な小麦供給国はカナダ，オーストラリア，及びアルゼンチンであった。1930年代にはフランスの北アフリカ植民地からの小麦輸入も増大した。小麦と米以外の穀物の主要な供給国はアルゼンチンであり，ヨーロッパ列強の被支配国・地域からの輸入は少なかった。米はインド，フランス領インドシナ，及びシャムから輸入された。

ヨーロッパの穀物輸入量の減少は，すべての食糧に影響を与える全般的傾向の例証として解釈すべきではない。特に1930年代の初頭において，国内のさまざまな食糧の生産を保護するための強力な政策が実施されたことは事実であるが，これは輸入に影響を与えた種々の要因の一つにすぎない。ヨーロッパにおいては，植物性食品の生産増は，耕地の拡大ではなく，集約的な農業を実施した結果実現されたのである。また，ヨーロッパの工業地域における食糧消費量の増加率は，人口の増加率よりも早いペースであった。これは，穀物についてはみられない現象であった。要するに，栄養水準の上昇が進行していたのであり，この上昇は食料品の消費量増大ではなく，より高価な食糧の消費への変化を促した。実は，この変化は，人類の穀物消費の減少を示唆しているのである。長い目で見れば際立った変化であるし，短期的にみても表46が示すように目につく変化である。また，同表から，パンの原料となる穀物消費量が減少する一方で，主に飼料となるトウモロコシや米の消費量は増加していることが確認できる。おそらく，トウモロコシと米の価格が上昇したのは，保護主義政策ではなく，ほとんどのヨーロッパ諸国の気候が両穀物の栽培に不向きだったことが理由だと思われる。

この時期，ヨーロッパにおける食肉や酪農品の生産量は急速に増大した。1925～37年の間に，ヨーロッパの食肉生産量は25%，牛乳は27%増大した。一方で，飼料用穀物（大麦，オート麦，トウモロコシ）の生産量は9％，その他の穀物と砂糖の生産量は4％しか増大しなかった[6)]。小さな程度ではあるが，これらの生産量の増大は輸入を削減することによって生じた。たとえば，食肉に関しては厳しい輸入制限がなされた。ヨーロッパにおけるバターの生産は，1928～37年の間に3分の1程度増大したようである。また，1927～31年か

表48　柑橘類の純輸入量

（単位：1千メートル・トン）

	1927年	1930年	1935年	1937年	1938年
イギリス	468	588	630	663	580
ドイツ	269	424	299	154	146
フランス	132	227	292	263	221
オランダ	44	74	74	87	84
ベルギー	27	71	67	80	92
スイス	20	30	35	37	35
スウェーデン	14	29	37	42	46

注：重要度の低い柑橘類の輸入を統計から除外している国もある。

ら1933～37年の間において，輸入額は15万9千トンから25万4千トンへと60%も増大した。これは，バターがある種の酪農品に代替されたことが理由の一部であると思われる。しかし，バターにみられた輸入額の増大は例外的である。

その他の食品に関するデータも，この時期，経済不況と失業率が増大したにも関わらず栄養水準が向上したことを示している。たとえば，バナナの輸入は，ほとんど工業諸国によるものであったが，1927～31年から1933～37年の間に約20%増大した。また，柑橘類の輸入量は3倍になった。第一次世界大戦の前においては，ヨーロッパは柑橘類の純輸出地域であった。1930年代半ばに政治的混乱が生じる以前から，スペインとイタリアの柑橘類の輸出量は停滞していた。一方，表48が示しているように，ヨーロッパのいくつかの国の輸入量は急速に拡大した。そして，ますますパレスチナとアメリカからの輸入に依存するようになっていた。消費量に占める純輸入量の割合は，1927～31年の6%であったが，1933～37年には26%へと増大した。

砂糖についても同様の傾向がみられた。表49が示しているように，短期間にヨーロッパ諸国間の甜菜の貿易量は激減した。表中のグループ1は，砂糖の輸出量を2倍以上増大させたが，このグループが輸出した砂糖はサトウキビを原料としたものであった。一方，グループ2の甜菜糖の輸出量は70%も減少

表 49　砂糖の貿易　年平均

（単位：1千メートル・トン）

	輸入		輸出	
	1927～31年	1933～37年	1927～31年	1933～37年
1. 輸入サトウキビを用いた大規模製糖業を有する諸国				
イギリス	1,919	2,127	145	346
フランス	412	379	148	251
ベルギー・ルクセンブルク	72	100	17	109
オランダ	203	126	57	60
上記4ヵ国合計	2,606	2,732	367	766
2. 甜菜糖を大量に輸出している諸国				
チェコ・スロヴァキア	1	—	562	206
ポーランド	6	—	279	87
ドイツ	59	14	161	5
ハンガリー	—	—	84	23
上記4ヵ国合計	65	14	1,086	321
3. その他諸国	984	626	373	47
ヨーロッパ合計	3,655	3,372	1,826	1,134
ヨーロッパの純輸入量	1,829	2,238		

図 13　砂糖輸出　年平均

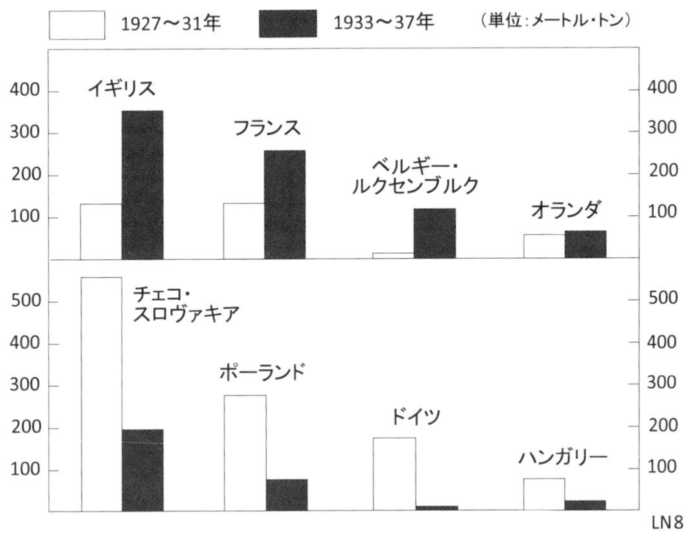

注：上部は輸入サトウキビを用いて製糖を行っている諸国。
　　下部は甜菜糖の主要輸出国。

した。ヨーロッパ域内の甜菜糖貿易の減少により，ヨーロッパの総輸入量も減少した。一方で，ヨーロッパの純輸入量は21％増加し，消費量に占める純輸入量の割合は22％から25％へと増加した。このように，ヨーロッパは域外からのサトウキビ供給にますます依存するようになったのである。

コーヒーと紅茶は，輸出国による供給の規制策，及び輸入国による歳入を目的とする関税率引上げの影響を受けてきた。この時期，ヨーロッパのコーヒー輸入量はわずか１％しか増大せず，紅茶の輸入量は７％減少した。一方，ココアの輸入量は10％増大した。ヨーロッパで消費されるタバコの半分以上は自給されている。1927 ～ 31年の年平均輸入量は28万５千トンであったが，1933 ～ 37年には26万２千トンに減少した。この減少分の大部分は生産量の増大によって補われた。したがって，タバコの消費量自体はほとんど変化しなかったのである。ただし，図14が示すように，1930年代において，イギリス

図14　タバコの純輸入

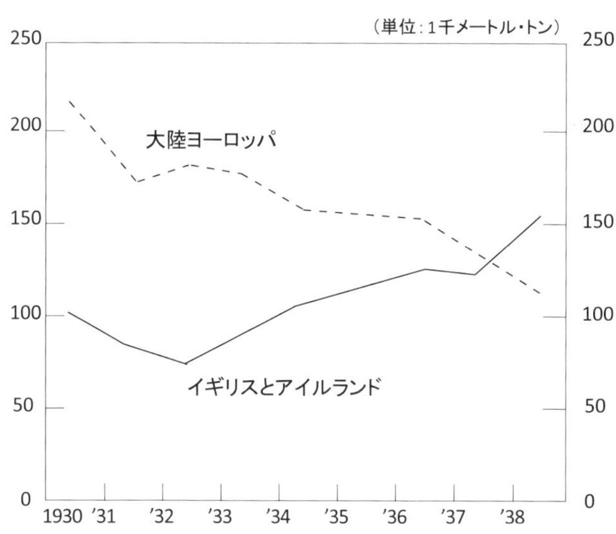

注：「イギリスとアイルランド」に関しては，もっぱらイギリスの純輸入額を示している。
両国はほとんど国内でタバコを生産していない。

の輸入量は大陸ヨーロッパのそれを上回るようになった。タバコ消費量の相対的な変化は，他の多くの商品にもみられる典型的な現象である。これはイギリスが首尾よく経済不況から回復したことが理由である。また，イギリス以外のいくつかの国において，軍事支出が生活水準の低下を招いていたことも理由として考えられる。

表50は，いくつかの重要な油糧種子と脂肪油の輸出と輸入の収支を示している。オリーブ油を除くと，ヨーロッパの植物性油はほぼ域外供給に依存している状況である。ヨーロッパはピーナッツ，コプラ，パーム核（palm kernels）を生産していない。また，亜麻仁の全世界の生産量に占めるヨーロッパの生産量の割合は８％にすぎないし，綿実油や醤油にいたってはわずか１％である。インドはピーナッツの主要な供給国であるが，その多くは英仏のアフリカ植民地から輸入していた。また，同地域はパーム核の主要な輸出地域でもあった。コプラの多くはオランダ領東インドから輸入されている。その他の重要な油糧種子は，ヨーロッパとは政治的に結びついていない国・地域から輸入されている。たとえば，醤油は満州から，亜麻仁はアルゼンチンから，そして綿実油はエジプトから輸入している。

ヨーロッパの脂肪油や油糧種子の輸入においては，イギリスは食糧の場合と同じほど傑出した役割を果たしていたわけではなかった。1935年において，ドイツの食糧貿易で生じる赤字額は，イギリスのそれの27%にすぎなかった。一方，表50で示されている脂肪油と油糧種子（殻や果肉を含む）の場合，ドイツの赤字は９千１百万ドルであり，これはイギリスよりも３百万ドル多い額である。イギリスとアイルランドのこれら産品の貿易における赤字額は，大陸ヨーロッパのわずか３分の１である[7)]。

経済不況の間を通して，ヨーロッパの油糧種子の輸入は高いレベルを維持していた。ある種の油の輸入は増大した。たとえば，オランダ領東インドにおけるパーム油の生産量が急激に拡大し，純輸入量は1927～31年の16万４千トンから，1933～37年の25万１千トンへと増大した。しかし，全般的にみれば，消費量の拡大よりも，輸入種子から食用油の自給への転換のスピードの方

表50　油糧種子・油脂の純輸入と純輸出　1935年

品目	純輸入（－）　純輸出（＋）				以下の国・地域からの純輸入（－） 以下の国・地域に対する純輸出（＋）			
	全ヨーロッパ		ヨーロッパ工業諸国（10ヵ国）	その他ヨーロッパ諸国	イギリス自治領とインド	ヨーロッパ列強の支配領域	ヨーロッパ域外諸国	未分類のヨーロッパ域内貿易
	100万ドル	1千メートル・トン						
	（1）	（2）	（3）	（4）	（5）	（6）	（7）	（8）
23. ピーナッツ	−98	−1,798	−1,693	−105	−674	−780	−305	−39
24. コプラ	−44	−764	−558	−206	−60	−545	−77	−82
25. パーム核	−29	−626	−568	−58	—	−580	−4	−42
26. 大豆	−40	−1,202	−932	−270	−2	—	−861	−339
27. 亜麻仁	−69	−1,496	−1,420	−76	−89	−8	−1,371	−28
28. 綿実	−18	−667	−665	−2	—	−175	−492	—
29. 油かす	−49	−1,311	−1,283	−28	−312	−86	−1,006	93
30. オリーブ油	12	37	−42	79	3	−42	72	4
31. ピーナッツ油	10	77	72	5	10	35	26	6
32. パーム油，パーム核油	−16	−207	−207	—	3	−235	27	−2
33. ココナツ油	—	−7	−20	13	−1	−14	3	5
34. 大豆油	−3	−39	−49	10	2	10	−45	−6
35. 亜麻仁油	3	36	43	−7	10	12	16	−2
36. 綿実油	4	33	33	—	9	1	22	1
37. 鯨油	−32	−486	−419	−67	−4	−76	−73	−333a

a：ヨーロッパ域内の鯨油の輸入超過額が異常に大きな理由は，ヨーロッパの船舶が漁場から直接持ち込んだ鯨油はヨーロッパからの輸入としては記録されるが，どこの国の輸出統計にも表れることはないからである。

表51　肥料と天然燐酸塩の純輸入／純輸出　1935年

品目	純輸入（－）　純輸出（＋）			
	全ヨーロッパ		ヨーロッパ工業諸国（10ヵ国）	その他ヨーロッパ諸国
	100万ドル			
69. 硝酸ナトリウム，硝酸カルシウム，硝酸アンモニウム	−15	−303	−257	−46
70. 硫酸アンモニウム	11	586	1,063	−477
71. 天然リン酸塩	−36	−4,571	−3,368	−1,203
72. 塩基性スラグ	−3	68	159	−91
73. 過リン酸石灰	1	201	361	−160
74. 窒素肥料	2	38	−81	119

が速かった。たとえば，ヨーロッパは綿実油の純輸入地域から純輸出地域へと転身した。これは，国際的に取引される綿実油の大半を吸収していたイギリスが，急速に生産量を増大させたことが理由であった。ヨーロッパのピーナッツ油の純輸出量は，1927～31年の年平均2万4千トンから，1933～37年の年平均7万8千トンへと急激に増加した。オランダとイギリスも，以前はピーナッツ油を輸入していたが，輸出するようになった。

1930年代において，ヨーロッパは域内で生産されるオリーブを利用したオリーブ油の生産を増加させた。しかし，オリーブ油には大きな需要があったので，輸出を維持することはできなかった。同時期，イタリアはオリーブ油の純輸出国から純輸入国へと転じた。スペインのオリーブ油輸出は激減し，その他いくつかのヨーロッパ諸国も輸入量を増大させた。1927～31年におけるヨーロッパの年間平均輸出量は7万2千9百トンであったが，1933～37年の年間平均輸出量は2万3千3百トンへと減少した。生産量に占める比率は9％から3％へと低下したことになる。一方で，アフリカの輸出量は3万3千5百トンから4万トンへと増加した。

表51は，主要な肥料の輸出と輸入の収支について示している。ヨーロッパ

以下の国・地域からの純輸入（－）以下の国・地域に対する純輸出（＋）			
イギリス自治領とインド	ヨーロッパ列強の支配領域	その他のヨーロッパ域外諸国	未分類（ヨーロッパ域内貿易として記録されたもの）
1千メートル・トン			
5	8	−273	−43
94	124	358	10
6	−2,948	−1,459	−170
28	2	−29	67
12	20	379	−210
38	16	519	−535

全体の肥料輸入額は3千9百万ドルであるが，このうち過リン酸石灰の原料となる天然リン酸塩の輸入額は3千6百万ドルである。天然リン酸塩に関しては，ヨーロッパはほぼ完全に域外からの供給に依存している。窒素肥料の場合，ヨーロッパにおける自給体制を確立することが重要になっている。1930年代において，輸入されたチリ硝石（表51では，他の硝石と一緒に「品目69」として分類されている）は，ヨーロッパ全体の消費量のほんの一部しか賄うことができない。輸出用の硫酸アンモニウムの生産は，極東（日本，朝鮮，満州）における急速な生産増によって停滞を余儀なくされた。肥料用の塩化カリウムの消費においては，ヨーロッパは域外供給には頼っておらず，むしろ域外に輸出している。しかし，ヨーロッパの塩化カリウム輸出の独占状態は，特にアメリカやソ連における生産の発展によって急速に侵食されつつある。

過去半世紀ほどの間に，肥料の使用は，西北ヨーロッパにおける単位当たりの穀物生産量を急速に増大させてきた。表34をみるとわかるように，北西ヨーロッパにおける小麦の単位当たりの生産量は，肥料の使用が限られている東南ヨーロッパのそれの2～3倍程度も多い。表52は，東南ヨーロッパの7つの農業諸国が，過リン酸石灰をまったく輸入していないこと，またヨーロッ

表 52　耕地面積，及び肥料の生産量と貿易　1935 年

国／グループ	耕地面積（100万㎢）	生産量（1千メートル・トン）				
		天然リン酸塩	過リン酸石灰	塩基性スラグ	硫酸アンモニウム	硝酸ナトリウム 硝酸カルシウム
イギリス	5.3	—	469	276	455	—
ドイツ	19.4	—	711	2,025	d	d
ドイツを除くヨーロッパ工業諸国（8カ国）a	48.3	76	3,392	2,151	879	209
スウェーデンを含むスカンジナヴィア，バルト諸国b	11.9	12	538	—	—	356
アイルランド	1.5	—	105	—	—	—
スペインとポルトガル	17.5	20	1,349	—	17	—
ポーランド	18.6	12	71	—	61	41
東南欧諸国（7カ国）c	40.0	—	108	—	—	—
ヨーロッパ合計	162.5	120	6,743	4,452	.	.

a:オーストリア，ベルギー・ルクセンブルク，チェコ・スロヴァキア，フランス，イタリア，オランダ，
b:デンマーク，エストニア，フィンランド，ラトヴィア，リトアニア，ノルウェー。
c:アルバニア，ブルガリア，ギリシア，ハンガリー，ルーマニア，トルコ，ユーゴスラヴィア。
d:ドイツの硫酸アンモニウムの生産量は，1929年：2,260，1932年：965，硝酸ナトリウムの生産量は

パ全体の生産量に占める割合が2％未満であることを示している。なお，これらの諸国はヨーロッパ全体の耕作可能な土地のほぼ4分の1を占めている。その他の肥料に関しては，これらの諸国はほぼ生産しておらず，輸入もほとんどしていない。単位面積当たりの牛の数も，ヨーロッパの他の部分と比べるとかなり少ない。また，天然肥料の生産量も少ない。

ポーランドにおいても，土壌が貧弱であるにも関わらず肥料はあまり使用されてこなかった。また，表52が示しているように，ポーランドは生産した過リン酸石灰，硫酸アンモニウム，硝酸系肥料，及び窒素肥料の大きな部分を輸出していた。

	純輸入(－) 純輸出(＋) (1千メートル・トン)					
カリ肥料(酸化カリウム)	天然リン酸塩	過リン酸石灰	塩基性スラグ	硫酸アンモニウム	硝酸ナトリウム 硝酸カルシウム 硝酸アンモニウム	カリ肥料
—	-390	-8	20	258	-13	-191
1,599	-741	-26	-592	437	70	1,084
370	-2,237	395	731	368	-314	-974
—	-314	-154	-48	-44	162	-172
—	-65	-15	-8	-26	-1	-32
121	-712	-13	-23	-448	-240	241
73	-50	21	-12	52	13	83
—	-62	1	—	-10	(20)	-1
2,163	-4,571	201	68	586	-303	38

スウェーデン，スイス。

:1929年:230であった（単位は1千メートル・トン）。最近のデータは入手不能である。

2. 工業用原料

1935年におけるヨーロッパの「原料，及び一部加工された原料」（タバコ，油糧種子，肥料などを含む）の粗輸入額は51億8千万ドルであり，純輸入額は28億7千万ドルであった（表53を参照されたい）。この純輸入額のうち，イギリスによるものは3分の1を下回る（食糧や動物の割合は6分の5であったことと対照的である）。ドイツの割合は4分の1であり，その他の工業諸国の割合は41%であった。

自明のことではあるが，原料は食糧よりも代替がきかない。原料におけるヨーロッパの域外に対する依存度に関して，原料の貿易総額の数値は，それほ

表53　原料・半加工原料の貿易　1935年

（単位：100万ドル）

	イギリス	アイルランド	大陸ヨーロッパ				ソ連を除くヨーロッパ
			ドイツ	ドイツ以外の工業国（8カ国）	その他諸国	合計	
輸入	(1)	(2)	(3)	(4)	(5)	(6)	(7)
付表Ⅳ掲載の46品目a	1,066	30	722	1,695	511	2,928	4,024
その他品目	228	10	308	481	129	918	1,156
合計	1,294	40	1,030	2,176	640	3,846	5,180
輸出							
付表Ⅳ掲載の46品目a	254	5	218	613	450	1,281	1,540
その他品目	138	2	94	373	163	630	770
合計	392	7	312	986	613	1,911	2,310

a：No.22–29, 37–46, 48–75。1～7欄の数値は付表Ⅳ（本訳書では割愛：訳注）から計算されたものより小さくなっている。イギリスの再輸出額（1億1千2百万ドル）が差し引かれているからである。付表Ⅳ序の注（本訳書では割愛：訳注）を参照されたい。

ど明確な事実を示してはいない。表54は，付表Ⅳ（本訳書では割愛：訳注）のデータを要約したものである。この表では，ヨーロッパの原料貿易の4分の3を占める品目が扱われている。これによると，ヨーロッパはパルプについては著しい輸出超過，銑鉄についてはより控えめな輸出超過を有しているので，輸入超過となる主な理由は，原綿，鉱油，木材，卑金属，鉱石の輸入である。石炭とコークスに関して言えば，イギリスとアイルランド両国の合計は輸出超過となり，大陸ヨーロッパ全体では輸入超過となる。しかし，たとえばパルプと未加工の鉄に関しては，イギリスとアイルランド両国の合計は輸入超過となり，大陸ヨーロッパ全体では輸出超過となる。

1935年における6種の織物用繊維の純輸入額は10億ドルであり，ヨーロッパの原料の純輸入総額の3分の1以上を占める。綿と羊毛の純輸入額は，各々5億5千1百万ドル，3億1千8百万ドルである（表55を参照されたい）。東南ヨーロッパ（特にトルコ）における綿の生産量は増えたが，ヨーロッパの消費量に占める割合は，1927～31年においては1.5％未満，1933～37年においては4％未満であった。ヨーロッパの消費量には，結果的に域外に輸出された織物の生産に使用されたものも含んでいる。しかし，かかる輸出は，これまで輸入していた諸国が生産量を増やしたこと，また日本との激しい競争にさらされ

表 54　原料・半加工原料の貿易収支　1935 年

（単位：100万ドル）

品目	イギリス	アイルランド	大陸ヨーロッパ				ソ連を除くヨーロッパ
			ドイツ	工業国（ドイツを除く8カ国）	その他諸国	合計	
	(1)	(2)	(3)	(4)	(5)	(6)	(7)
表41で取り上げた各種品目（タバコ，油糧種子，油かす，鯨油，肥料など）	−157	−7	−116	−241	−25	−382	−546
牛革（No.38, 39）	−15	1	−26	−14	−20	−60	−74
繊維6種（No.40−46）	−318	2	−215	−366	−105	−686	−1,002
生ゴム（No.48）	−35	—	−17	−32	−7	−56	−91
木材（No.49, 50）	−168	−5	−83	−26	79	−30	−203
パルプ（No.51, 52）	−45	—	4	37	47	88	43
石炭とコークス（No.53, 54）	167	−12	109	−264	−45	−200	−45
石油，原油，ガソリン，ガスと燃料用油（No.55−57）	−126	−4	−48	−158	23	−183	−313
鉱石（4種，No.58−60, 66）	−52	—	−59	7	6	−46	−98
銑鉄（No.61−63）	−7	—	1	33	−15	19	12
銅，鉛，錫，亜鉛（No.64, 65, 67, 68）	−54	—	−53	−61	3	−111	−165
硫黄	−2	—	−1	3	−3	−1	−3
付表Ⅳ（本訳書では割愛：訳注）には記されていない品目	−90	−8	−214	−108	35	−287	−385
合計	−902	−33	−718	−1,190	−27	−1,935	−2,870

表55　動物性産品と植物性産品の純輸入と純輸出　1935年

品目	純輸入(－)　純輸出(＋)				以下の国・地域からの純輸入(－) 以下の国・地域に対する純輸出(＋)			
	全ヨーロッパ		ヨーロッパ工業諸国(10ヵ国)	その他ヨーロッパ諸国	イギリス自治領とインド	ヨーロッパ列強の支配領域	ヨーロッパ域外諸国	未分類のヨーロッパ域内貿易
	100万ドル	1千メートル・トン						
	(1)	(2)	(3)	(4)	(5)	(6)	(7)	(8)
38-39. 牛の皮(未加工)	-74	-270	-215	-55	-49	-34	-186	-1
40. 羊毛	-318	-750	-720	-30	-637	-8	-177	72
42. 絹	-22	-8	-5	-3	—	—	-5	-3
43. 亜麻	-21	-65	-103	38	—	—	-71	6
44. 麻	-37	-185	-193	8	-21	-96	-65	-3
45. ジュート	-53	-633	-535	-98	-636	-7	-3	13
46. 綿	-551	-1,761	-1,496	-265	-260	-100	-1,473	72
47. 合成繊維	8	12	29	-17	5	1	14	-8
48. 天然ゴム	-91	-319	-294	-25	-17	-336	18	16
49. 木材	-203	-10,813	-23,100	12,287	-1,473	-132	-11,201	1,993
51. パルプ	43	1,542	-58	1,600	50	-1	1,539	-46

たため，1920年代から1930年代初期にかけて急速に減少した。もっともダメージを受けたのは，利益の薄い低級な綿織物の輸出である[8)]。ヨーロッパが輸出する綿織物の品質がより上級なものとなったため，輸出額に占める原綿の割合は減少した。1927～31年，及び1933～37年において，ヨーロッパの羊毛生産量は消費量の約4分の1を占めた。ヨーロッパの生糸生産（主にイタリアによる）は，レーヨン産業との競争により停滞を余儀なくされた。レーヨンの生産量は，1927～37年の10年間において2倍以上も増大した。生産量ほどではないが，生糸の輸入量も減少した。また，ヨーロッパの生糸消費量に占める輸入生糸の割合は，1927～31年の42%から1933～37年の48%へと増大した。ヨーロッパの亜麻消費量の割合が変動しているのは，非ヨーロッパ諸国で唯一重要な亜麻生産国であるソ連が理由である。通常の硬さの麻（ordinary hemp）は，イタリアと東ヨーロッパで生産されているが，ヨーロッパは消費する以上に生産している状況である。ソ連でも麻は大量に生産されているが，ほとんどは国内で消費される。したがって，ヨーロッパは域外地域に対する麻の主要な供給者となっている。一方，ヨーロッパはおびただしい量の硬質の麻（hard hemp，特にマニラ麻）を輸入している[9)]。

ヨーロッパがもっとも輸入している品目である綿花の重要性は，以下の事実によってさらに増すことになろう。すなわち，ヨーロッパが自らの支配領域から輸入している綿花の量が総輸入量に占める割合は，わずかに5分の1であるという事実である（表55）。インドはアメリカに次いで世界で2番目に綿花を生産している国であるが，それは短繊維綿であり，インドの国内消費やアジア市場向けのものである。ヨーロッパは綿花の大部分を，アメリカ，エジプト，そして特にブラジルなどのラテン・アメリカ諸国から輸入している。なお，ブラジルは1930年代に急速に綿花の生産量を増やし，アメリカの地位を脅かすに至っている。

羊毛の状況はかなり異なっている。ヨーロッパの羊毛の純輸入の約6分の5は，イギリス自治領諸国（オーストラリア，ニュージーランド，南アフリカ）から輸入されている。残りは，主にラテン・アメリカ諸国（アルゼンチンとウルグアイ）からの輸入である。

ヨーロッパは生糸を極東（日本と中国）から，ジュートはもっぱらインドから輸入している。

工業化途上にある諸国においては，最初に繊維産業の育成が目指される。したがって，ヨーロッパの非工業諸国も各種繊維を大量に輸入している。ヨーロッパの綿花輸入の5分の1以上は，これら非工業諸国の輸入によって占められている（表55を参照されたい）。ただし，羊毛輸入に占める割合は大変低い（4％）。これは，非工業諸国の羊毛産業は，国内産の羊毛をより多く用いていることが理由である。最近では，ヨーロッパではわずか4ヵ国（アルバニア，アイスランド，アイルランド，トルコ）のみが羊毛の純輸出国であった。亜麻に関しては，ヨーロッパの農業地域から工業地域に対する輸出が行われてはいるが，主な亜麻貿易は工業諸国間で行われている。フランスとオランダで生産された亜麻の大部分は，ベルギーに輸出され同国でさらなる加工が施されている。

年間の変動はあるものの，ヨーロッパの代表的な繊維（綿花と羊毛）の輸入の状況は，第一次世界大戦に先立つ15年間において大きな変化はみられなかった。綿花の輸入にはほとんど変化はない。この事実は，ヨーロッパの綿製

図 15　原綿の純輸入

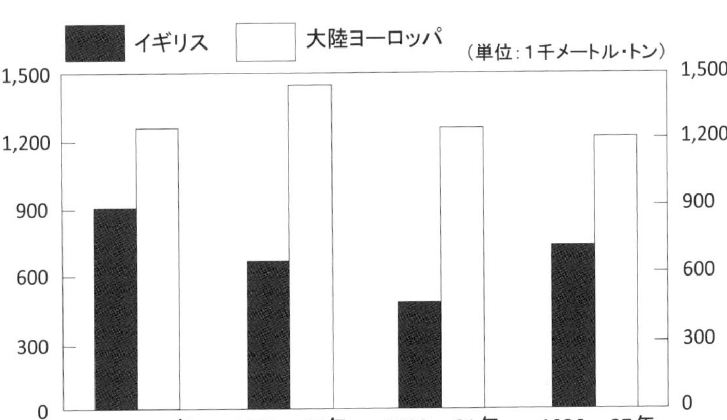

品輸出が著しく減少したという事実と考え合わせると，ヨーロッパ諸国の国内消費が増大したことを示唆している。羊毛の輸入量はわずかに数％減少したが，これはより洗浄された羊毛が輸入されるようになったことが理由である（羊毛は洗浄されると重量は半分近く減少する）。

しかし，国別にみると大きな変化が生じたことがわかる。イギリスの綿花の純輸入量が大陸ヨーロッパのそれに占める割合は，1909 ～ 13 年の 71％から 1926 ～ 27 年には 48％へ，そして 1930 ～ 31 年には 40％へと減少した。その理由は，国内・国外両方の市場における激しい競争である。しかしながら，イギリスの割合は 1936 ～ 37 年には 58％へと著しい増大を示した。これは，1931 年の関税によって国内市場が保護されたこと，また，ポンドの減価によって輸出が促進されたことが理由である（図 15 を参照されたい）。図 16 は 1927 年以降の動向を示しているが，これによると，イギリスの輸入量の増大は大陸ヨーロッパの農業国や小規模な工業国を犠牲にしたものではないことを示している。というのも，大不況期以降，これらの諸国の輸入量は著しく増大しているからである。イギリスの綿花輸入量の増大分は，ドイツ，フランス，イタリアの原綿輸入の減少によって相殺されたのである。フランスの繊維産業

図 16　原綿の純輸入　年平均

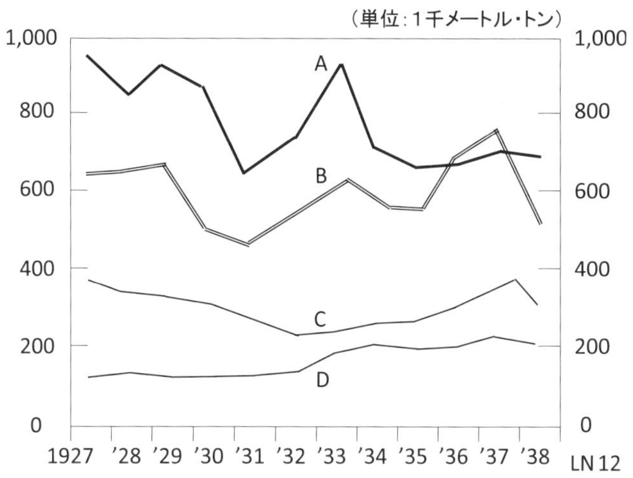

A：ドイツ，フランス，イタリア
B：イギリス
C：ヨーロッパ工業諸国（オーストリア，ベルギー・ルクセンブルク，チェコ・スロヴァキア，オランダ，スウェーデン，スイス）
D：その他ヨーロッパ諸国（スペインを除く農業諸国，スペインが除かれているのは，1936年以降のデータが入手不能なため。）

は，1931 年と 1932 年にその主要な輸出市場で導入された貿易制限によって特に苦しめられた。フランスの繊維製品の輸出量の減少は，植民地に対するわずかばかりの輸出拡大によって補われた。数年後，ドイツとイタリアも綿花輸入を減少させた。両国は一部政治的な理由により生産と貿易を再編成し短繊維の利用を拡大した。短繊維の生産量は，1933 年の 9 千トンから 1937 年の 16 万 6 千トンにまで増大した。羊毛の輸入に関して，同様の，しかしより顕著な変化が 1930 年代に生じた（図 17 を参照されたい）。イギリスによる特に洗浄済の羊毛の輸入が増大する一方で，ドイツとフランスのそれは減少した。1920 年代の末葉において，フランス，ドイツ，及びイタリアの輸入量の合計は，羊毛の場合はイギリスの輸入量の 2 倍以上，綿花の場合は 50% 以上となった。10 年後には，フランス，ドイツ，及びイタリアの両産品の輸入量は，イギリスの

図 17　羊毛（未洗浄）の純輸入　1927 ～ 38 年　年平均

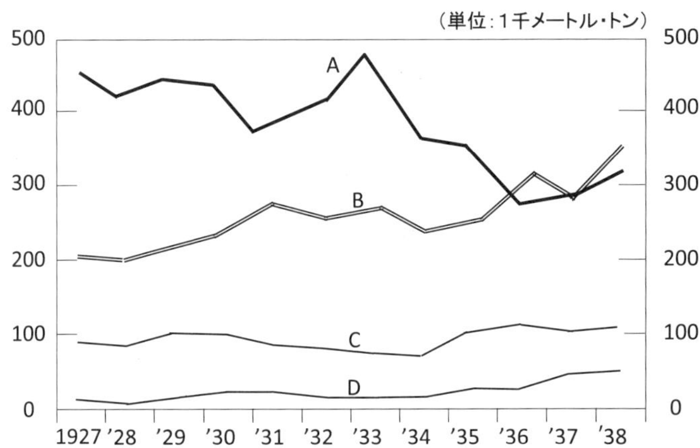

A：ドイツ，フランス，イタリア
B：イギリス
C：ヨーロッパ工業諸国（オーストリア，ベルギー・ルクセンブルク，チェコ・スロヴァキア，オランダ，スウェーデン，スイス）
D：その他ヨーロッパ諸国（スペインを除く農業諸国，スペインが除かれているのは，1936年以降のデータが入手不能なため。）

注：洗浄されたものは50%重量が減少すると仮定して計算している。フランス，及びその他ヨーロッパのいくつかの国については，羊毛の全貿易量に関するデータしか入手できなかったが，未洗浄の羊毛の輸入として扱った。

それとほぼ同じになった。

自動車の利用が増えることで，ヨーロッパは域外からのゴム供給に依存するようになった。域外とは主にアジアのことであり，イギリス領マラヤとオランダ領東インドは全世界のゴム供給の 10 分の 9 を生産していた。1931 年，1932 年の大不況期において，ゴムの輸入量は一時的に減少したが，1936 ～ 38 年の年平均輸入量は，1927 ～ 29 年の平均輸入量よりも 75％多かった。しかし，いくつかの国による 1930 年代末葉の輸入は，大部分が備蓄のためであった。たとえば，ドイツは 1936 ～ 38 年の間にどのヨーロッパの国よりも多くのゴムを輸入したが（ヨーロッパの全輸入量の 27％を占めた），自動車の保有台数はイギリス，あるいはフランスよりも少なかった。しかも，ドイツはゴムに関税を課し，その収入を元手に合成ゴムの開発を行うようになった。1936 ～ 38 年の 3

年間において，イギリスはヨーロッパのゴム輸入量の23%，フランスは20%，イタリアは7%，その他諸国は23%を占めていた。合計すると，ヨーロッパはアメリカから輸入したゴムの3分の2を国内消費のために使用した。

第二次世界大戦前の時期において，国際的な木材の貿易額は，その他の植物性の原料・半加工品よりも大きかった（綿花を除く）。1937年において，ヨーロッパの木材の輸入は全世界のそれの78%も占めていた。また，ヨーロッパとソ連を合わせると，ほぼ自給自足的な状態となる[10)]。熱帯広葉樹，及びその他の硬材の貿易額は小さく，1937年のヨーロッパの木材輸入額の92%は軟材であった。同じ年，ヨーロッパの木材輸入のうち73.5%は挽かれた状態の木材（sawn goods），8%はパルプ用材，4.5%は木杭，7.5%は丸太，6.5%はその他の木材であった。1930年代において，ヨーロッパの木材需要の約4分の1はソ連によって供給されていた。その他の供給国はスカンディナヴィア諸国，バルト諸国，ポーランド，チェコ・スロヴァキア，ルーマニア，そしてユーゴスラヴィアであった。木材貿易の流れは北東から南西へと向かっている。イギリスは木材の主な輸入国であり，その他の重要ないくつかの一次産品と同じような購入の傾向を示していた[11)]。この点は大陸ヨーロッパ諸国とは若干異なっている。1928年においては，イギリスの挽材（sawn timber，機械で使用に便利な状態に加工された木材，訳注）の輸入量は，その他のヨーロッパ諸国全体のそれの半分以下であった。しかし，1930年代にはイギリスの輸入量は増大し，減少しつつあったその他のヨーロッパ諸国全体の輸入量を上回るようになった（図18を参照されたい）。フランスとイタリアが最大の減少を示したが，ドイツ，ベルギー，オランダの輸入量も1920年代のレベルを大幅に下回るようになった。1930年代半ば以降，ドイツの製材用木材の国内需要は著しく増大したが，輸入の減少分は国内の木材で埋め合わされた。

紙の消費量の増大，そして，レーヨンや短繊維産業における新たな需要の発生により，パルプの国際貿易の重要性は大いに増すこととなった。1929年から1937年の間において，全世界におけるパルプの取引量は50%近く増え，全世界の輸出額に占めるパルプ輸出額の割合は0.7%から1.1%へと上昇した。1930年

図 18　挽材の輸入　1929 ～ 37 年

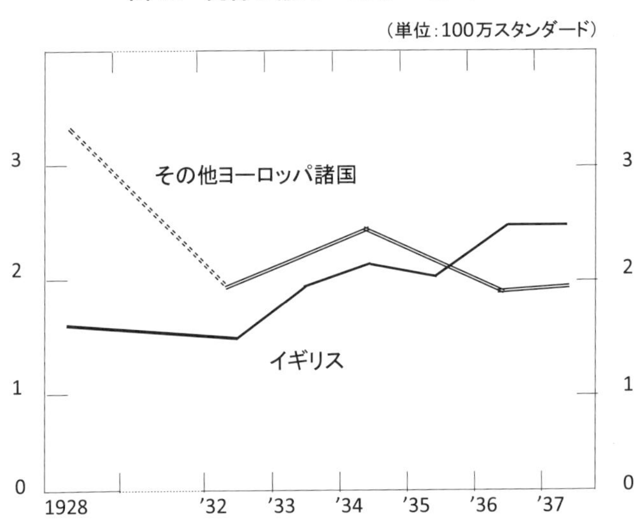

訳注：スタンダード（standard）とは，イギリスの木材体積単位。165立方フィート。

代を通して，ヨーロッパは世界で取引されるパルプの６分の５を供給し，特にアメリカに対して輸出超過を有していた。アメリカは一国で全世界の輸出量の３分の１近くを吸収しており，これはイギリスの輸入量と大体同じであった。フランス，ベルギー，そしてオランダもパルプの純輸入国であった。パルプの主要輸入国のすべてが 1930 年代に輸入量を増やした。ドイツ，オーストリア，及びチェコ・スロヴァキアは純輸出国であったが，森林資源に恵まれたヨーロッパ北部の国であるスウェーデン，フィンランド，ノルウェーと比べると，その輸出量は少なかった。これらヨーロッパ北部に位置する３ヵ国の合計輸出量は，ヨーロッパの全輸出量の 10 分の９を占めていたのである。

表 56 は，1935 年における各種鉱物の純輸出を示したものである。これらの鉱物のいくつかは，ヨーロッパ域内で大量に取引されている。また，いくつかの鉱物の貿易については，輸入額に輸送費が含まれているため，輸出量に関してはヨーロッパが域外地域に対して超過の状態であるにも関わらず，貿易収支では赤字となっている場合もある。

表56　鉱物の純輸入と純輸出　1935年

品目	純輸入（－）　純輸出（＋）				以下の国・地域からの純輸入（－） 以下の国・地域に対する純輸出（＋）			
	全ヨーロッパ		ヨーロッパ工業諸国（10ヵ国）	その他ヨーロッパ諸国	イギリス自治領とインド	ヨーロッパ列強の支配領域	ヨーロッパ域外諸国	未分類のヨーロッパ域内貿易
	100万ドル	1千メートル・トン						
53. 石炭	−38	15,581	19,669	−4,088	1,915	2,707	6,973	3,986
54. コークス	−7	846	3,175	−2,329	19	28	434	365
55. 原油	−103	−9,191	−9,165	−26	−21	−486	−8,308	−376
56. ガソリン	−152	−6,418	−7,235	817	—	−2,434	−3,951	−33
57. ガス，燃料用油	−58	−4,575	−6,468	1,893	−1	−1,952	−3,190	568
58. ボーキサイト	−2	54	−312	366	—	−6	26	34
59. 鉄鉱石	−32	−2,513	−5,106	2,593	12	−2,975	−11	461
60. マンガン鉱	−16	−1,537	−1,408	−129	−502	−425	−536	−74
61. 銑鉄	−0.2	44	222	−178	−61	10	38	57
62. 鉄・鉄鋼（各種）	29	833	1,018	−185	−13	108	300	438
63. 鉄・鋼くず	−17	−930	−435	−495	−7	−44	−743	−136
64. 銅	−121	−810	−815	5	−161	−271	−364	−14
65. 鉛（未精錬）	−32	−471	−497	26	−319	−25	−103	−24
66. 錫鉱石	−48	−73	−75	2	−1	−31	−43	2
67. 錫（未精錬）	−1	1	7	−6	−1	−26	26	2
68. 亜鉛（未精錬）	−11	−125	−207	82	−108	−23	8	−2
75. 硫黄	−3	−151	−51	−100	64	21	−183	−53

1935年におけるヨーロッパの石炭輸出のうち，8千6百万メートル・トン，総輸出量の85%は域内に対するものである[12]。その他のいくつかの鉱物のように，石炭は主に工業諸国によって生産・輸出されている。同年，工業諸国による輸出はヨーロッパの石炭輸出の89%を占めており，貿易の大半は工業諸国間におけるものではあるが，ヨーロッパの工業地域は純輸出，農業地域は純輸入という状態にあった。大陸ヨーロッパは，通常，イギリスからの石炭供給にある程度依存していた。1935年において，大陸ヨーロッパの石炭の純輸入量は2千1百40万トンであり，これは消費量の7%に相当する量であった。19世紀において，石炭鉱床の存在は工業地帯の出現を決定する重要な要因の一つであった。しかし，石炭鉱床の重要性は，交通・輸送手段，及び電力（特に水力発電による）の発展によって低下したと思われる。電力の使用は，より若い国における工業化を促進することになった。1930年代において，ヨーロッパの電力生産の約5分の3は火力発電，5分の2は水力発電によるものであった。1920年代から30年代にかけて，ヨーロッパの電力生産量は3倍に増えた。しかし，火力発電の方が水力発電よりも電力生産量の上昇率が高かった。それは，火力発電における技術の進歩が著しかったからである[13]。

1929～37年の間において，ヨーロッパの石炭生産量は4%減少したが，イギリスを含むヨーロッパの石炭輸出諸国の総輸出量は12%も減少した。この2つの数値の相違は，水力発電が進歩を遂げた諸国の輸入量が減少したことによっては説明できない。たとえば，フィンランド，フランス，スウェーデン，及びスイスは，水力発電が発展をみた国であったが，石炭の輸入量は維持されたか，あるいは増大した。むしろ，1930年代にみられた自給自足を求める風潮が理由であったと思われる。実は，石炭の純輸出国であったドイツ，ベルギー，及びオランダの石炭輸入が大きく減少したが，これは石炭市場におけるイギリスの競争力が著しく低下している時に生じたのである。イギリスの輸出量は1929年の6千1百万トンから，1937年の4千1百万トンへと大きく減少した。このイギリスの輸出量の減少こそが，1927～37年におけるヨーロッパの石炭輸出減少の理由である。

付表Ⅳ（本訳書では割愛：訳注）と表56で示した鉱油に関する貿易統計は，原油，ガソリン，ガス，燃料用油のみに関するものである。ヨーロッパ全体のこれら鉱油の純輸入量は，1935年においては2千万トンを超えていた。灯油，及び潤滑油のようなその他の鉱油の純輸入量は2～3百万トンであった。ヨーロッパの原油，及び頁岩油の生産量は1千万トンに届かず，これは全世界の生産量の4.5%にあたる。しかも，1930年代において，ルーマニアの生産量の減少に伴い，ヨーロッパの原油，及び頁岩油の生産量はさらに減少した。一方で，アルバニア，オーストリア，ドイツ，及びハンガリーの生産量は増大した。ヨーロッパの鉱油生産量が増大した1936年まで，ヨーロッパの域外地域からの輸入への依存傾向は強くなった。それは，ヨーロッパの鉱油消費が着実，かつ急速に増えたことが理由である。ヨーロッパの鉱油輸入の事実上すべては工業地域によるものであるが，1927～38年において，表56で示される3種類の鉱油の輸入量はほぼ3倍に増えた。図19をみると，原油とガソリンの輸入の割合の大きな変化がみてとれる。1920年代末葉においては，原油に取って代わりガソリンの輸入が増大する傾向にあったが，その後，この傾向は逆転した。精油輸入にかかる外貨を節約し，精油産業から生み出されるさまざまな石油関連製品を得ることを目的に，国内で原油を精製する国が出てきたのである。特にフランスがそうであり，新たにイラクが原油を輸出し始めた1930年代半ばに大量の原油を輸入した。同時に，フランスはガソリン，燃料用油，灯油，及び潤滑油の輸入を大幅に減少させた。一方で，石油関連製品の一部が輸出された。1931年以降，イギリスは原油の輸入を増大させたが，その他のヨーロッパ諸国とは異なり，ガソリンほど急速には輸入を増大させなかった。ドイツの鉱油輸入の量は少なかった。この理由は，第一に国内原油の生産量を増やしたこと（1929年の10万1千トンから1939年の64万7千トンへ），及び，石炭やベンゾール，及びアルコールから合成した石油を内燃機関用の燃料として使用していたからである。

鉄や鉄鉱石については，ヨーロッパは域外供給に大きくは依存していない。確かに，1935年において，ヨーロッパの鉄鉱石輸入量は輸出量を2百50万

図19　原油とガソリンの輸入量

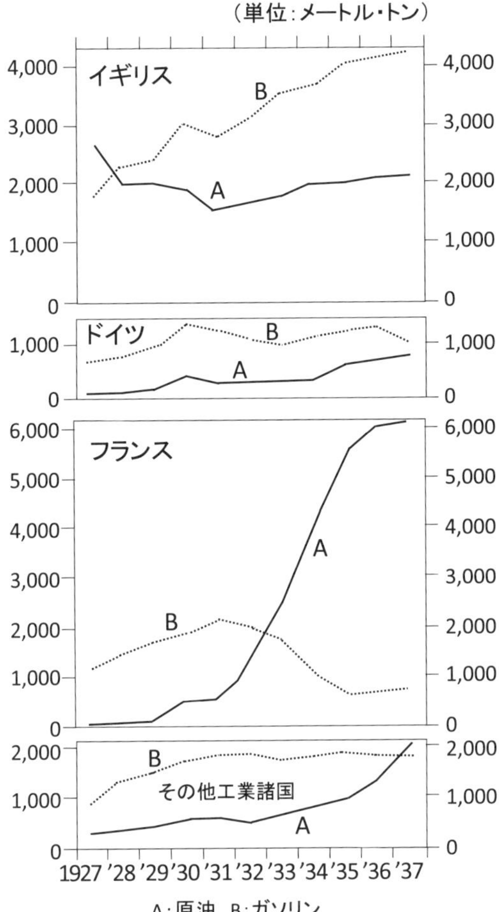

注：「その他工業諸国」とは，オーストリア，ベルギー・ルクセンブルク，チェコ・スロヴァキア，イタリア，オランダ，スウェーデン，スイスのことである。

メートル・トン超過していた。しかし，これはヨーロッパの北アフリカの支配地域から輸入されたものであるし，そもそも消費量の12分の１にしか相当しない量である。鉄くずの輸入量は100万トン以下である。一方，銑鉄や粗鋼については，生産量に比して非常に少量ではあるが，ヨーロッパは純輸出の状態であった。ヨーロッパの半加工状態の鉄と鉄鋼の輸出は，重量，及び価格双方においてより規模が大きかった。これらの製品は，棒状の鉄・鉄鋼，大梁，鉄板・鋼板，金網など，表56には出てこないものである。1935年において，大陸ヨーロッパは，鉄鉱石２百10万トン（生産量の６～７％），粗鋼１百10万トン（生産量の３％）の純輸出があったが，屑鉄70万トン，銑鉄１万トン（生産量の0.1％にも満たない）の純輸入があった。上記すべての産品・商品におけるヨーロッパの域内貿易は大規模であり，この貿易に参加する全ての国にとって重要な意味を有していた。通常，鉄の生産は，経済的に効率が良いので，炭鉱の付近で行われるものである。それゆえ，ヨーロッパの主な石炭生産国は原鉄（raw iron）の大生産国でもあったし，鉄鉱石は石炭を豊富に産する国へと輸出されたのである。実際，ドイツ，ベルギー，及び，程度は低いがイギリスにおいて，鉄の生産はフランス，スカンディナヴィア諸国，スペイン，及び北アメリカからの鉄鉱石輸入に依存していた。一方，フランスの製鉄業は，通常，自国で生産した鉄鉱石のほんの一部しか使用しなかった。著しい程度，そしてますますその程度は高まっているのだが，ヨーロッパの鉄と鉄鋼の生産は屑鉄供給に依存するようになっている。また，鉄鉱石と石炭に恵まれていないヨーロッパの数ヵ国は，国内で生産された，あるいは輸入された屑鉄を用いて鉄と鉄鋼を生産し始めた。しかし，これら諸国の生産量は微々たるものであり，ヨーロッパの鉄と鉄鋼の生産地が変化する兆候はほとんどみられない。一方で，ヨーロッパ域外の国，特にソ連での鉄と鉄鋼の生産量は増大した。また，インド，オーストラリア，日本，及び満州における生産量も増大した。1929～37年において，ヨーロッパの鉄鉱石と銑鉄の生産量は，各々，13％，４％減少した。しかし，その他の地域においては，鉄鉱石と銑鉄の生産量は，各々，28％，13％増大した。粗鋼の生産量は，同じ時期に，ヨーロッパでは

表 57　鉄鋼：生産量に対する輸出の割合

（単位：%）

	1913年	1929年	1935年	1937年	1939年
イギリス	64.8	45.3	24.1	19.8	12.9
ドイツ	35.7	35.7	19.3	18.8	7.4
フランス	12.5	43.9	41.3	29.2	16.7

注：*The Mineral Industry, its Statistics, Technology and Trade during 1939*, edited by G.A. Roush, A.B., M.S. McGraw-Hill Book Co., New York and London, 1940を参照。

４%，その他地域では18%増大した。かつては鉄を輸入していた諸国が生産量を増大させたので，また，アメリカも鉄の輸出国として台頭したため，ヨーロッパの鉄と鉄鋼の純輸出量は減少していった。表57は，1929年以降，ヨーロッパ主要３国における鉄鋼生産量に占める輸出量の割合が急速に低下していることを示している。

アルミニウムの消費が急激に増大していることを考えると，ヨーロッパのボーキサイトの貿易は検討に値する。1935年において，ヨーロッパのボーキサイトの純輸出量は，生産量の５%にも満たなかった。その後４～５年の間に，ボーキサイトの生産量は倍増したが，ヨーロッパのアルミニウムの生産量には追いつくことができず，ヨーロッパのいくつかの国は域外からの輸入にますます依存するようになった。アルミニウム生産は水力発電が十分に利用可能な場所で行われる傾向にある。したがって，ノルウェー，スイス，及びカナダはアルミニウムを大量に生産・輸出している。もっとも，アルミニウムを生産するには，ボーキサイトやその他の鉱物を輸入する必要があった。通常，ドイツは消費するより多くのアルミニウムを生産しているが，これまで多量のボーキサイトを輸入してきたし，その輸入量はますます増大している。1930年代において，フランスはボーキサイトとアルミニウムの両方を輸出していた。一方，イギリスはボーキサイトの生産量が不足しており，アルミニウムの生産も国内消費量のわずかしかカバーできないので，ボーキサイトとアルミニウムの両方を輸入していた。

その他の鉱石や金属については，ヨーロッパは域外からの供給に大きく依存していた。マンガン鉱は軍需物資の生産において特に重要なものであるが，大部分，ソ連，インド，南アフリカ，及びゴールド・コーストからの輸入に依存していた。たとえば，イギリス，フランス，ベルギー，及びオランダのようなヨーロッパの工業諸国は，マンガン鉱をまったく生産していなかった。1935年におけるヨーロッパの銅の純輸入量は，消費量の5分の4を占めていた。鉛の場合は消費量の半分を少し上回る程度，亜鉛の場合は約6分の1に相当する量が輸入された。しかも，ヨーロッパにおけるこれら3種の鉱物の一部は，輸入された鉱石を用いて生産されていた。1935年において，大陸ヨーロッパにおける銅，鉛，亜鉛の製造において，輸入鉱石が使用された割合は，銅と鉛の場合は3分の1近く，亜鉛の場合は4分の1を上回る程度であった。1930年代における銅の大幅な増産は，銅鉱石の輸入によって可能となったのである。

錫に関しては，ヨーロッパは少量ではあるが域外に輸出超過を有していた。しかし，主にイギリスとオランダで製造されていた錫は，域外からの錫鉱石の輸入にほぼ完全に依存していた。ヨーロッパの錫生産に占める域内錫鉱石の含有量はわずかに6％である。また，大陸ヨーロッパに限定すれば，それはさらに低い数値となる。

1930年代の卑金属貿易にみられる傾向は，その他の一次産品と同様である。1929～37年の間において，イギリスの銅の純輸入量は倍増したが，ドイツのそれは変化しなかった。フランスの銅輸入量は，同国の工業活動の低下と歩調を合わせ減少した。鉛の場合，イギリスの輸入量は4分の1程度増大したが，ドイツは3分の1，フランスは5分の1近く減少した。イギリスの亜鉛輸入量は4分の1以上増大したが，ドイツのそれは同じ程度減少した。しかし，ドイツの金属の輸入量の減少は，一部ではあるが，鉱石の輸入増大によって埋め合わされた。同時期において，ドイツの亜鉛鉱石の輸入量は半分以上増大し，同国は亜鉛鉱石の純輸出国から純輸入国になった。ドイツの亜鉛生産量は，1929年の10万2千トンから1937年の16万3千トンへと増大し，1939年には当時ヨーロッパ最大の亜鉛生産国であったベルギーの生産量を上回るようになった。

表 58　大陸ヨーロッパ：銅，鉛，亜鉛の製造量

（単位：1千メートル・トン）

	銅			鉛			亜鉛		
	1929年	1935年	1938年	1929年	1935年	1938年	1929年	1935年	1938年
（i）未加工金属の製造量	127	211	245	424	375	445	637	549	693
（ii）自国で産出した鉱石を用いた未加工金属の製造量	150	144	157	280	255	295	452	406	528
（iii）（ii）－（i）	23	−67	−88	−144	−120	−160	−185	−143	−165
（Ⅳ）輸入鉱石を利用して製造された未加工金属が占める割合	－	32%	36%	34%	32%	34%	29%	26%	24%

1930年代における目立った変化は，ベルギーとオランダが輸出のための金属生産国としての重要性を増したことである。なお，この変化は通商政策の再編が一因となっている。1929～37年の間に，ベルギーは輸入した銅鉱石を用い粗銅の生産量を10倍に増やした。この結果，ベルギーはヨーロッパ最大の粗銅生産国となった。また，ベルギーはコンゴからの粗銅輸入量を増やし，それを精錬した上で輸出するようになった。ベルギーは鉛と錫の純輸入国から純輸出国となり，亜鉛の純輸出量を倍増させた。オランダは錫の生産量を700トンから2万7千トンに増やした。一方，イギリスは錫の生産量を5万6千トンから3万4千トンへと減らした。イギリスの錫の輸出量は2万8千トンから7千トンへと落ち込み，一方で，オランダは7百トンの純輸入国から2万5千トンの純輸出国となった。

【注】

1）45～53頁を参照されたい。

2）タバコは食糧ではないが，この表に含めている。一方，植物油，油糧種子，油粕，鯨油は，統計上，原料，あるいは一部加工された原料として扱われている（表50を参照さ

れたい)。

3）つまり，イギリスとアイルランドを除いたヨーロッパのことである。

4）チャネル諸島の貿易は付表Ⅳ（本訳書では割愛：訳者）と表43では省略されている。1935年において，チャネル諸島のジャガイモの輸出は8万6千トンにもなる。

5）*Review of World Trade, 1938,* p.49を参照されたい。

6）*World Production and Prices, 1938/39*（Ser.L.o.P.N.1939, Ⅱ.A.17.）を参照されたい。

7）表41を参照されたい。

8）*Review of World Trade, 1937,* p.65を参照されたい。1929～37年において，イギリスの木綿反物の輸出量は，未漂白のものは69%，漂白されたものは56%，染色されたものは31%，柄入りのものは14%，着色綿花（coloured cotton）は11%減少した。

9）表55においては，付表Ⅳ（本訳書では割愛：訳者）と同様に，硬質の麻も「麻」として一括りにされている。

10）羊毛に関するデータは，図18もそうであるが，Comité International du Boisによって刊行された*Year-Book of World Timber Trade*に依拠している。

11）たとえば，小麦（94～95頁），タバコ（図14），綿花（図16），羊毛（図17）においてそうである。

12）この数値には，自国船，あるいは外国船に販売された燃料用の石炭は含まれていない。1935年におけるイギリスの燃料用石炭の販売量は1千2百70万トンであった。

13）アメリカに関する以下の数値は，この技術改良のインパクトをよく表している。1キロワット時の電力生産に必要な石炭（あるいは石炭以外の同様の燃料）の量は，1920年には3.39ポンド，1923年には2.4ポンド，1929年には1.09ポンド，1937年には1.43ポンド，1938年には1.41ポンドであった（*Statistical Abstract of the United States,* 1939, p.378)。

第8章　1930年代の貿易動向

1930年代において，ヨーロッパの貿易は劇的に変化した。この変化の起源は1929年の世界恐慌に求めることができる。市場の崩壊，価格の全般的低下，及び失業者の増大に直面し，各国政府は経済活動の再建に迫られたが，その過程で経済への統制が強化された。通常，各国の経済政策の効果・影響が及ぶ範囲はその国境内に限られる。したがって，各国政府は対外経済関係の再建ではなく，安易に実行可能な政策を用い国民経済の新たな均衡の創出を目指したのである。したがって，国際的性質の不況であったにも関わらず，国家間の協調が図られることはなかった。とりあえず，利用されていない資源，とりわけ労働力の一部を利用することで自給体制の構築が目指された。そして，対外経済の影響から国民経済を遮断することにより，各生産部門間のより望ましい，あるいはより安全と思われるバランスを創り出したのである。ヨーロッパの工業地域においては農産物，特に穀物が増産され，農業地域においては工業化が急がれた。

しかし，1930年代における各国の通商政策を，盲目的な自給自足化の動きとして総括することはできない。農業国と工業国はまったく異なる状況の下で生産と貿易を統制していったのである。価格の落ち込みは，工業製品より一次産品の方がはるかに深刻であった。物価に関して言えば，製造業の方が農業や採取産業よりもましな状況にあった。農業，及び鉱業諸国の工業化は，関税政策や政府の介入のみで実現されたわけではない。価格動向に鑑み，これら諸国が工業化を選好したという側面も強い。しかし，主要な債権国が資本輸出を減少させると同時に，債務国の輸出が困難に陥ったため，工業化は妨げられてしまった。

工業国における農業生産は，輸入と価格の統制に大きく依存していた[1)]。しかし，保護貿易政策を実施したにも関わらず，工業国のさまざまな農産物の輸入は増大した。ヨーロッパのバター，米，バナナ，柑橘類，果物，砂糖，及びココアの純輸入の増大，一方でのオリーブ油の純輸出の減少は，この傾向をよく示している（96-100 頁）。多くの国において，高価格で手厚く保護された国産の食糧から，低価格で栄養価が高い輸入食糧へと需要が変化した。しかし，全体としてみれば，たとえば穀物のような基本的食糧の貿易は大きく減少した。つまり，穀物のみで糊口をしのぐ貧しい人々は苦しみ，多種多様な食糧を購入できる富裕な人々は有利な状況におかれた。

国際的に取引される各種産品の価格低下は，一次産品生産諸国の経済的混乱によって引き起こされた。また，一次産品生産諸国の経済的混乱は，主要な債権国からの資金の流れが停止，あるいは逆流したときに生じた。輸入，あるいは利子・配当支払いを決済するために使用する外貨の獲得は，債務国のもっぱらの関心事となった。一方，債権国の工業は外国産品の流入により脅威にさらされた。この状況は２つの傾向を生み出した。すなわち，ヨーロッパ列強諸国と，それらの支配領域との間の経済的関係の強化，及び，貿易の二国間主義化である。

確かに，国際貿易において価格は依然として重要な役割を果たしていたが，上記の傾向は主に各国の意図的な政策によって生み出されたと言えよう。資本引揚げの衝撃と金融的パニックが収束したときには，生産と貿易の新たな傾向を反映した既得権益がすでに形成されていた。そして，この既得権益を有する集団・個人は，保護貿易政策によって生み出された状況を恒久化しようと奔走したのである。どの国も大不況前の通商関係への回帰を目指すことなく，純粋に政治的な考慮に基づいて貿易を行うようになってしまった。

イギリスの海外貿易，特に輸入貿易の規模は巨大である。それゆえ，イギリスは 1930 年代，特にその初頭において国際貿易の動向に大きな影響を与えた。イギリスはイギリス連邦諸国からの輸入を拡大したが，その結果，これら諸国との貿易収支は黒字から赤字へと転じた。これにより，イギリスは第三国を含む三角決済を通じてではなく，より直接的に海外投資収益を保全することができたのである（60頁）。

経済・金融政策が功を奏したことにより，イギリスの製造業は不況から回復し，消費量も増えた。状況の改善により，イギリスの輸入量は増え，ヨーロッパの各種産品（小麦，食肉，タバコ，羊毛，綿花，木材，銅，鉛，亜鉛等）の純輸入に占めるイギリスの割合は高くなっていった（94-96, 99-100, 111-113, 121-123頁）。イギリスの工業製品輸入も大不況前のレベルにまで徐々に回復していった。しかし，一次産品輸入の増大，及びその結果としての輸入先と投資収益回収に伴う資金の流れの変化は，上述の原因のみによって引き起こされたわけではない。それはまた，イギリスの資本収支の変化とも関係していた。1920年代をとおして，イギリスは一次産品生産諸国に対し巨額の資本を投じていた。しかし，1930年代になると，むしろ資本の流れは一次産品生産諸国からイギリスへと逆流し，輸入の増大を引き起こしていたのである。

一方，ヨーロッパ工業諸国の交易条件が改善され，海外からの輸入が促進された。大陸ヨーロッパ諸国も自国の支配領域との貿易を拡大した。フランスは1920年代から海外領土との貿易を拡大する傾向にあったが，その結果，1930年代には海外領土との貿易は輸入超過へと転じた。しかし，イギリス連邦諸国間の経済的結び付きが強化されたからといって，ヨーロッパ諸国のイギリスに対する一次産品の輸出が妨げられたわけではない。たしかに，いくつかのヨーロッパ諸国のイギリスに対する輸出超過額は減少した。しかし，イギリス市場に著しく依存しているスカンディナヴィア諸国とバルト諸国は，対英輸出の割合を拡大することができた（74頁）。この理由の一部は，イギリスが木材の輸入を拡大したことにある（114頁）。ポーランドと東南ヨーロッパを一つのグループとして括ると，同グループは巨額の対英輸入超過の状態から輸出超過へと転じた（78頁）。同時に，イギリスのいくつかの産業はヨーロッパ市場に依存していたが，これらは衰退を余儀なくされた。たとえば，石炭の輸出市場の一部がドイツに奪われ（116頁），オランダは錫の輸出国としてのイギリスの地位を奪い去った（123頁）。

市場メカニズムに基づく互恵通商政策の発展によって，国際貿易は徐々に調整されつつあった。しかし，ドイツが債務返済の一時停止を宣言した1934年以降，二国間清算と二国間貿易が急速に広まり，かかる傾向は押しとどめられてしまった。それ以降，各国の貿易の多くは厳格に二国間決済の原則の下で行わるようになった。以前，ドイツの輸出の大きな部分は債務を有する工業諸国に向けられていたが，今や一次産品と交換にヨーロッパやラテン・アメリカの農業諸国に輸出されるようになった。しかし，ドイツに最良のチャンスを与えてくれるのは，イギリスと北部ヨーロッパの市場であった。ヨーロッパの農業諸国やラテン・アメリカ諸国にとっては，ドイツは未加工品の輸出先として重要であった。ドイツの通商政策にとって，農業諸国の輸出不振は追い風となった。特に，ドイツと東南ヨーロッパ諸国との貿易は著しく拡大した（77-78頁）。

ヨーロッパの工業諸国もドイツの清算・支払協定のネットワークに引き込まれた。というのも，これらの諸国は，ドイツ，あるいはその通商圏に吸収された諸国に対し債権を有しており，それを保全する必要があったからである。しかし，ドイツの輸出先が一次産品生産諸国に転換したことは，ドイツとヨーロッパ工業諸国間の貿易が減少したことを示唆している。後者は，ドイツからもたらされる投資収益が減少しているにも関わらず，ドイツに対する輸入超過を維持するために，対独輸出を削減しなくてはならなかった。

ヨーロッパの小規模な工業諸国と英仏間の貿易は，後者の通商政策の変化によってすでに減少していたが，ヨーロッパの大きな工業国と小さな工業国間の貿易も全般的に減少した。後者は，国内市場が狭隘であったため，より大きな工業国ほど自給率を高めることができなかった。しかし，これらの諸国は，国際貿易が妨げられていた時期にあっても，一定の貿易レベルをなんとか維持することができた。これら諸国は，お互いの貿易依存度，及び工業における補完性を徐々に高めていった（71頁）。オーストリアとチェコ・スロヴァキアを例外として，これら諸国は原料の獲得において乗り越えがたい困難に直面してはいなかった。オーストリアとチェコ・スロヴァキアは，1920年代においてすでに困難な調整過程を経験しており，また，両国ともに対外債務を負っていた。両国は自由通貨での支払いを望む国に対する輸出ができず，困難な状況に陥っていた（70 頁）。

1930 年代において，ヨーロッパの農業国の貿易は振るわなかった。これら諸国の工業は成長途上にあったが，価格の低下によって，原料輸入に必要な外貨を十分に得ることが困難であった。いくつかの国はドイツの貿易システムの軌道に引き込まれたが，これにより外貨の獲得はますます困難になった。それゆえ，ヨーロッパの農業国の主な関心は，自由に使用可能な外貨をもたらしてくれる諸国（特にイギリス）との貿易の維持，そして可能であれば拡大に向けられることとなった。

バルト諸国は一定の成功を収めた。ポーランドと東南ヨーロッパ諸国は，バルト諸国ほど有利な状況にはなかったが，イギリスとの貿易収支を著しく改善することに成功した。また，ヨーロッパ域外に対する輸出の割合を高めたため，域外からの輸入を増やすことが可能となった。しかし，これら諸国はこれとは相反する傾向によって苦境に陥った。すなわち，これら諸国の大陸ヨーロッパ工業国との貿易は，二国間貿易の経路に追い込まれ，自国産品と交換に工業製品の購入を強制された。したがって，ヨーロッパの農業諸国は原料輸入に必要な資金を調達することができず，工業化に失敗したのである（78 頁）。人口圧力が強まっていたことを考えると，ヨーロッパ農業諸国の工業化は必要であったが，ドイツはこれら諸国の工業化には反対であった。

ヨーロッパの貿易は，商業上の考慮よりも，政治・戦略的思惑の影響を強く受けるようになっていった。イタリアとスペインの貿易は，すでにその弱さを露呈していたが，イタリア－エチオピア戦争とスペイン内戦は状況を急速に悪化させた。ドイツの新たな通商政策は，国内における高コストでの生産拡大と表裏一体の関係にあった。すなわち，ドイツの工業生産は輸入原料を国内原料や合成製品に代替して行われていたのである。これは，戦時中における外国への依存を減らすための努力であり，平時において金融・経済上の利益を得るための努力ではなかった。1937 年と 1938 年，及び 1939 年の大部分において，ヨーロッパの工業国は食糧と原料を輸入し備蓄を充実させた。一方，これら諸国の生産的力の大部分は軍需生産に割かれ輸出は妨げられた。ヨーロッパ産品のための域外市場は，第二次世界大戦勃発のだいぶ前に失われていたのである。

【注】

1）この点を証明するデータについては，*Review of World Trade, 1938,* pp.41-43を参照せよ。

第 II 部

世界貿易のネットワーク

まえがき

1941年春，国際連盟は『ヨーロッパの貿易』と題された著書を出版した。同書の目的は，世界貿易においてヨーロッパが果たした役割，ヨーロッパがその他世界の市場にどの程度依存し，その他世界がどの程度ヨーロッパ市場に依存しているのかを考察することにあった。さらには，ヨーロッパにとっての帝国貿易の重要性を考慮し，また諸大陸間の商業及び経済的な相互依存関係を描くことが目的であった。

本書でも同様の問題を扱っているが，ヨーロッパ以外の地域にも検討対象を拡大している。したがって，『ヨーロッパの貿易』を補完する内容となっている。17の地域と8つの政治的グループが考察される。加えて，アメリカ大陸とイギリス連邦を包摂するドル－スターリング－ペソ通貨圏（dollar-sterling-peso area）と大雑把に表現される地域に対しても1章が割かれている。その他のグループに関してこの分析を適用，あるいは修正しようと試みるならば，実質的に世界すべての輸出入の方向に関する統計が付表Ⅲ（本訳書では割愛：訳注）において提示されているので参照されたい。併せて，付表の注記には，統計の利用に際して陥りやすい誤りに関する注意が記されている。

しかし，本書のタイトルが示唆しているように，この著書は何よりも世界貿易の本質的な一体性を問題にしている。この一体性は各地域の貿易の複雑さに起因している。世界貿易は固有の型と機能を持つ血管系（vascular system）のようなものである。本研究の主な目的は，このシステムとその機能について記述することである。この機能は各国の外国産品に対する需要の特性のみならず，種々の国際収支項目間の多角的な決済関係によっても規定されているのである。しかし，残念ながら，後者に関してはほとんど理解されていない。このシステムの機能と重要性に対する無理解こそが，1930年代の通商政策とそれが引き起こした貿易の破壊，及び不況の深刻化の大きな理由であった。第二次世界大戦は必然的に世界貿易の型を変形させるであろう。そして，将来の通商政策が諸国間の良好な経済関係を確立することができるか否かは，貿易が不可避的に多角的性質を持ち，世界システムが複雑な有機体であることを，どの程度理解しているかにかかっていると思われる。

なお，本書の分析と推論から導きだされた結論の要約を冒頭で提示しておく。これらの結論は本書全体を貫く論理と，その論理を支持する統計表によって実証されることとなろう。

本書の準備において寛大な支援を与えてくれたロックフェラー財団に謝意を表したい。

A. ラヴディ

経済，金融，運輸局局長

国際連盟経済情報局

1942 年 7 月

第9章 調査結果の要約

国際貿易は商品の単なる交換以上のものである。それは複雑なネットワークであるため，なんらかの基準で分割しようとしても失敗するであろう。この研究の主な目的は，第二次世界大戦前における国際貿易のネットワークの型を描くと同時に，それがどの程度，資源の賦存状況によって規定され，どの程度一過性の，あるいは容易に変更可能な要因によって規定されていたのかを考察することにある。人類の幸福と繁栄を促進することが通商政策の目的であるとすれば，それは各国の貿易の特徴のみならず，国際貿易の一体性にも注意を払いつつ策定されねばならない。最初に，本書の要点を記しておきたい。

1．貿易は先進工業地域から放射状に広がっていくものである。たとえば，1938年において，大陸ヨーロッパの工業諸国が，外国から輸入，あるいは外国に輸出した商品の総額は，世界全体の貿易額の46％を占めていた。同じく，非大陸ヨーロッパは28％，アメリカは23％，日本は7％を占め[1)]，これらを合計すると89％にもなる。残りの地域はわずかに11％を占めるにすぎない。

2．個々の産品の貿易は一定地域に集中している。これは，輸出入両方について言えることだが，特に輸出の場合において際立っている。たとえば，1938年において，国境を越えて取引されたジュートの99％はインドが輸出したものである。同じく東南アジアは天然ゴムの91％，ココナツ油の81％，コプラの75％，錫の50％を輸出し，ラテン・アメリカの非熱帯地域は亜麻仁の80％を，日本は絹の78％を輸出している。また，イギリスは国

境を越えて取引されている豚肉の81%，牛肉と羊肉の80%，バターの78%を輸入しており，アメリカは絹の69%，綿実油の59%，バナナの56%，コーヒー豆の49%を輸入していた。

3．特定の産品の輸出入が一定地域に集中するのは，各国・地域の自然条件，鉱物資源の賦存状況，気候や交通の利便性などの相違が理由である。

4．しかし，より重要なのは，労働力，資本，そして生産力のある土地などが，各国に不均等に存在しているという事実である。たとえば，イギリスといくつかの大陸ヨーロッパの工業国においては，資本は豊富だが土地は希少である。アメリカにおいては，労働力は希少であるが土地と資本は豊富である。「新入植地域」（regions of recent settlement，イギリス自治領諸国やアルゼンチンなど：訳注）は広大な土地を有する。また，温帯地域は資本と生産施設は相対的に少ないが，安価な労働力は豊富に存在する。

5．自然条件，及び土地，労働力，資本の賦存状況は，各地域の貿易の特性を規定する。イギリス連邦，アメリカ，ラテン・アメリカを構成する広大な地域は資本に恵まれている。一方で，これら地域は資源と気候も多様であり，主要な原材料について輸出超過の状態にある。なお，これら地域の輸入超過額は誇張されているようである。たとえば，1938年において，動物性食品の純輸入量は飼料の純輸出量のほんの一部を占めるにすぎない。また，植物性油の純輸入量は，油糧種子の純輸出に占める油脂の含有量よりもはるかに少ない。そして，過燐酸塩の純輸入量は燐酸鉱物の純輸出量のわずか5分の1を占めるにすぎない。

6．イギリスとアメリカの一次産品需要は競合的というよりは補完的である。イギリスは大量の食糧（食肉，穀物，果物，茶），綿花，羊毛，亜鉛等を輸入しているが，アメリカはこれらの産品をそれほど輸入していない（輸出超過のものすらある)。一方で，アメリカは，絹，バナナ，コーヒー豆，ある種の油脂，錫，ゴム等を大量に輸入しているが，イギリスはこれらの産品をそれほど輸入していない。しかし，両国ともに，大陸ヨーロッパとはかなりの程度競合する関係にある。というのも，大陸ヨーロッパの需要は各種一次産品に分散しているからである。

7．上の２で言及した貿易産品の集中は，貿易が双務的になることを妨げている。なぜなら，１つ，あるいは２～３の輸出品に集中している諸国の他国の産品に対する需要量と，これらの国の自国の産品に対する需要量が正確に一致することはないからである。多様な輸出品のある国でも，より目立たないだけで事情は同じであろう。

8．熱帯地域の生産物はアメリカで大きな需要があるので，後者の輸入に占める前者の割合は５分の２以上を占めている。一方，前者の輸入に占める後者の割合はわずかに５分の１である。アメリカの主要な輸出市場は大陸ヨーロッパとイギリス，そしてイギリス自治領である。

9．イギリスの貿易にとって熱帯地域は，輸入先としてより輸出先として重要である。輸入先としての割合は, 1928 年には 14%, 1938 年には 18%であり,輸出先としての割合は，それぞれ 25%と 20%であった。イギリスの主な輸入先はイギリス自治領，大陸ヨーロッパ，そしてアメリカであり，これら３地域との貿易は大幅な輸入超過となった。しかし，1938 年において，イギリス自治領と大陸ヨーロッパは，イギリスの輸出総額の約２分の１を吸収したが，アメリカはわずかに５％を吸収したのみであった。

10．1938 年において，大陸ヨーロッパの輸入総額に占める域内からの輸入額の割合は 52%，輸出総額に占める域内に対する輸出額の割合は 57%であった。非大陸ヨーロッパ（実質的にイギリスのこと）は，同地域を除く世界

(outside world) による輸入の18%を供給し，輸出の34%を吸収した。その結果生じたイギリスに対する輸出超過は，大陸ヨーロッパの一次産品生産諸国・地域に対する輸入超過を決済することに役立った。

11. 以上でみた国・地域以外の場合も，輸出入先の著しい相違が存在した。アフリカの輸出の５分の４以上はヨーロッパに向かったが，南アフリカ連邦に対する主要な輸出国はアメリカであったので，アフリカの輸入に占めるヨーロッパの割合は小さかった（1938年において70%）。カナダとニューファンドランドは主にアメリカとイギリスと貿易を行っていた。しかし，アメリカは輸出においてよりも輸入においてはるかに大きな割合を占めていた（1938年において，輸入は60%で輸出は32%）。イギリスはちょうど逆の状況であり，輸入における割合は17%であり，輸出における割合は37%であった。ラテン・アメリカの熱帯地域は輸出入共にアメリカに大きく依存していた。ラテン・アメリカの非熱帯地域（典型的なのはアルゼンチン）は，輸出においてはヨーロッパ市場に，輸入においてはアメリカに大きく依存していた。インドの生産物は全世界に輸出されたが，輸入においてはイギリスに大きく依存していた。東南アジアの主な輸出先はアメリカであったが，輸入先は主にヨーロッパであった。オセアニアの輸入に占めるアメリカの割合は輸出に占める割合よりもはるかに大きく，1938年において前者は14%，後者は２%であった。

12. 1928年から1938年の間に，日本の貿易は急激な変化を遂げた。この時期の終わりにかけて，日本の輸出はアジアに集中するようになった。輸出に占めるアメリカの割合は42%から16%へと落ちこみ，輸入は28%から34%へと上昇した。これにより，日本の対米貿易収支は輸出超過から大幅な輸入超過へと転じた。一方，日本は軍事力によって中国の大きな部分を自らの半独占市場としたので，満州，香港を含む中国に対する輸出の割合は28%から46%へと上昇した。しかし，占領地は「円ブロック」として囲い込まれたため，輸出超過が外貨をもたらすことはなかった。

13. 各国・グループの輸出先と輸入先の地理的な相違は，貿易から生じる決済の問題がいかに解決されたのか，という疑問を生じさせるであろう。貿易収支の研究は，小さなグループ間の三角，あるいは多角的決済はあまり重要ではないこと，また，ほとんどすべての貿易収支が単一のグローバルな貿易システムに属していることを示している。そして，このシステムは，迂回的なルートを通じて，債務国からヨーロッパの債権諸国（特にイギリス）に対する利子・配当等の支払いを実現させていることも理解されよう。

14. このシステムは図25と図29において示されている。これらの図は，世界全体の貿易額のおよそ9割を占める5グループ間の貿易収支のネットワークを示したものである。すなわち，（1）熱帯地域，（2）アメリカ，（3）温帯に属する「新入植地域」，（4）大陸ヨーロッパ，（5）非大陸ヨーロッパ，以上である。これらの各々は前方にあるグループに対して黒字をもち，後方にあるグループに対し赤字である。しかし，熱帯地域は1920年代においては非大陸ヨーロッパに対し赤字であった。

15. 世界経済の成立を可能にしたこのシステムは1870年頃に誕生した。その主な理由は，生産と輸送技術の向上である。このシステムは，その誕生から20世紀の初頭までの間に徐々に規模を拡大し，ほぼすべての国を包摂するにいたった。同システムは，第一次世界大戦によって一時的に解体したが，アメリカの資本輸出に支援される形で1920年代に復活を遂げた。

16. このシステムは，1928年半ば以降の上記資本輸出の減少と，債権諸国の短期資本引揚げによって機能不全に陥った。短期資本引揚げの口火を切ったのは，1928年にフランの法的安定を達成した後のフランスであった。国際収支の圧力にさらされた諸国は，金の売却や，海外に所在する当座預金の取崩しによって対外決済を履行することが可能であったため，システムの崩壊は一定の間回避された。しかし，多角的貿易システムの機能は停止していた。

17. 金融的圧迫はますます強いものとなり，1931 年の国際金融危機の後，多くの国は対外取引上の均衡を政府による規制の強化によって達成しようと試みた。かかる規制は特に輸入制限という形をとった。しかしながら，各国は輸入超過の関係にある国に対しては決然と輸入を削減し，自国の産品をもっと購入するよう強制することができた。しかし，そうでない国の場合，かかる行動は報復を引き起こした。したがって，輸入制限は差別的なものとなり，各国は対外取引の均衡を多角的にではなく，双務的に達成する傾向を強めた。かくして，多角的貿易は減少し二国間貿易が主流となったのである。

18. 1920 年代末に多角的貿易システムが機能しなくなってから，かなりの国が輸入決済の資金に窮するようになり原料の購入が減少した。この需要の減退によって世界市場価格は低下を余儀なくされ，各国の経済状況は思わしくない状況に陥った。加えて，世界市場価格の低下は海外投資収益の減少を引き起こし，その多くは無価値となった。当然，国際的な資本移動は停止することとなった。

19. 近代文明は単一の世界経済にその基礎をおいている。そして，世界経済は全世界を包摂する多角的貿易システムによって動いている。大戦とイギリスの海外投資の減少は，将来の多角的貿易システムの型を変化させるであろう。しかし，世界各地の気候が異なり，地球上の生産要素が不均等に配分されている限り，多角的貿易の必要性がなくなることはない。戦争，あるいは通商政策によって生じた多角的貿易システムの歪みは，必然的に各国間の経済的摩擦を引き起こすであろう。もしかしたら，そのすべての機能は停止し，これに依存している各国の経済的豊かさは損なわれるかもしれない。同システムが変形することは避けがたいことであるが，各国は通商政策を策定

していく上で，それが世界的規模を持つということを認識し，世界各地の相互依存性を考慮する必要がある。そうすれば，戦争によって生じた貿易制限は速やかに撤廃され，貿易が盛んに行われる平和な時代が訪れるであろう。

・・・・・・・・・

以下，世界貿易の性質について分析していく前に，確認すべき基本的なデータを示しておきたい[2)]。なお，1928 年と 1938 年における世界各地の貿易関係，及び全世界を包摂する多角的貿易システムの概観を得るには，表 107 と表 115 と両表に関する本文の解説を参照されたい。

【注】

1）朝鮮と台湾の貿易も含む。

2）表 59 で示された数値は，各国の貿易統計から算出した場合の数値とは異なる。

表 59　世界貿易概観　1938 年

世界の商品貿易に占める割合	輸入（%）	輸出（%）
ヨーロッパ	56	48
大陸ヨーロッパ	38	37
イギリス連邦諸国	33	27
アメリカとその海外領土	10	15
イギリス連邦諸国，アメリカとその海外領土，ラテン・アメリカ	49	50

各グループの総貿易に占める域内貿易の割合	輸入（%）	輸出（%）
ヨーロッパ	61	72
イギリス連邦諸国	43	53
北部アメリカとラテン・アメリカの合計（西半球）	49	51
ラテン・アメリカ	18	18
アジア	45	42

商品貿易の輸出超過（＋），あるいは輸入超過（－）	単位：100万ドル
イギリス	−1,884
イギリス連邦諸国	−2,183
アメリカ	+919

第10章　分析の目的と方法

1．分析の目的

すべての国は必要な外国産品を購入するために，他国に対して自国の産品を販売する必要がある。ある場所で購入する能力は，他の場所で販売する能力にかかっている。また，多くの場合，商品の輸出はその生産のために必要な原料の輸入に当然依存している。このように，すべての貿易は相互に関連しており，国際貿易は必然的に世界的な現象となる。

本書の目的は，かかる普遍的な観点から第二次世界大戦前における貿易の実態を分析することにある。ヨーロッパの貿易に関してはすでに一書が刊行されているので，本書はその他４つの大陸について主に分析している。しかし，ヨーロッパと，それと結びついている政治的諸グループも考察の対象となっている。

本書は各貿易圏の相対的重要性，各地域の貿易で取引される商品の性質，いくつかの重要な一次産品の購入と販売における各地の相互依存性，各グループを結びつけ，世界大の脈管系をかたちづくる貿易のネットワークについて検討する。最終章では，多角的貿易の世界システムについて分析する。

かかる小著では，当然，大きな問題のみを扱い小さな問題は割愛せざるをえなかった。しかし，通商政策の基本方針を決定づけるのは，各生産国，あるいは貿易を行う国の個別の利害関係ではなく，本書で扱うような大きな問題なのである。

2．分析の方法

①国・地域のグループ化

貿易統計を記録している国はあまりにも多いので，各国・地域間の商品貿易額を個別に検討してみても国際貿易の実態を把握することはできない。したがって，世界各地を，一定の地理的，あるいは政治的重要性を持つ限られた数のグループに分類する必要がある。その場合，これらのグループの対外貿易は，グループ内貿易とグループ全体が他のグループとの間で行う貿易から構成されることとなる。

大陸を基準としたグループ化は，それがあまりにも大きすぎ，異質な国・地域の集合体であるため，分析の単位としては適当ではない。したがって，各大陸はオセアニアを例外として２つ，あるいはそれ以上のグループに分割されている。場合によっては，地理的な近接性よりも生産物の性質に基づいて分割した。しかし，このような場合であっても，やはり地理的に近い国・地域が一つのまとまりとなっている。ソ連の場合はそれ自体を一つのグループとし，アジアはもとよりヨーロッパからも分離した。以下，各グループについて，それが包摂する地理的範囲とともに記していく。

〔アフリカ大陸〕

１．北アフリカ

カナリー諸島，スペイン領リオ・デ・オロ，タンジール，そして，西はスペイン領，及びフランス領モロッコから東はエジプトにいたる地中海沿岸のアフリカを包摂する地域である。地理的にはこれら諸国は北部温帯地域に属している。

２．南アフリカ

南アフリカ連邦（ベチュアナランド，スワジーランド，及びバストランドを含む）と北部及び南部ローデシア，イギリス領ニアサランド，南西アフリカ委任統治領を含む地域である。このグループは乾燥した気候を特徴としており，鉱山業に依存している。モザンビークとマダガスカルは，ローデシアよりも南部に位置しているが，気候条件や生産物が南部熱帯地帯のアフリカと類似しているのでこのグループには含まれていない。

３．その他アフリカ

以上で述べた北アフリカと南アフリカの中間地帯に所在する諸国からなるグループである。なお，このグループにはマダガスカルといくつかの小さな島が含まれている。地理的には，この集団は南回帰線の北部に位置する南アフリカ（ローデシア，ニアサランド，ベチュアナランド，及び南西アフリカの北部地域）を除いたすべての熱帯地域を包摂している。

〔アメリカ大陸：北アメリカ〕

４．北部北アメリカ

アメリカとカナダとの国境線より北部に位置する地域（アラスカは含まれるがアメリカは含まれない）。

５．アメリカ

アラスカ，プエルト・リコ，ハワイ，ヴァージン諸島を含む。これらはアメリカの統計に含まれているからである。

〔アメリカ大陸：ラテン・アメリカ〕

６．鉱物生産諸国

このグループにはメキシコと（ i ）太平洋に面したチリからコロンビアにいたるラテン・アメリカ諸国，（ii）ボリビア，（iii）ヴェネズエラとギアナが含まれる。また，ヴェネズエラの原油の精製を生業としているオランダ領キュラソーもこのグループに入る。ヴェネズエラ沖に所在するこのオランダ領はキュラソー島とアルバ島，それといくつかの小さな島々によって構成されている。このグループと以下のグループの分類はかなり恣意的なものとなっている。たとえば，イギリス領ギアナとスリナム（オランダ領ギアナ）は，金額でみると鉱物よりも農産物を多く輸出しているが，このグループに含まれている。だが，これら諸国の貿易額は小さいので，グループ全体の数値に大きな影響はないであろう。

7．熱帯農業諸国

このグループには，西インド諸島はもとよりブラジル，メキシコとコロンビアの間の中央アメリカ本土を含んでいる。ブラジルの南端と西インド諸島の一部（バハマ諸島北部とバミューダ）は温帯地域に属する。

8．非熱帯農業諸国

このグループにはアルゼンチン，パラグアイ，ウルグアイ，フォークランド諸島が含まれる。

〔アジア大陸〕

9．インド，ビルマ，セイロン

このグループにはイギリス領インド，フランスとポルトガルのインドにおける支配領域，セイロン（いくつかの国はセイロンを統計上，イギリス領インドに含めている），ビルマが含まれている。ビルマは 1937 年 4 月 1 日まで政治的にはインドの一部であったため，統計上の観点からこのグループに入れてある。

10．東南アジア

この重要なグループには，マレー半島（ビルマを除く）と，西はスマトラから東はティモールにいたる群島，そして北はフィリピン諸島が含まれる。オランダ領の部分を除いたニューギニアは，アジアではないので除外した。また，香港とマカオもその地域経済における重要性，及び中国との中継貿易における重要性を考慮し除くこととした。

11．日本，朝鮮，台湾

12．中国とその他アジア大陸諸国

このグループは中国に，9（インド，ビルマ，セイロン），10（東南アジア），11（日本，朝鮮及び台湾）に分類されてこなかったアジア諸国を加えたものである。これらの諸国の貿易額は一つの独立したグループとして扱うにはあまりにも少額である。このグループは，シベリア，インド亜大陸，そしてマレー半島を除いたアジア大陸と考えてよい。ただし，キプロスはこのグループに入れてある。近年，ほとんどの国がそうしているように，トルコはヨーロッパの一部とした。

13. ソビエト社会主義共和国連邦

〔ヨーロッパ大陸〕

14. 大陸ヨーロッパ：工業諸国

このグループには９つの工業国が含まれている。バルト海によって他のヨーロッパ諸国と分離されているスウェーデンを除外すれば，南は地中海，北はバルト海及び北海，西は大西洋（ピレネー山脈北部）に囲まれた相互に近接した一帯を形成している。

15. 大陸ヨーロッパ：その他諸国

ここに分類される国のほとんどは農業国であるが，全てが同じような国というわけではない。たとえば，デンマークの経済はかなり発展しているが他の国は遅れている。

16. 非大陸ヨーロッパ

第Ⅰ部『ヨーロッパの貿易』においては，大陸ヨーロッパからイギリスとアイルランドのみを除外した。しかし，本書では，最近の状況を考慮し，このグループにアイスランド，フェロー諸島，スピッツベルゲン島を入れる一方でマルタ島は除外した。

17. オセアニア

このグループはタスマニアを含むオーストラリア，ニュージーランド，ニューギニア（オランダ領の部分は除外する），オーストラリアの東部及び北東部に位置する太平洋の島々から構成される。ただし，ハワイはアメリカの統計領域に含まれるので除外した。

いくつかの表においては，政治的関係に基づく分類がなされている。「本国」とその支配領域から構成される帝国については説明を要しないであろう。委任

統治領と保護領も各帝国に属する。最大の帝国であるイギリス連邦はいくつかの下位区分に分類される。すなわち，

1．イギリス（連合王国）

2．アイルランド

3．イギリス自治領

これらはオーストラリア，カナダ，ニューファンドランド，南アフリカ連邦から構成される。

4．インドとビルマ

インドを自治領から分離する理由は，政治的地位のみならず生産物と貿易の性質も異なるからである。

5．その他の領域

これには植民地，保護国，宗主権下または委任統治権下にある領域を含む。

②考察した年

ほとんどの表において，1928年，1935年，そして1938年が考察されている。1929年と1937年は典型的な好景気の年であるので，1928年と1938年の方が分析するにはより適当だと思われるからである。1935年の数値が示されている理由は，1938年は（1936年も1937年も）大戦及び大戦勃発の予想によって影響を受けていると思われたからである。1928年を，経済不況の影響を受けていると思われる1935年，あるいは1938年と比較検討することは適当ではない。しかし，大恐慌後，概して1930年代は不況の時代であったので，かかる比較を行うことはやむを得ないことである。

1938年においては，商品貿易の分布に関する十分なデータを欠いていたので，表65～表70に関しては，1928年，1936年，1937年のデータとなっている。

③通貨単位

価格は1934年のドルの金平価（1ドル＝純金0.88867グラム）で示されているが，1928年に関しては，旧平価（1ドル＝純金1.50463グラム）と1934年の新平

価（「新金ドル（new gold dollar）」）で示している[1]。このように，現行のUSドル（つまり，1928年は旧平価，1935～39年は新平価），及び「新金ドル」で貿易額を比較することが可能となっている[2]。

④統計がカバーする範囲と統計手法

特に指示がない場合は，数値は商品貿易のみを表したものであり，また再輸出額を控除した特別貿易によって示されている。つまり，国内消費を目的とする商品の輸入額と，国内労働力を用いて生産した商品の輸出額である。

国際連盟によって毎年刊行される *Review of World Trade* において[3]，集計上の技術的側面について記述されている。これらの刊行物に通暁している読者は，各国の輸出と輸入の組合せをより正確に理解するため，本書で導入された新機軸について注意されたい。かかる新機軸は第Ⅰ部『ヨーロッパの貿易』における方法論からある程度逸脱してはいるが，多くの場合，ヨーロッパ諸国の数値はほとんど影響を受けてはいない。本書で導入した新機軸とは以下のものである。

1．地金及び硬貨はすべて除外した。商品貿易の数値に貴金属生産国の地金と硬貨の取引を含めるのがこれまでのやり方であった。これらの諸国からすれば，貴金属の輸出は商品貿易と同じだからである。しかし，かかるやり方は取りやめた。というのは，従前どおりの方法では，商品貿易における外国市場への依存に関する研究が困難になるからである。また，それは世界全体の輸出額には数百万ドルもの貴金属の取引額が反映される一方で，輸入額には記録されない。したがって，可能な限り貴金属の取引額は商品貿易からは除外することとした。

2．船舶用品の貿易と漁場との貿易は除外した。漁場との輸出入額及び船舶用品（主に燃料）は可能な限り除外した。その理由は，かかる取引の記録は一つの国の貿易統計にしか記録されないからである。たとえば，船舶用燃料の輸出の部分は記録されるが，これを購入した船舶が属する国の輸入としては記録されないからである。

3．ある特定の地域間の貿易は除外した。たとえば，チャネル諸島との貿易はイギリスの貿易額から控除した。その理由は，それが国内的性質の貿易であり，イギリスの統計領域には含まれていないが，その輸出入額を記録していないからである。同様に，朝鮮と台湾の貿易額から両地域の日本との貿易額，及び両国間の貿易額を控除した。それは，両地域との貿易を除外している日本の貿易統計と一致させるためである。また，インドとビルマが分離された1937年4月1日以降においては，それ以前の貿易統計と整合性を保つため両国間の貿易額は控除した。

4．新たな統計地域を加えた。*Review of World Trade* で除外したいくつかの領域の貿易も考慮すべきだと考えた。貿易統計を記録していない，あるいは不完全な貿易統計しか持たない国の場合は，貿易額の推計が必要となった。たとえば，香港を一国として扱うために，1928年における当該植民地の貿易額を推計する必要があった。アラビア，ジブラルタル，そしてパナマ運河地帯についても事情は同じで，本書で扱ったすべての年についての推計を行った。

5．通貨の交換率

Review of World Trade において，1929年以降，金に対する通貨価値が変化するときは，各月の輸出入額を勘案して算出した年間の交換率を用いている[4)]。したがって，交換率は輸入と輸出で正確に一致していない。この交換率は各国の輸入全体，あるいは輸出全体に適用したが，個々の国との貿易には適用しなかった。なぜなら，個々の国との貿易額は全体の輸入額，あるいは輸出額として変動することはないからである。いずれにせよ，混乱を避けるために，上記の各月の貿易額を勘案した輸入額と輸出額を平均して算出した単一の年間交換率をすべての計算に使用することとした。これにより生じる誤差は大した問題ではないであろう。そもそも，検討の対象とした年における通貨価値の変動は比較的小さかった。ただし，輸出と輸入の季節的な相違以外の原因によって相違が生じた場合は，輸入

と輸出に対して別々の交換率を用いた。詳細は付表Ⅳ（本訳書では割愛：訳注）を参照されたい。

6．国境価格（frontier value）を採用した。ほとんどの国は国境価格を用いて貿易を記録している。すなわち，輸入の場合はCIF（cost, insurance and freight, 運賃保険料込み価格：訳注），輸出の場合はFOB（free on board，本船渡し価格：訳注）である。しかし，アメリカやカナダのように輸入額を出荷地点，すなわち輸入相手国の港における価格で記録している国もあれば，輸入額に含まれる輸送料や保険料を明らかに低く見積もっている国もある。また，いくつかの国は輸出額を内地の積出地における価格で記録している。このことから生じる相違は貿易価格，特に貿易収支の正確な比較検討を不可能にしている。それゆえ，輸入国，輸出国それぞれの国境までの輸送費を含ませるための調整をした。また，アメリカの輸出についても，特別貿易を一般貿易に一致させるための調整をした。

7．貿易の地理的分布を表す数値の調整を行った。世界各地の貿易関係と多角的貿易システムの分析においては，輸入と輸出の地理的分布に関する数値について調整を行った。これらの調整がいかなる性質のものであるかについては，世界各地の貿易関係に関する章において記す。

【注】

1）表60においては，現行のドル，「旧金ドル」，「新金ドル」，これらの間の関係を示すために特別な調整がなされている。また，イギリスの通貨ポンドでも表示してある。

2）第Ⅰ部『ヨーロッパの貿易』においては，1928年の数値に関しては「新金ドル」でのみ示しているが，非ヨーロッパ世界における価値尺度としてのドルの重要性を考慮して，同年の欄に実際の旧米ドルによる数値も記しておいた。特に*Review of World Trade*ではそうであるが，国際連盟経済情報局のその他の刊行物においては，旧平価のドル（「旧金ドル（old gold dollar）」）は1934年におけるドルの減価の後においてさえ用いられている。「新金ドル」は「旧金ドル」の59.06％の価値であり，「旧金ドル」は「新金ドル」の169.32％の価値がある。

3）*Review of World Trade, 1934*の付表Ⅰ。

4）*Review of World Trade, 1938*の付表Ⅲ。

第11章　世界貿易の規模と構造

1．世界全体の貿易額

各国の輸出と輸入の国境価格（輸入の場合はCIF，輸出の場合はFOB）を合計すれば，1928年における世界の商品貿易の輸入額は335億ドル，輸出額は326億ドルとなる。1938年においては，それぞれ246億ドルと219億ドルである。輸入額と輸出額の相違は，輸入国と輸出国との間の国境間の輸送費による。これは1928年には世界の輸出総額の９％，1938年には12%を占めた。

1928年から1938年における価格低下の理由は，ドル建てで物価が低下したからである。実際，貿易量自体は８～９％しか減少せず，1937年の貿易量は1928年のレベルと同じであった[1]。

大雑把にいえば全世界の商品貿易額は，アメリカの国民所得の３分の１に相当する。大戦勃発前の数年間においては，イギリス，あるいはドイツの国民所得と同じくらいの規模であった。

表60は世界貿易に関する基本データである。金ドル価格（gold dollars, 1934年以前の旧平価とそれ以後の新平価両方で表示），現行のドルとポンドで表示している。また，1928年を基準とした輸出入額・量の動向も示している。

表 60　世界の商品貿易額

	輸入額				輸出額			
	1928年	1935年	1937年	1938年	1928年	1935年	1937年	1938年
通貨(単位:100万)								
旧金ドル	35,482	12,427	16,638	14,518	32,615	11,236	15,006	12,944
新金ドル	60,080	21,042	28,171	24,583	55,223	19,025	25,409	21,917
ドル	35,482	21,042	28,171	24,583	32,615	19,025	25,409	21,917
ポンドa	7,291	4,271	5,695	5,027	6,702	3,861	5,137	4,482
貿易額の変動率(1928年=100)								
金	100	35.0	46.9	40.9	100	34.4	46.0	39.7
ドル	100	59.3	79.4	69.3	100	58.3	77.9	67.2
ポンド	100	58.6	78.1	68.9	100	57.6	76.7	66.9
物価の変動率(1928年=100)								
金	100	41	47	44.5	100	40.5	46	43.5
ドル	100	70	79.5	75.5	100	68.5	78	74
ポンド	100	69	78	75	100	68	76.5	73.5
貿易数量の変動率(1928年=100)	100	85	100	91.5	100	85	100	91

注:国境価格で表示。
a:ポンドの価値は，1928年＝4.8667ドル(8.2403新金ドル)，1935年＝4.9272ドル，1937年＝4.9462ドル，1938年＝4.8903ドル。

表 61 と表 62 では，前章で示した地理的分類にしたがって，輸出入額及び面積と人口に関するデータを示している。各国別の詳細な情報については付表Ⅰ（本訳書では未収録：訳注）を参照されたい。

ヨーロッパは世界の陸地面積の４％，人口の５分の１しか占めていないにも関わらず，世界貿易の半分以上を占めている（1938 年において輸入の 56%，輸出の 48%を占めている）。その他の重要な貿易国はアメリカであり，全世界の輸入の９％，輸出の 14%を占めていた。残りのグループはそれぞれ世界貿易の１～５％を占めるにすぎない。

各地域の貿易状況は多様である。たとえば，インド人と中国人を合計すると全世界の人口の 39%を占めることになるが，両国の貿易が世界貿易に占める割合はわずかに５％である。これら諸国は，人口の稠密性と外国資本の不足に

表 61　各グループの商品輸入額

面積（100万平方キロメートル）a	1937年の人口（100万人）	グループ	単位：100万ドル 1928年	1928年 新金ドル	1935年	1937年	1938年	% 1928年	1938年
5.8	34.9	1. 北アフリカ	656	1,110	567	527	498	1.8	2.0
4.1	15.6	2. 南アフリカ	452	766	436	600	573		
		輸送費, その他の調整額	2	3	4	4	4		
		合計	454	769	440	604	577	1.3	2.4
20.4	103.7	3. その他アフリカ	505	855	366	586	491	1.4	2.0
10.3	11.5	4. 北部北アメリカ	1,256	2,128	575	837	703		
		輸送費, その他の調整額	121	205	82	135	115		
		合計	1,377	2,333	657	972	818	3.9	3.3
9.4	132.1	5. アメリカ合衆国	4,078	6,904	2,039	3,010	1,950		
		輸送費, その他の調整額	336	569	152	321	243		
		合計	4,414	7,473	2,191	3,331	2,193	12.4	8.9
7.1	41.5	6. ラテン・アメリカ：鉱物生産諸国	625	1,058	411	626	634		
		輸送費, その他の調整額	42	72	26	35	39		
		合計	667	1,130	437	661	673	1.9	2.7
10.4	70.9	7. ラテン・アメリカ：熱帯農業諸国	1,104	1,869	566	805	718		
		輸送費, その他の調整額	28	48	16	18	18		
		合計	1,132	1,917	582	823	736	3.2	3.0
3.5	15.8	8. ラテン・アメリカ：非熱帯農業諸国	920	1,558	398	556	516	2.6	2.1
4.9	390.4	9. インド, ビルマ, セイロン	1,061	1,796	594	791	597	3.0	2.4
3.8	125.7	10. 東南アジア	1,228	2,080	664	912	841		
		輸送費, その他の調整額	16	27	13	16	20		
		合計	1,244	2,107	677	928	861	3.5	3.5
0.7	100.9	11. 日本, 朝鮮, 台湾	1,071	1,814	742	1,125	798	3.0	3.3
16.6	491.5	12. 中国, その他アジア大陸諸国	1,461	2,473	974	1,051	1,104	4.1	4.5
21.2	169.0	13. ソビエト社会主義共和国連邦	491	831	210	256	268	1.4	1.1
2.1	202.9	14. 大陸ヨーロッパ：工業諸国	10,565	17,889	6,257	8,030	7,138	29.8	29.0
3.6	158.4	15. 大陸ヨーロッパ：その他諸国	3,027	5,125	1,772	2,242	2,169	8.5	8.8
0.5	50.6	16. 非大陸ヨーロッパ	5,517	9,342	3,619	4,918	4,374	15.6	17.8
8.5	10.2	17. オセアニア	903	1,529	545	757	760		
		輸送費, その他の調整額	17	29	14	13	12		
		合計	920	1,558	559	770	772	2.6	3.2
		世界全体	34,920	59,127	20,735	27,629	24,132		
132.9	2125.6	輸送費, その他の調整額	562	953	307	542	451		
		総計	35,482	60,080	21,042	28,171	24,583	100	100

注：「国境価格」で表示。
a：1平方キロメートルは0.386平方マイルである。

表62　各グループの商品輸出額

面積（100万平方キロメートル）	1937年の人口（100万人）	グループ	単位：100万ドル 1928年	1928年 新金ドル	1935年	1937年	1938年	% 1928年	1938年
5.8	34.9	1. 北アフリカ	576	977	473	481	417	1.8	1.9
4.1	15.6	2. 南アフリカ	270	457	187	293	233		
		輸送費，その他の調整額	2	3	3	3	3		
		合計	272	460	190	296	236	0.8	1.1
20.4	103.7	3. その他アフリカ	457	773	359	560	368	1.4	1.7
10.3	11.5	4. 北部北アメリカ	1,406	2,381	769	1,048	880		
		輸送費，その他の調整額	48	81	29	39	35		
		合計	1,454	2,462	798	1,087	915	4.4	4.2
9.4	132.1	5. アメリカ	5,029	8,515	2,243	3,299	3,057		
		輸送費，その他の調整額	135	229	51	10	55		
		合計	5,164	8,744	2,294	3,309	3,112	15.8	14.2
7.1	41.5	6. ラテン・アメリカ：鉱物生産諸国	904	1,531	668	938	834	2.8	3.8
10.4	70.9	7. ラテン・アメリカ：熱帯農業諸国	1,125	1,904	615	802	677	3.4	3.1
3.5	15.8	8. ラテン・アメリカ：非熱帯農業諸国	1,155	1,956	588	845	510	3.5	2.3
4.9	390.4	9. インド，ビルマ，セイロン	1,356	2,295	678	1,057	733	4.2	3.3
3.8	125.7	10. 東南アジア	1,521	2,576	911	1,419	1,000	4.7	4.6
0.7	100.9	11. 日本，朝鮮，台湾	917	1,553	735	942	817	2.8	3.7
16.6	491.5	12. 中国，その他アジア大陸諸国	1,232	2,085	680	867	787	3.8	3.6
21.2	169.0	13. ソビエト社会主義共和国連邦	413	699	326	335	257	1.3	1.2
2.1	202.9	14. 大陸ヨーロッパ：工業諸国	9,159	15,508	5,275	6,810	6,173	28.1	28.2
3.6	158.4	15. 大陸ヨーロッパ：その他諸国	2,233	3,780	1,598	2,098	1,895	6.8	8.6
0.5	50.6	16. 非大陸ヨーロッパ	3,747	6,345	2,183	2,674	2,410	11.5	11.0
8.5	10.2	17. オセアニア	930	1,574	654	889	776	2.9	3.5
		世界全体	32,430	54,909	18,942	25,357	21,824		
132.9	2125.6	輸送費，その他の調整額	185	313	83	52	93		
		総計	32,615	55,222	19,025	25,409	21,917	100	100

注：国境価格で表示。

よる経済発展の遅れのため，貿易の進展が妨げられてきた。日本やオランダ領東インドの一部地域も人口密度は高いが，経済発展のレベルは高かった。また，外国との貿易もかなりの程度進んでいたが，この理由は内陸から輸出港までの距離の短さであったと思われる。

人口密度が低い地域の中で，温帯地域にある広大な平原地帯について特に言及しておきたい。カナダ，アルゼンチン，南アフリカ，そしてオーストラリアは，近代的な輸送手段が整備されたことによって過去数世代の間に急速な発展を遂げた。ヨーロッパの人口拡大と工業の成長は，これら諸国からの穀物，食肉，羊毛，その他の必需品の供給によって可能になったことは否定できない。しかし，これら諸国の側も一次産品輸出によって経済的繁栄を遂げ，ここ数十年の間には製造業も発展させるにいたった。

ソ連のアジア地域に属する部分も，広大ではあるが人口は少ない。ソ連の外国貿易は，最近の工業発展にも関わらずきわめて少額のままである。この国は自給自足的な経済圏と言えよう。

ヨーロッパの列強諸国とアメリカ，及びそれら諸国の海外領土を合計すると，1938 年において世界貿易の５分の３，世界の陸地面積の約半分，人口の 46％を占めていた（表 63）。また，これら帝国の貿易額，陸地面積，人口の約半分は，イギリス連邦が占めていた。帝国は，経済発展の初期段階にある地域と「本国」とを結びつける役割を果たしている。なお，「本国」は面積が小さく人口が稠密であると同時に，工業が高度に発展しており，海外投資に回すことが可能な資本（貯蓄）を有していた（表 64）。特にイギリス帝国はかなり異なった経済状態の国から構成されている。すなわち，豊かな資本をもつ「本国」，温帯に位置し肥沃な土地を有する自治領諸国，そして人口稠密な熱帯地域から構成されていた。そして，海上輸送のコストが低下したことにより，帝国各地は補完的関係を築くことが可能になった。

表 63　帝国グループの商品貿易額（面積付き）

面積（100万平方キロメートル）	グループ	単位：100万ドル 1928年	1928年 新金ドル	1935年	1937年	1938年	% 1928年	1938年
	輸入							
34.3	イギリス連邦諸国	10,576	17,915	6,674	9,143	8,040	29.8	32.7
12.7	フランスとその海外領土	2,762	4,677	1,973	2,241	1,781	7.8	7.2
2.1	オランダとその海外領土	1,596	2,703	945	1,297	1,262	4.5	5.1
2.4	ベルギー，ベルギー領コンゴ・ルアンダ=ウルンディ	935	1,584	645	973	802	2.6	3.3
2.9	イタリアとその海外領土	1,221	2,068	738	884	752	3.4	3.1
0.8	スペインとその海外領土	612	1,037	309	177	169	1.7	0.7
2.2	ポルトガルとその海外領土	176	298	142	150	153	0.5	0.6
9.7	アメリカとその海外領土a	4,592	7,774	2,307	3,482	2,366	13.0	9.6
65.8	その他諸国	13,012	22,024	7,309	9,824	9,258	36.7	37.7
132.9	世界全体	35,482	60,080	21,042	28,171	24,583	100	100
1937年の人口（100万人）	輸出							
534.9	イギリス連邦諸国	8,875	15,027	5,226	7,105	5,857	27.2	26.7
112.2	フランスとその海外領土	2,589	4,384	1,533	1,497	1,332	7.9	6.1
76.3	オランダとその海外領土	1,528	2,588	889	1,312	1,130	4.7	5.2
22.6	ベルギー，ベルギー領コンゴ・ルアンダ=ウルンディ	889	1,506	606	927	776	2.7	3.5
46.1	イタリアとその海外領土	797	1,349	450	569	562	2.5	2.6
26	スペインとその海外領土	439	743	216	153	119	1.3	0.5
16.8	ポルトガルとその海外領土	82	139	67	91	82	0.3	0.4
145.7	アメリカとその海外領土a	5,320	9,007	2,388	3,461	3,228	16.3	14.7
1,145	その他諸国	12,096	20,479	7,650	10,294	8,831	37.1	40.3
21,256	世界全体	32,615	55,222	19,025	25,409	21,917	100	100

注：「国境価格」で表示。
a：本表におけるアメリカの海外領土とはフィリピン，パナマ運河地帯，グアム，サモアであり，アラスカ，ハワイ，プエルト・リコ，ヴァージン諸島はアメリカの統計領域に含まれている。

表64 帝国グループの商品貿易額（面積・人口付き）

単位：100万ドル

面積（100万平方キロメートル）	1937年の人口（100万人）	グループ	輸入額 1928年	輸入額 1928年 新金ドル	輸入額 1935年	輸入額 1938年	輸出額 1928年	輸出額 1928年 新金ドル	輸出額 1935年	輸出額 1938年
		イギリス連邦諸国								
0.2	47.5	イギリス	5,209	8,820	3,425	4,161	3,504	5,933	2,073	2,277
0.1	2.9	アイルランド	288	488	182	200	219	370	96	116
19.9	30.8	自治領諸国a	2,650	4,488	1,574	2,047	2,562	4,340	1,554	1,794
4.9	383.7	インド，ビルマ	912	1,545	499	505	1,207	2,043	584	633
9.2	70.0	その他英領	1,517	2,574	994	1,127	1,383	2,341	919	1,037
34.3	534.9	合計	10,576	17,915	6,674	8,040	8,875	15,027	5,226	5,857
		フランスとその海外領土								
0.6	42.0	フランス	2,097	3,551	1,393	1,322	2,041	3,456	1,026	876
2.8	16.5	アルジェリア，チュニス，仏領モロッコ	343	581	347	249	264	447	266	244
9.3	53.7	その他仏領	322	545	233	210	284	481	241	212
12.7	112.2	合計	2,762	4,677	1,973	1,781	2,589	4,384	1,533	1,332
		オランダとその海外領土								
0.03	8.6	オランダ	1,078	1,826	635	776	786	1,331	458	568
2.1	67.7	その他蘭領	518	877	310	486	742	1,257	431	562
2.1	76.3	合計	1,596	2,703	945	1,262	1,528	2,588	889	1,130

注1：国境価格で表示。

注2：1937年の数値については表68～表70を参照されたい。

a：合計額のうち以下の数値は輸送費，その他の調整額。

イギリス自治領諸国	1928年	1928年（新金ドル）	1935年	1938年
輸入額	140	237	100	131
輸出額	50	84	32	38

2．世界貿易の構造

相異なる地域からなる世界貿易の構造を把握するには，いわゆる1913年のブリュッセル分類法（Brussels Classification）にしたがって，輸出入品目を以下の４つのカテゴリーに分類するとよいであろう。（ｉ）食糧と動物（live animals）[2]，（ii）原料（一部加工されたものも含む），（iii）工業製品，以上である。以下では，最初の２つのカテゴリーを，各々「食糧」，及び「原料」と記すことにする。

少数のカテゴリーに分類してしまうと，異なった加工段階にある何千もの商品の取引から成る国際貿易の複雑さをうまく表すことができなくなる。なお，上記の分類における原料と工業製品との間の区分けは恣意的なものとならざるをえない。たとえば，紡績用糸は工業製品に分類したが，精製された鉱油は原料に含めた。また，食糧の中には，そのまま食用になるものもあれば，製糖や缶詰肉のような工場で加工された食糧，さらには植物性油のように，食用以外の目的でも使用されるものもある[3]。

1930年代において，国際連盟統計専門委員会（League of Nations Committee of Statistical Experts）のより科学的，かつ詳細な分類が使用されるようになるまで[4]，主要な貿易国は上述のようなカテゴリーに従って統計をとっている。その他の国もいささか正確さは欠くものの，同じような統計のとり方をしている。これらの統計に基づいて各カテゴリーの貿易額を計算してみた（表65）。この表におけるドルの表示は，これまでの表と同じ方法で調整されているが，1千万単位で端数は切り捨てた数値となっている。1938年に関して入手可能なデータがあまりにも少なかったので，表中の最後の年は1937年となっている。

この表をみると，世界全体の輸出入貿易における３つのカテゴリーが各々占める割合は大体同じであることがわかる。そして，ほぼすべての場合において，輸入額が輸出額を上回っている。これは，輸入額には輸送費が含まれているが，輸出額には輸送費が含まれていないことが理由である。しかし，1937

表65　世界貿易の品目構成

	単位:100万ドル				%		
	1928年	1928年 新金ドル	1935年	1937年	1928年	1935年	1937年
輸入額							
食糧と動物	9,120	15,450	5,120	6,430	25.7	24.3	22.8
原料	12,830	21,730	8,100	11,550	36.2	38.5	41.0
工業製品	13,530	22,900	7,820	10,190	38.1	37.2	36.2
合計	35,480	60,080	21,040	28,170	100	100	100
輸出額							
食糧と動物	8,310	14,080	4,480	5,610	25.5	23.5	22.1
原料	11,390	19,280	7,150	9,920	34.9	37.6	39.0
工業製品	12,910	21,860	7,400	9,880	39.6	38.9	38.9
合計	32,610	55,220	19,030	25,410	100	100	100

注1:国境価格で表示。
注2:輸出入額は100万ドル未満切り捨て。

年における工業製品貿易の場合は，輸入額と輸出額の差はわずか３％であり，この理由を輸送費に帰することはできない。

当然のことではあるが，貿易総額に占める各カテゴリーの割合は相対価格の変化によって影響される[5)]。しかし，1928年と1937年の間においては相対価格の大きな変化はないので，貿易品の構成に変化があったと考えてよいだろう。数値をみると，食糧の貿易額が大きく減少し，工業製品の貿易額が若干減少したことがわかる。かかる変化は，1937年頃にアメリカの原料に対する需要が増大したことによって生じたと思われる。ちなみに，1928年と1937年は両年ともに好景気であったので比較検討することができる。しかし，1928年は1920年代末葉の典型的な年であったが，1937年は1930年代末葉の典型的な年としては考えることができない。

しかし，表66に収録されているより詳細な情報をみると[6)]，1930年代において多くの国が食糧貿易よりも原料貿易を増大させたことは明白である。「北部北アメリカ」の食糧輸出の割合は，1928年から1937年の間に半分から３分

表66　世界貿易の品目構成：17グループ別

（単位：%）

グループ	商品グループ	輸入 1928年	輸入 1935年	輸入 1937年	輸出 1928年	輸出 1935年	輸出 1937年
1. 北アフリカ	a	21	21	21	36	49	42
	b	17	19	21	59	47	54
	c	62	60	58	5	4	4
	合計	100	100	100	100	100	100
2. 南アフリカ	a	12	7	7	17	26	28
	b	10	9	10	76	69	65
	c	78	84	83	7	5	7
	合計	100	100	100	100	100	100
3. その他アフリカ	a	20	17	19	39	33	36
	b	10	8	8	61	64	62
	c	70	75	73	・・	3	2
	合計	100	100	100	100	100	100
4. 北部北アメリカ	a	17	17	15	51	38	32
	b	28	33	32	22	35	40
	c	55	50	53	27	27	28
	合計	100	100	100	100	100	100
5. アメリカ	a	25	32	29	15	9	8
	b	50	47	51	43	47	42
	c	25	21	20	42	44	50
	合計	100	100	100	100	100	100
6. ラテン・アメリカ：鉱物生産諸国	a	15	11	11	13	9	9
	b	19	27	27	85	89	90
	c	66	62	62	2	2	1
	合計	100	100	100	100	100	100
7. ラテン・アメリカ：熱帯農業諸国	a	24	21	20	80	74	69
	b	12	14	13	18	24	30
	c	64	65	67	2	2	1
	合計	100	100	100	100	100	100
8. ラテン・アメリカ：非熱帯農業諸国	a	13	12	11	63	58	62
	b	20	20	19	34	39	35
	c	67	68	70	3	3	3
	合計	100	100	100	100	100	100
9. インド，ビルマ，セイロン	a	19	15	15	25	29	30
	b	12	17	20	51	49	49
	c	69	68	65	24	22	21
	合計	100	100	100	100	100	100
10. 東南アジア	a	24	21	17	41	32	25
	b	22	25	27	54	63	71
	c	54	54	56	5	5	4
	合計	100	100	100	100	100	100
11. 日本，朝鮮，台湾	a	12	7	5	9	11	11
	b	64	78	74	43	22	19
	c	24	15	21	48	67	70
	合計	100	100	100	100	100	100
12. 中国，その他アジア大陸諸国	a	23	20	14	21	25	27
	b	22	20	18	52	53	55
	c	55	60	68	27	22	18
	合計	100	100	100	100	100	100
13. ソビエト社会主義共和国連邦	a	10	14	12	21	18	24
	b	43	43	50	63	64	58
	c	42	43	38	16	18	18
	合計	100 ※	100	100	100	100	100
14. 大陸ヨーロッパ：工業諸国	a	27	23	23	13	12	11
	b	48	51	54	23	24	26
	c	25	26	23	64	64	63
	合計	100	100	100	100	100	100

15. 大陸ヨーロッパ:その他諸国	a	20	14	13	54	47	43
	b	31	36	39	33	37	39
	c	49	50	48	13	16	18
	合計	100	100	100	100	100	100
16. 非大陸ヨーロッパ	a	45	45	41	11	10	10
	b	33	37	41	14	18	18
	c	22	18	18	75	72	72
	合計	100	100	100	100	100	100
17. オセアニア	a	9	7	8	44	49	45
	b	17	18	18	54	48	51
	c	74	75	74	2	3	4
	合計	100	100	100	100	100	100

a：食糧と動物　b：原料　c：工業製品
※合計値が誤っているがそのまま記した（訳注）。

の1以下にまで低下した。これは，カナダの小麦輸出が減少したことが理由である。一方で，原料輸出の割合は22％から40％へと増大した。アメリカにおいても，小麦の輸出先の減少によって食糧輸出の割合は低下した。

しかし，この輸出品構成の変化は，原料輸出における変化よりも，工業製品輸出の増大という長期的な傾向を反映していた。ラテン・アメリカの鉱物生産諸国においては，ヴェネズエラとキュラソーからの鉱油販売の増大によって，原料輸出の割合が増した。ラテン・アメリカの熱帯農業地域においては，輸出に占める食糧の割合は80％から69％へと低下した。

一方，綿やサイザル麻のような産品がコーヒー豆に取って代わられるようになり，原料輸出の割合が18％から30％に増加した。たとえば，ブラジルの場合，綿の輸出が占める割合は1928年には1％であったが，1937年には19％に増大した。東南アジアにおいても同様のことが生じた。食糧が輸出に占める割合は45％から25％へと低下し，原料が占める割合は54％から71％へと増大した。たとえば，オランダ領東インドの砂糖輸出は1928年の24％から1937年の5％へと低下した一方で，石油の輸出は9％から22％へと増大した。タイにおいては，米の輸出は71％から47％へと低下する一方で，ゴムの輸出は1％から15％へ，また錫鉱石の輸出は8％から23％へと増大した。

大陸ヨーロッパの非工業諸国の輸出においても，原料輸出の割合は食糧輸出の割合を削りつつ増大した。これはドイツが東南ヨーロッパ地域を自国の油糧種子や衣類用繊維の供給源にしようとしたことが主な理由である。ラテン・アメリカと東南アジアの熱帯地域，そして東南ヨーロッパ地域においては，食糧輸出，及び食糧輸入の大幅な減少が生じた。このことは，食糧の生産がより国内消費を志向したものとなり，外国貿易への依存を減少させたことを示唆している。

農業諸国における食糧輸出の減少は，当然，工業諸国の食糧輸入の減少を伴っている。非大陸ヨーロッパの食糧輸入の割合は45%から41%へと低下し，大陸ヨーロッパの工業諸国のそれは27%から23%へと低下している。一方で，両地域ともに原料輸入の割合は増大した。

食糧自給率上昇の理由は，1920年代末葉からはじまった国際貿易の解体に一部帰すべきである。多くの国は国際収支の均衡を図り，自給可能な産品の輸入削減措置を講ずるようになった。実際，食糧に関しては，コストは伴うかもしれないが輸入品を国産品と置き換えることが可能であろう。一方，工業用原料は代替することが難しいため保護貿易政策はあまり効果がない。あえて安価な輸入品を高価な国産品へと切り替え，自国工業の競争力を弱体化するような国はないであろう。一方で，代替原料，あるいはプラスチックのような化学的に生産された原料の重要性も看過してはならない。

1930年代における保護貿易主義の高まりは，工業製品貿易にとって逆風となり，原料貿易の相対的重要性は高まった。また，工業地域の分散化も生じ，原料貿易の量自体は増加しなかったが，原料貿易を行う国・地域の範囲は広がった。なお，以前は輸出に回していた原料を用いて工業生産を行う国も現れ，このことは原料貿易縮小の一因となった。

しかし，主に農業を主要産業とする国において人口が増大した場合は，経済発展は工業の発展を引き起こす傾向があるので，多くの国でみられた工業化は，単に経済成長の必然的な結果と捉えることができるかもしれない。したがって，近年の一次産品生産国における工業の発展が，通商障壁による貿易の混乱によるものなのか，それとも経済発展が伴う当然の結果なのか，いずれの要因にどの程度依存しているかを判断することは難しい。しかし，製造業における競争の昂進は，ここ数十年間の先進工業国における生産技術の発展によるものだと思われる。この生産技術の発展は，労働力をかなりの程度，資本に代替することによって達成された。したがって，労働力は豊富にあるが資本が不足している後進国は，保護貿易政策に頼ることなしに工業発展を実現することは困難である。実際，近年において，後進国が工業製品の輸出を拡大した事例はほとんどない。

インドと中国を含むアジアの２つのグループは，人口稠密で安価な労働力に恵まれているが，1928 年には輸出総額の４分の１を占めていた工業製品（主に繊維製品）の輸出額は，1938 年にはわずか５分の１程度に縮小した。中国のように戦争による貿易の破壊の影響を受けなかったインドのケースは注目に値する。というのも，インドの場合，国内工業が発展しつつあったにも関わらず，工業製品輸出の減少が生じたからである。インドの工業化は，関税によって外国製品の輸入を削減したことによって実現されたが（外国製品の輸入額は 69% から 65% へと低下した），同国製品の外国市場における競争力を強化することはなかった。

一方で，人口密度が低く大量の外国資本の助力によって工業化した国もある。しかし，これら諸国の工業製品は労働コストの高さゆえに外国市場での競争には耐えることができない。たとえば，アルゼンチン，南アフリカ連邦，オーストラリアに代表されるラテン・アメリカと南アフリカ，そしてオセアニアの非熱帯農業国においては，工業製品は輸入総額の３分の２から４分の３を占めているが，輸出総額の数パーセントしか占めていない（図 20 参照）。一方で，これらの国は保護関税に守られつつ発展した工業をもっている。「北部北アメリカ」（実質的にカナダのこと）は，上記の諸国といくつかの点で似たような状況にあるが，工業製品の輸出額は輸出総額の４分の１以上を占めている。しかしながら，カナダの工業地帯は同国南東部の人口稠密な地域にあり，同地域はアメリカの工業地帯に包摂されていると言ってよい。

北部・中央アフリカ，そしてラテン・アメリカの鉱物生産地域と熱帯地域は，表 66 で検討対象とされた時期において，輸入品における工業製品の割合は非常に高い一方で，工業製品はほぼ輸出していなかった。当然，熱帯植民地においては，本格的な工業の発展はみられなかった。というのも，この地域に属するいくつかの国は，資本，あるいは工業に従事可能な労働力が不足してい

図 20　輸出入貿易に工業製品が占める割合　1937 年

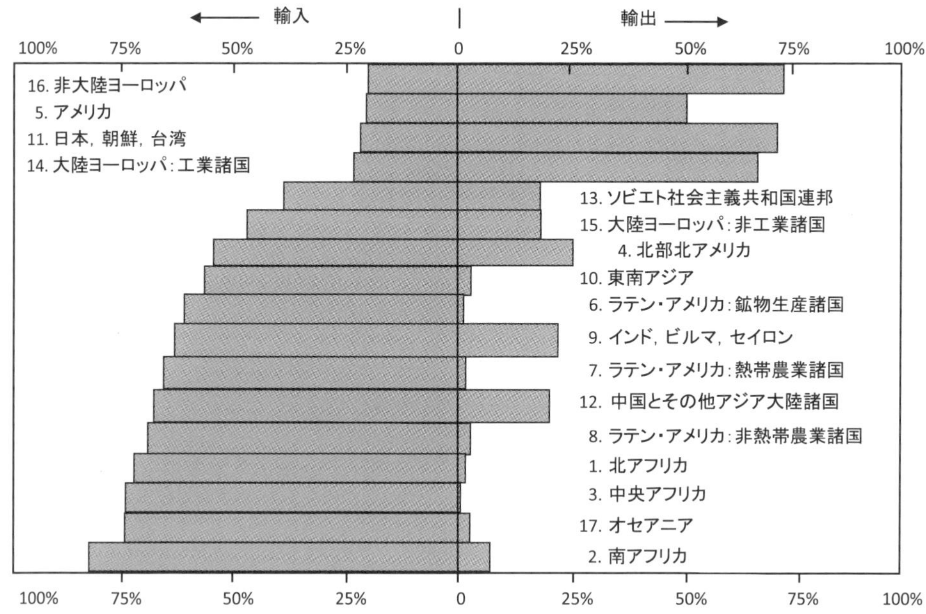

注：表66のデータに基づき, 1〜17のグループは輸入に占める工業製品の割合が小さい順に上から配置されている。

たからである。または外国との競争から保護されていても，そもそも国内市場が狭隘であったため工業の発展は妨げられていた。しかしながらブラジルのように，近年において急速な工業発展がみられた国もいくつか存在する。

本書で考察されているグループの中で，非大陸ヨーロッパ，大陸ヨーロッパの工業国，アメリカ，そして日本，朝鮮，台湾，以上４つのグループのみが工業製品の純輸出国・地域である。そもそも，これらのグループは 1937 年において世界の全輸入額のうち 62%，全輸出額のうち 54%を占めていた。図 20 で示したように，これらのグループは工業製品の輸入においては 25%程度，そして輸出においては 50 〜 75%を占めていた。これらの工業製品貿易の大部分は各グループ間で行われており，大陸ヨーロッパの工業諸国の場合も同じく大陸ヨーロッパの工業国間での貿易が大半を占めている。表 66 が示しているよ

表67　世界貿易の品目構成：帝国グループ別

(単位：%)

グループ	商品グループ	輸入			輸出		
		1928年	1935年	1937年	1928年	1935年	1937年
イギリス連邦諸国	a	32	31	28	26	25	24
	b	26	30	33	32	36	40
	c	42	39	39	42	39	36
	合計	100	100	100	100	100	100
フランスとその海外領土	a	23	28	25	23	33	32
	b	46	41	48	22	25	31
	c	31	31	27	55	42	37
	合計	100	100	100	100	100	100
オランダとその海外領土	a	23	18	16	42	30	27
	b	31	33	37	39	52	57
	c	46	49	47	19	18	16
	合計	100	100	100	100	100	100
ベルギー，イタリア，ポルトガル，スペインとそれらの海外領土	a	25	18	21	26	27	21
	b	43	48	50	29	31	35
	c	32	34	29	45	42	44
	合計	100	100	100	100	100	100
アメリカとその海外領土	a	25	32	29	16	11	10
	b	49	45	49	43	47	42
	c	26	23	22	41	42	48
	合計	100	100	100	100	100	100
その他世界	a	22	17	16	28	23	23
	b	36	42	43	37	38	37
	c	42	41	41	35	39	40
	合計	100	100	100	100	100	100

a：食糧と動物　b：原料　c：工業製品

うに，日本，朝鮮，台湾の工業製品輸出が増大したのは近年のことであり，1928年から1937年の間に製造業品輸出の割合は48%から70%に増大した一方で，原料輸出の割合は43%から19%へと低下した。

おおむね補完的な貿易関係にある帝国を構成する国・地域の貿易は，各カテゴリーが占める割合の差異がより小さい。表67が示すように，イギリス連邦を構成する諸国の貿易品の構成は，世界全体のそれと大きな差異はない。一方で，各帝国内の貿易においては，貿易品の構成上の差異は際立っている。当然，「本国」は最大の工業製品輸出国であり，最大の一次産品輸入国であった(以下で掲載した表68～70を面積と人口を示した表64と併せて検討されたい)。

表68　イギリス連邦の貿易品構成

（単位：%）

国・地域	商品グループ	輸入 1928年	輸入 1935年	輸入 1937年	輸出 1928年	輸出 1935年	輸出 1937年
イギリスとアイルランド	a	45	45	40	11	11	10
	b	33	37	42	14	18	18
	c	22	18	18	75	71	72
	合計	100	100	100	100	100	100
自治領諸国	a	13	11	11	46	41	37
	b	22	22	22	38	43	46
	c	65	67	67	16	16	17
	合計	100	100	100	100	100	100
インドとビルマ	a	14	10	12	21	24	26
	b	11	16	21	53	52	51
	c	75	74	67	26	24	23
	合計	100	100	100	100	100	100
その他英領	a	26	22	20	31	31	29
	b	23	23	24	53	57	63
	c	51	55	56	16	12	8
	合計	100	100	100	100	100	100
イギリス帝国合計	a	32	31	28	26	25	24
	b	26	30	33	32	36	40
	c	42	39	39	42	39	36
	合計	100	100	100	100	100	100

a：食糧と動物　b：原料　c：工業製品

表がカバーしている時期において，諸帝国の貿易構造は著しい変化を経験したが，その理由は輸出入先の地理的分布を検討することによって理解することができる。「本国」とその海外領域との経済的関係は，通商政策，あるいは金融上の諸政策の結果強化されたので，帝国に属さない諸国との間の関係が弛緩することとなった。たとえば，1928年から1937年の間において，フランスはその海外領土に対する工業製品輸出を拡大させた一方で，それ以外の国・地域，特にヨーロッパに対する輸出を減少させた。同時にフランスの輸出総額に占める工業製品の割合は68%から56%へと低下した（表69）。フランスほど目立たないがイギリスの工業製品輸出も同じような傾向を示していた。

表 69　フランス帝国の貿易品構成

（単位：%）

国・地域	商品グループ	輸入			輸出		
		1928年	1935年	1937年	1928年	1935年	1937年
フランス	a	24	30	26	13	17	15
	b	57	53	59	19	23	29
	c	19	17	15	68	60	56
	合計	100	100	100	100	100	100
アルジェリア，仏領モロッコ，チュニス	a	21	26	28	66	77	70
	b	14	14	14	27	19	26
	c	65	60	58	7	4	4
	合計	100	100	100	100	100	100
その他仏領	a	18	17	17	61	54	52
	b	11	9	12	37	42	44
	c	71	74	71	2	4	4
	合計	100	100	100	100	100	100
フランス帝国合計	a	23	28	25	23	33	32
	b	46	41	48	22	25	31
	c	31	31	27	55	42	37
	合計	100	100	100	100	100	100

a：食糧と動物　b：原料　c：工業製品

表 70　オランダ帝国の貿易品構成

（単位：%）

国・地域	商品グループ	輸入			輸出		
		1928年	1935年	1937年	1928年	1935年	1937年
オランダ	a	24	17	18	47	37	37
	b	37	36	42	19	30	31
	c	39	47	40	34	33	32
	合計	100	100	100	100	100	100
オランダとその海外領土	a	19	19	13	38	23	17
	b	21	26	27	60	75	81
	c	60	55	60	2	2	2
	合計	100	100	100	100	100	100
オランダ帝国合計	a	23	18	16	42	30	27
	b	31	33	37	39	52	57
	c	46	49	47	19	18	16
	合計	100	100	100	100	100	100

a：食糧と動物　b：原料　c：工業製品

3．主要産品の貿易状況

本書において，上記の諸グループがいかに特定の輸出入品に依存しているのかを詳細に検討することは不可能なので，主要な食糧と原料の貿易についてのみ検討していく。

表71は，1938年に世界全体の輸出額が1億ドルを超える23品目を取り上げ，9つのグループの各々の輸出額を示したものである。本表右下端の2つの数値が示しているように，これらの貿易品は世界全体の貿易額の約3分の1を占めていた。

大陸ヨーロッパの未加工品の輸出総額が，他のどのグループよりも大きいことは驚きである。それは，大陸ヨーロッパ域内における2つの鉱物資源（石炭と鉄鉱石）の貿易と，イギリスに対するバターと豚肉の輸出が多額であることが理由である。ちなみに後者に関しては，大陸ヨーロッパがその他の地域から植物性食品を大量に輸入していたからこそ可能であった。アメリカ，ラテン・アメリカ，イギリス自治領諸国，そしてインドは，各々，23品目合計の輸出額は10億ドルを優に超えていた。アメリカは綿，ガソリン，タバコ，トウモロコシ，ラテン・アメリカは原油，コーヒー豆，砂糖，牛肉，イギリス自治領は小麦，羊毛，米，イギリスの植民地はゴムと錫の主要な輸出国・地域であった。表71では多くの国を一括して示しているが，その場合においてさえも，輸出貿易は特定産品へと著しく特化しており，その結果，グループ間の相互依存の度合いも非常に高くなっている。

政治的関係性ではなく，地理的な近さに基づいて分類されたより小さなグループに注目すれば，地域間の相互依存性はさらに明確になる。表72～表74は，表61と表62で用いた17グループ間における52品目（表72で考察した23品目を含む）の1938年における配分を示したものである[7)]。この52品目で世界全体の貿易額の36%，そして世界全体の食糧と原料輸出額の60%を占めている。これらの表のうち最初のものは（表72），油糧種子，脂肪油，肥料を除

表71　主要23品目の貿易状況　1938年a

（単位：100万ドル）

品目	アメリカ	ラテン・アメリカb	大陸ヨーロッパ	イギリスとアイルランド	イギリス自治領とインド	イギリス植民地	フランスの海外領土	オランダの海外領土	その他世界	合計
綿花	224	78	17	--	88	37	2	—	154	600
石炭	56	—	242	183	10	2	4	1	32	530
原油	112	293	5	—	—	7	—	8	23	448
小麦	78	59	77	—	171	1	16	—	40	442
羊毛	—	83	42	18	277	3	6	—	6	435
ガソリン	122	12	40	4	—	53	—	115	48	394
煙草	156	17	121	—	12	11	2	20	20	359
砂糖	3	121	36	13	28	43	12	25	59	340
銅	87	70	55	2	48	44	—	—	19	325
バター	1	3	164	11	121	2	—	—	2	304
ガス・燃料油	56	17	19	3	—	17	—	122	64	298
ゴム	—	5	—	—	1	176	18	74	13	287
コーヒー	—	225	2	—	1	8	11	7	9	263
牛肉，子羊肉，羊肉	1	109	14	2	92	1	2	—	1	222
トウモロコシ	95	57	24	—	12	2	16	—	14	220
豚肉	17	4	136	14	43	—	—	—	2	216
茶	—	—	—	—	87	62	1	31	21	202
米	8	2	15	—	86	10	30	—	46	197
鉄鉱石	2	4	116	—	4	9	11	—	3	149
絹	—	—	8	—	—	—	—	—	116	124
小麦，小麦粉	23	4	30	9	41	1	4	—	15	127
錫（金属）	—	1	32	12	7	55	1	6	9	123
柑橘類	20	7	42	—	6	21	2	—	5	103
23品目合計	1,061	1,171	1,237	271	1,135	565	138	409	721	6,708
全世界の輸出額	3,057	1,738	8,065	2,393	2,389	881	455	562	2,284	21,824

a：個々の品目について国境価格で示すことは不可能なので，この表における数値は各国の貿易統計に記載された数値をそのまま記している。アメリカとイギリス自治領諸国，及びインドのいくつかの品目に関しては若干高めの数値になっている。
b：イギリス，フランス，及びオランダの海外領土の貿易は除外している。

表 72　主要品目の貿易状況　1938 年

品目	世界全体の貿易額（単位：100万ドル）	輸入(I) 輸出(E)	1～17（表61, 62で示したグループ）が世界貿易数量に占める割合（%）																
			1	2	3	4	5	6	7	8	9	10	11	12	13	14	15	16	17
牛肉と羊肉	222	I	—	—	1	1	3	—	1	—	—	1	1	—	—	12	—	80	—
		E	—	1	1	—	1	1	5	50	—	—	—	—	—	1	4	1	35
豚肉	216	I	1	—	—	1	4	—	1	—	—	1	1	—	—	10	—	81	—
		E	—	—	—	15	8	—	—	4	—	—	—	—	—	9	49	7	8
バター	304	I	1	—	1	—	—	—	1	—	1	1	—	1	—	16	—	78	—
		E	1	—	1	—	—	—	—	1	1	—	—	—	—	14	40	3	39
小麦	442	I	1	1	—	1	1	2	8	—	1	—	—	—	1	33	10	40	1
		E	2	—	—	22	17	—	—	14	3	—	—	1	9	2	12	—	18
小麦粉	127	I	6	—	8	2	—	3	12	1	2	12	—	23	—	8	5	17	1
		E	2	—	—	14	19	—	—	4	3	1	13	1	2	9	3	4	25
トウモロコシ	220	I	1	—	—	3	—	—	—	—	—	—	3	1	—	51	8	33	—
		E	—	3	4	—	42	—	2	29	—	7	—	3	—	—	10	—	—
米	197	I	2	1	4	—	—	1	4	1	27	24	—	9	1	20	3	2	1
		E	1	—	—	—	2	1	1	—	48	40	1	1	—	5	—	—	—
バナナ	50	I	—	—	—	3	56	1	—	7	—	—	—	—	—	17	2	13	1
		E	4	2	4	—	—	16	73	—	—	—	—	—	—	—	—	—	—
柑橘類	103	I	—	—	—	8	—	—	—	3	—	2	—	3	2	37	8	36	1
		E	5	6	—	—	18	1	13	—	—	—	3	24	—	19	10	—	1
砂糖	340	I	5	—	2	5	31	2	—	1	1	2	—	6	—	10	6	28	1
		E	1	2	6	—	1	5	40	—	—	22	3	—	1	7	1	4	7
コーヒー豆	263	I	2	1	1	1	49	—	—	2	—	1	—	1	—	33	8	1	—
		E	—	—	9	—	—	5	80	—	1	4	—	—	—	1	—	—	—
茶	202	I	5	2	1	4	9	1	—	1	1	1	—	5	4	5	1	53	7
		E	—	—	2	—	—	—	—	—	64	17	7	10	—	—	—	—	—
煙草	359	I	3	—	1	—	6	—	—	2	2	1	1	8	—	36	10	28	2
		E	2	2	1	1	38	—	9	1	5	10	1	3	1	2	23	1	—
羊毛	435	I	—	—	—	1	5	—	—	—	1	—	5	—	3	50	5	29	1
		E	1	11	—	—	—	2	1	21	2	—	—	1	—	6	1	3	51
絹	124	I	—	—	—	3	69	1	—	—	2	1	3	—	—	13	—	7	1
		E	—	—	—	—	—	—	—	—	1	—	78	12	—	8	1	—	—

ジュート	46	I	—	—	—	—	6	—	4	1	1	—	3	21	4	47	7	25	—
		E	—	—	—	—	—	—	—	—	99	—	—	—	—	1	—	—	—
綿花	600	I	—	—	—	2	1	—	—	—	5	1	21	2	1	37	11	19	—
		E	13	—	8	—	38	3	10	1	18	1	—	5	—	2	1	—	—
ゴム	287	I	—	1	—	2	38	—	—	1	—	14	4	—	3	21	3	12	1
		E	—	1	—	—	—	—	1	—	7	91	—	—	—	—	—	—	—
石炭	530	I	3	—	1	11	—	—	2	3	1	2	6	1	—	56	12	2	—
		E	—	1	—	—	10	—	—	1	1	2	2	4	—	36	10	33	—
原油	448	I	—	—	—	10	7	46	1	2	—	7	1	—	—	20	1	4	1
		E	—	—	—	—	21	60	6	—	—	2	—	10	—	—	1	—	—
ガソリン	394	I	2	3	2	3	—	7	4	—	2	4	4	2	—	21	6	31	9
		E	—	—	—	—	33	26	—	—	1	15	—	12	2	1	9	1	—
ガスと燃料油	298	I	3	2	4	1	15	7	5	6	4	4	—	4	—	21	4	18	2
		E	—	—	—	—	16	50	3	—	—	9	—	17	1	1	3	—	—
ボーキサイト	10	I	—	—	—	15	20	—	—	—	—	—	—	—	—	53	1	11	—
		E	—	—	—	—	2	32	1	—	—	13	—	—	—	15	37	—	—
鉄鉱石	149	I	—	—	—	3	5	—	—	—	—	—	8	—	—	71	2	11	—
		E	11	—	2	4	1	3	1	—	1	3	—	—	—	65	9	—	—
マグネシウム鉱	21	I	—	—	—	1	23	—	—	—	—	—	7	—	—	51	9	9	—
		E	2	16	17	—	—	1	12	—	27	5	—	—	18	1	1	—	—
銑鉄	50	I	—	—	—	—	1	—	—	—	—	—	42	1	—	33	7	16	—
		E	—	—	—	—	17	—	—	—	20	—	5	10	—	42	2	4	—
屑鉄・鋼屑	74	I	—	—	—	2	—	—	—	—	—	—	35	—	—	39	12	12	—
		E	2	—	—	2	58	—	1	—	2	1	—	2	—	24	3	4	1
未加工の銅	325	I	—	—	—	—	11	—	—	—	—	—	7	—	3	57	4	18	—
		E	—	15	10	12	23	25	—	—	—	—	—	—	—	10	4	1	—
未加工の鉛	74	I	—	—	—	—	1	—	1	—	1	1	12	—	2	31	4	47	—
		E	2	—	—	16	5	33	—	—	9	—	—	—	—	9	1	1	24
錫鉱	72	I	—	—	—	—	—	—	—	—	—	20	—	—	—	40	—	40	—
		E	—	1	15	—	—	43	—	1	2	33	1	—	—	2	2	—	—
未加工の錫	123	I	1	—	1	1	40	—	1	1	2	2	4	1	6	29	5	6	—
		E	—	—	1	—	—	—	—	1	6	50	—	8	—	25	—	8	1
未加工の亜鉛	34	I	—	1	—	—	1	1	—	2	5	—	10	—	—	39	5	36	—
		E	—	1	—	25	1	6	—	—	—	1	—	—	—	34	22	1	9

表 73　油糧種子と植物油の貿易　1938 年

品目	世界全体の輸出額（単位：100万ドル）	輸入（I）輸出（E）	1～17（表61, 62で示したグループ）が世界貿易数量に占める割合（%）																
			1	2	3	4	5	6	7	8	9	10	11	12	13	14	15	16	17
油糧種子6種（脂肪含有量）a	318	I	—	—	—	—	10	1	—	—	1	3	5	—	—	55	8	16	1
		E	2	—	22	—	—	—	1	15	17	26	—	12	—	—	—	—	5
植物油8種b	149	I	6	2	1	7	25	1	2	2	3	2	—	1	—	29	4	14	1
		E	5	—	15	—	1	—	2	—	6	33	1	6	—	19	7	5	—
合計	467	I	2	1	—	3	15	1	1	1	2	2	3	—	—	46	7	15	1
		E	3	—	19	—	—	—	1	10	13	29	—	10	—	7	3	2	3

a：油糧種子とは亜麻仁，落花生，パーム種（核），コプラ，大豆，綿実などのことである。脂肪含有率は以下の基準で算出した。
落花生 → 28%；パーム種（核）→ 45%；コプラ → 63%；大豆 → 14%；綿実 → 15%；亜麻仁 → 33%

b：亜麻仁油，オリーブ油，落花生油，パーム油，パーム核油，ココナツ油，大豆油，綿実油のことである。

表 74　肥料貿易の分布　1938 年

品目	世界全体の輸出額（単位:100万ドル）	輸入(I) 輸出(E)	1〜17（表61, 62で示したグループ）が世界貿易数量に占める割合(%)								
			1	5	6	11	14	15	16	17	2〜4, 7〜10, 12,13
硝酸ナトリウム / カルシウム / アンモニウム	57	I E	17 —	28 7	1 64	1 —	33 10	13 18	2 1	1 —	4 —
硫酸アンモニウム	38	I E	3 —	9 2	— —	28 —	7 50	21 3	2 23	3 —	27a 22b
天然リン酸塩	46	I E	— 54	— 16	— —	8 —	54 1	13 —	— —	15 19	3 10c
塩基性スラグ	12	I E	— —	— —	— —	— —	80 89	11 —	2 11	6 —	1 —
過リン酸塩	11	I E	9 4	2 10	— —	18 1	22 76	26 6	2 3	— —	21d —
カリ肥料	55	I E	1 —	14 3	1 —	7 —	55 84	9 10	9 —	1 —	3 3

a:このうち，グループ9, 10, 12は各々8%を占める。
b:このうち，グループ12は15%を占める。
c:このうち，グループ13は7%を占める。
d:このうち，グループ2は8%，グループ4は10%を占める。

表 75　貿易品目の地理的集中

世界市場に占める割合	輸入品目の数		輸出品目の数	
	最大のグループ	上位2グループ	最大のグループ	上位2グループ
0〜30%	4	−	5	−
31〜50%	16	2	17	5
51〜70%	8	9	5	12
71〜80%	3	14	3	6
81〜90%	1	4	−	7
91〜100%	−	3	2	2

いたものである。これらの品目については，別に検討した方がよいと判断したためである。あるグループがある商品の輸出超過をもつのか，それとも輸入超過をもつのかについては，おおむね輸入額と輸出額の総計は一致するので，その商品に関する輸出額と輸入額を比較することで判断することができるであろう。

一定のグループへの輸入と輸出の集中は際立っている。たとえば，表72で取り上げた32品目のうち12品目において，一つのグループが全世界の輸入額の半分以上を占めている。また，10品目においては，あるグループが世界の全輸出額の半分以上を占めているという状況である。以下で掲載した表75は，最上位，あるいは上位2グループに，各商品の貿易が集中していることを示している。

この数値は，輸出だけでなく輸入においても，一次産品貿易の地理的集中がみられることを示している。輸出品目は，一定地域で効率的に生産される産品から構成される一方で，輸入品目は世界各地において広範な消費と需要の対象となる産品から構成されるので，貿易の地理的集中の程度は低いと思われた。しかし，実際には一次産品の主要輸入グループ5，14，16の輸入額の合計は，世界の輸入総額の半分以上を占めていた。しかも，表の数値は，輸出の集中度の実態を正確には反映していない。というのは，表72の各品目は複数の品質や等級の品目が一括されているが，各輸出国・グループは特定の品質と等級の商品を輸出しているからである。たとえば綿の場合，アメリカは「中級品」(middling) を大量に輸出し，エジプトは主に長繊維綿，インドと中国は主に短繊維綿を輸出している。したがって，もしこれらを別々に表示すれば，各輸出品の集中の度合はより際立つことになるだろう。一方で，発展した綿工業をもつ輸入国は，国によってその割合は異なるだろうが，各種の原綿を必要とするだろう。なお，以上でみた綿の状況は，他のいくつかの品目にもみられることであろう。

先述のように，以下の4つのグループは主に工業国から構成されている。すなわち，アメリカ（グループ5），日本・朝鮮・台湾（グループ11），大陸ヨー

表 76　工業諸国の一次産品輸入：世界全体の輸入額に占める割合

（単位：%）

品目	イギリス（グループ16）	アメリカ（グループ5）	大陸ヨーロッパの工業諸国（グループ14）
豚肉	81	4	10
牛肉と羊肉	80	3	12
バター	78	−	16
茶	53	9	17
小麦	40	1	33
柑橘類	36	−	37
亜鉛	36	−	39
トウモロコシ	33	−	51
ガソリン	31	−	21
羊毛	29	5	50
綿花	19	1	37
絹	7	69	13
綿実油	12	59	8
バナナ	13	56	17
コーヒー	1	49	33
ココナツ油a	11	45	14
錫	6	40	29
ゴム	12	38	21
硝酸ナトリウム / カルシウム / アンモニウム	2	28	33
マグネシウム鉱	9	23	51
オリーヴ油	4	21	42

a：表72には含まれていないが，表73と表74には含まれている。

ロッパの工業国（グループ 14），非大陸ヨーロッパ（グループ 16），以上である。特にグループ 5，14，16 は，表 72 で示した商品貿易の大部分を占めている。大陸ヨーロッパの工業諸国の一次産品の輸入額は，アメリカと非大陸ヨーロッパの合計額とほぼ同じであり，表中の品目に対しかなり均等な需要があるといってよい。世界全体の輸入額の 10% 未満のものは 32 品目中 2 品目であり，60% 以上を占める品目は 1 品目という状況である。これとは対照的に，非大陸ヨーロッパ（イギリス）とアメリカの需要は限られた品目に集中している。表

76で示した21品目（うち17品目は表72に記載されているもの）に関する数値をみると，イギリスとアメリカの需要構造は著しく異なっていることがわかる。

世界貿易におけるこれら品目の重要性を考えると，表76から以下のような重要な結論が引き出せるであろう。「世界市場」における一次産品需要において，イギリスとアメリカは大陸ヨーロッパの工業諸国とかなりの程度，競合関係にあるが，お互いについてはそれほど競合しているわけではない。事実，表72が示しているように，アメリカは，たとえば小麦，トウモロコシ，柑橘類，タバコ，綿，ガソリン，銑鉄，銅などのように，イギリスが大量に輸入している品目を大量に輸出している。

輸出においては，温帯と熱帯でグループ分けすることも可能であろう。温帯に属する南アフリカ（グループ2），北部北アメリカ（グループ4），ラテン・アメリカの非熱帯農業国（グループ8），そしてオセアニア（グループ17）は[8)]，土地は豊富にあるが人口は少ない。これらの諸国は，土地が希少で人口が多い非大陸ヨーロッパに対して複数の農産物を大量に輸出している（たとえば，牛肉，羊肉，小麦，トウモロコシ，羊毛など）。特にラテン・アメリカの熱帯農業地域（グループ7）と東南アジア（グループ10）は，いくつかの農産物を輸出しているが（バナナ，コーヒー，ゴムなど），これらはアメリカが主な市場となっている。

当然のことではあるが，鉱物の場合，緯度と輸出国の分布には何ら密接な関係は存在しない。しかしながら，特定の地域に集中して産出される希少鉱物と，世界各地で大量に産出される一般的な鉱物とは区別しなくてはならない。表72にでてくるほとんどの鉱物は，世界の大きな部分を占める非工業地帯で産出される。実際，これらの地域の輸出が世界全体の輸出に占める割合は，マンガン鉱石100％，錫鉱石97％，亜鉛鉱石85％，ボーキサイト83％，原油79％，銅66％であった。一方で，上述の鉱物やその他の鉱物をもっぱら輸入したのはヨーロッパの工業国であった。石炭と鉄の鉱床はより広範に分布しており，これらの鉱物の貿易量はその生産量に比して小さい。世界の主要な工業地域は，おおむね地元の石炭と鉄の供給に依存している。工業諸国の輸出が世界全体の輸出に占める割合は，石炭81%，鉄鉱石66%，銑鉄68%であり，これらの輸出の大部分はヨーロッパ内で行われている。相対的に輸送費が高くつくので石炭や鉄鉱石を経済的に利用するためには，鉱床が工業地帯内や工業地帯の近く，あるいは海岸近くになくてはならない[9)]。

油糧種子と植物油は表72から除外した。というのも，それらの種類は多いが代替可能であり，一つのグループにまとめる必要があるからである。主な種子と油の輸出入分布は表73で示している。個々の油糧種子と食用油の貿易は特定のグループに集中している。特に輸出においてそうである。全世界の輸出において，グループ8（ラテン・アメリカの非熱帯農業地域）は亜麻仁の80%，グループ3と9（中央アフリカ，インド，ビルマ，セイロン）はピーナッツの87%，グループ10（東南アジア）はコプラの75%，グループ3は油用ヤシの種の88%，グループ12（中国，その他）は大豆の96%，グループ10はココナツ油の81%，グループ14（ヨーロッパの工業諸国）は亜麻仁油の86%を占めていた。表にあげたすべての種子と油の貿易を，脂肪含有量を基準に考察してみると，貿易はより分散していることがわかる。しかし，ほとんどの工業地域は植物性油の供給不足にあるといえる。特にヨーロッパの工業地域（グループ14）は，世界の工業地域による植物性油の輸入総額の半分以上を占めている。主要な輸出地域は熱帯アフリカとアジア（グループ3，9，10）であるが，アルゼンチンと満州も植物性油の主要輸出国・地域である（各々グループ8と12に含まれる）。

主要な肥料の貿易については表74で示している。肥料は，典型的な農業地域よりも，高度な農業を行っているヨーロッパにとって必要不可欠である。そのため，ヨーロッパが主要な消費・輸入地域となっている。

しかしながら，窒素肥料の主な市場はヨーロッパ以外の地域である。具体的にいえば，硝酸系肥料は主にアメリカ，硫酸アンモニウムはアジア（日本，中国，熱帯アジア地域）で大きな需要がある。大陸ヨーロッパにおける合成硝酸肥料の増産にも関わらず，1938年において，チリの硝酸肥料輸出額は世界全体の3分の2を占めていた。より溶解性の高い過燐酸肥料の原料となる天然の燐

図 21　綿，銅，硝酸塩の主要輸出国

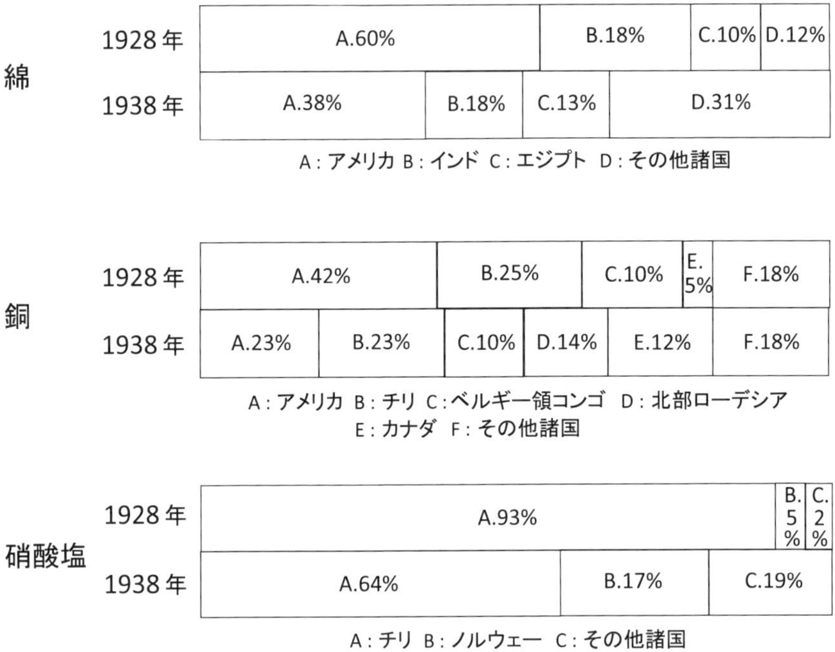

綿

1928 年	A.60%	B.18%	C.10%	D.12%	
1938 年	A.38%	B.18%	C.13%	D.31%	

A：アメリカ B：インド C：エジプト D：その他諸国

銅

1928 年	A.42%	B.25%	C.10%	E. 5%	F.18%	
1938 年	A.23%	B.23%	C.10%	D.14%	E.12%	F.18%

A：アメリカ B：チリ C：ベルギー領コンゴ D：北部ローデシア
E：カナダ F：その他諸国

硝酸塩

1928 年	A.93%	B. 5%	C. 2%
1938 年	A.64%	B.17%	C.19%

A：チリ B：ノルウェー C：その他諸国

注：重量に基づいて割合を算出。

酸塩の主要な供給源は北アメリカであり，ヨーロッパの工業諸国は過燐酸塩の輸出入において主要な位置を占めていた。ヨーロッパやその他の国・地域で生産された過燐酸塩は，そのほんの一部しか国際的取引の対象にはならなかった。ある種の鉄鋼を生産する過程で発生するリンを含む塩基性スラグは，ヨーロッパの工業諸国間で主に取引されている。また，ドイツで主に産出されるカリウム塩も同様である。アメリカによる炭酸カリウムの輸入は一時期盛んであったが，1930 年代には減少をみた。その主な理由はカリフォルニアでの炭酸カリウムの増産である。

表 72 ～ 74 は 1938 年に関する数値であるため，当然，1930 年代における深刻な貿易の混乱の影響を受けている。1920 年代には，生産も貿易もより特化

しており，各種一次産品はその最大の生産地から輸入された。図 21 は 1928 年と 1938 年における綿，銅，硝酸塩の輸出国・地域の分布を示しているが，これは両年の間における輸出の分散化傾向を反映している。当然，この傾向は個々の国の生産品と輸出品の多様化としても表れている。たとえば，ブラジルの輸出総額においてコーヒー豆輸出が占める割合は 72%から 42%へと低下したが，綿のそれは 1%から 18%へと増大し，その他の商品は 27%から 39%へと増大した。フランス領インドシナにおいては，輸出額に占める米の割合は 72%から 39%へと低下したが，トウモロコシとゴム等の輸出品の重要性は増した。相互に関連するさまざまな要因がかかる変化を生み出したと思われる。これらの要因の中で重要なものについては以下で検討する[10)]。

【注】

1）*Review of World Trade* において行ったような貿易額・量の変化に関する詳細な分析を行うことは，本書の目的から逸脱することとなる。

2）ブリュッセル分類法は「食糧」と「動物」を区分けしているが，「動物」は世界貿易においてわずかな割合しか占めておらず（1928 年には約 1.5%，1930 年代末葉には約 0.5%），また結局は屠畜され食用に供されるので一つのカテゴリーにまとめた。

3）一方で動物性油は食糧の加工に使用されるが原料に含めた。

4）1935 年に国際連盟統計専門委員会が作成した “Minimum List of Commodities for International Trade Statistics” のことである。しかし，この一覧表に基づく貿易分布のデータは，わずかに 25 ヵ国，そして 1930 年代後半の数年分に関するデータである。詳細については，*International Trade Statistics, 1938*（Ser. L.o.N.P.1939. II. A.21.）を参照せよ。

5）1929 年から 1938 年における，各商品カテゴリーの価格，物価，そして貿易量に関するデータは，*Review of World Trade, 1938,* p.61 を参照せよ。

6）この表は表 61 と表 62 で示された面積と人口のデータと関連させて検討すべきである。

7）表 72 ～表 74 には各品目の輸出入量に関する数値は記載されていない。しかし，表 104 における「英米グループ」と「その他世界」に記載された数値を各々合計することによってこれらの数値を得ることが可能である。

8）これらのグループにアメリカ（グループ 5）を含むことも可能かもしれない。

9)「重工業で使用される石炭や鉄鉱石などの原料は，地元で使用されるものを除けば，ヨーロッパ，北アメリカ，そして海岸から大体100キロメートル（約60マイル）の範囲内にある地域においてのみ経済的に生産可能である。・・・なお，近年の極東における工業発展を考えると，アジアの最も人口稠密な地帯も加える必要があろう。この地域においても，リン酸が経済的に利用可能である。」Ivar Högbom,“Development of World Production of Raw Materials”, in *Report of the Committee for the Study of the Problem of Raw Materials*（Ser. L.o.N.P.1937. II. B.7）から引用。

10) 271頁を参照せよ。

第12章 世界各地の貿易関係

1．大陸グループ間，及びグループ内の貿易関係

表77と表78は，我々が「大陸」と呼ぶ8つのグループ間の貿易について示したものである。ただし，アメリカ大陸は北アメリカとラテン・アメリカに，ヨーロッパ大陸も大陸ヨーロッパと非大陸ヨーロッパに分割されている。また，ソ連は「大陸」グループとして一括りにされている。ソ連は貿易よりもむしろ領土の広大さと潜在的経済力ゆえに大陸的重要性を有している。一方で，非大陸ヨーロッパは世界の人口の0.4％しか占めていないものの，その貿易規模において大陸的重要性を有している。各表の数値は，表中左第一列に記されたグループから，上段に示したグループへの商品の流れを示すように配置されている。表の上部は輸入額を，下部にはそれに対応する輸出額が示されている。ほとんどの場合，輸入額は輸出額よりも5～20％大きいが，これは輸入額が輸送費を含んでいるからである。

表中の配列は，ある大陸の輸入を表す数値を各段に垂直に並べ，輸出を表す数値は水平に並べてある。たとえば，1935年のアフリカの輸入（総額13億7千万ドル）は，表78の上部第1列に記されており，輸出（総額10億2百万ドル）は下部第1段に記されている。

これらの表は，グループ間において，貿易額のみならず貿易相手国・地域においても不均衡が存在することを示している。このことをより明確に示すために，1938年における世界の輸入分布（表78上部のドル表示額に基づいている）を示したのが表79である。当然，輸出額に基づいて計算してもほぼ同じ結果が

表 77　世界貿易の構造：商品貿易　1928 年

～からの（輸入） ～への（輸出）	アフリカ		北アメリカ		ラテン・アメリカ		アジア		ソ連	
	ドル	新金ドル	ドル	新金ドル	ドル	新金ドル	ドル	新金ドル	ドル	新金ドル
輸入										
アフリカ	110	200	130	220	—	—	50	80	20	30
北アメリカ	160	270	1,510	2,560	1,030	1,760	780	1,320	100	180
ラテン・アメリカ	20	40	1,210	2,050	340	580	10	10	40	60
アジア	150	240	1,390	2,330	100	160	2,220	3,770	110	180
ソ連	10	10	20	40	—	—	70	120	—	—
大陸ヨーロッパ	700	1,190	980	1,650	810	1,380	750	1,260	190	330
非大陸ヨーロッパ	450	760	460	790	440	730	850	1,440	10	20
オセアニア	20	30	90	160	—	—	110	190	20	30
全世界	1,620	2,740	5,790	9,800	2,720	4,610	4,840	8,190	490	830
輸出										
アフリカ	110	180	110	180	—	—	40	60	20	30
北アメリカ	130	230	1,510	2,540	930	1,590	710	1,210	80	130
ラテン・アメリカ	20	30	1,110	1,890	290	500	10	10	10	20
アジア	110	210	1,170	1,990	80	120	2,070	3,470	110	190
ソ連	—	10	20	40	—	—	80	130	—	—
大陸ヨーロッパ	640	1,070	840	1,420	680	1,150	630	1,100	170	280
非大陸ヨーロッパ	390	650	410	700	390	660	790	1,340	10	20
オセアニア	20	30	80	140	—	—	110	190	10	20
全世界	1,420	2,410	5,250	8,900	2,370	4,020	4,440	7,510	410	690

注1：国境価格で表示。
注2：数値は100万ドル未満切捨て。

表 78　世界貿易の構造：商品貿易　1935 年，1938 年

～からの（輸入） ～への（輸出）	アフリカ		北アメリカ		ラテン・アメリカ		アジア		ソ連	
	1935年	1938年	1935年	1938年	1935年	1938年	1935年	1938年	1935年	1938年
輸入										
アフリカ	80	100	70	70	—	—	60	60	—	—
北アメリカ	150	170	690	790	450	660	470	630	40	90
ラテン・アメリカ	20	30	560	610	240	350	20	30	—	—
アジア	160	180	680	660	80	70	1,400	1,520	70	60
ソ連	10	—	30	30	—	—	30	20	—	—
大陸ヨーロッパ	600	690	490	560	430	600	470	590	70	80
非大陸ヨーロッパ	350	400	280	250	220	240	410	430	20	30
オセアニア	—	—	50	40	—	—	120	80	10	10
全世界	1,370	1,570	2,850	3,010	1,420	1,920	2,980	3,360	210	270
輸出										
アフリカ	80	80	60	50	—	—	60	50	—	—
北アメリカ	120	130	690	780	410	600	390	530	40	80
ラテン・アメリカ	20	30	580	540	270	360	20	30	—	—
アジア	130	160	600	550	50	50	1,200	1,410	50	30
ソ連	10	—	30	20	—	—	50	40	—	—
大陸ヨーロッパ	560	600	450	490	390	520	420	530	70	80
非大陸ヨーロッパ	320	360	230	220	190	220	360	380	20	30
オセアニア	—	—	40	30	—	—	100	70	—	—
全世界	1,240	1,360	2,680	2,680	1,310	1,750	2,600	3,040	180	220

注1：国境価格で表示。
注2：数値は100万ドル未満切捨て。

（単位：100万ドル）

大陸ヨーロッパ		非大陸ヨーロッパ		オセアニア		合計		～への（輸出） ～からの（輸入）
ドル	新金ドル	ドル	新金ドル	ドル	新金ドル	ドル	新金ドル	
								輸入
750	1,270	350	610	10	10	1,420	2,420	アフリカ
1,950	3,300	1,200	2,030	250	420	6,980	11,840	北アメリカ
1,260	2,140	690	1,160	—	—	3,570	6,040	ラテン・アメリカ
1,060	1,820	490	830	120	200	5,640	9,530	アジア
240	400	90	150	—	—	430	720	ソ連
6,920	11,720	1,900	3,210	100	180	12,350	20,920	大陸ヨーロッパ
1,060	1,790	400	670	390	670	4,060	6,870	非大陸ヨーロッパ
340	570	400	680	50	80	1,030	1,740	オセアニア
13,580	23,010	5,520	9,340	920	1,560	35,480	60,080	全世界
								輸出
710	1,210	320	550	—	—	1,310	2,210	アフリカ
1,780	3,020	1,250	2,120	220	360	6,610	11,200	北アメリカ
1,110	1,880	630	1,060	—	—	3,180	5,390	ラテン・アメリカ
940	1,590	450	760	100	180	5,030	8,510	アジア
230	380	80	140	—	—	410	700	ソ連
6,630	11,220	1,730	2,930	70	120	11,390	19,290	大陸ヨーロッパ
1,000	1,690	390	660	370	630	3,750	6,350	非大陸ヨーロッパ
310	510	360	610	40	70	930	1,570	オセアニア
12,710	21,500	5,210	8,830	800	1,360	32,610	55,220	全世界

（単位：100万ドル）

大陸ヨーロッパ		非大陸ヨーロッパ		オセアニア		全世界		～への（輸出） ～からの（輸入）
1935年	1938年	1935年	1938年	1935年	1938年	1935年	1938年	
								輸入
680	750	230	280	—	—	1,120	1,260	アフリカ
740	1,020	700	950	110	170	3,350	4,480	北アメリカ
730	830	460	480	—	—	2,030	2,330	ラテン・アメリカ
650	760	420	530	110	130	3,570	3,910	アジア
210	140	100	80	—	—	380	270	ソ連
4,160	4,850	1,090	1,290	50	80	7,360	8,740	大陸ヨーロッパ
740	800	200	220	240	330	2,460	2,700	非大陸ヨーロッパ
120	160	420	540	50	60	770	890	オセアニア
8,030	9,310	3,620	4,370	560	770	21,040	24,580	全世界
								輸出
610	610	210	240	—	—	1,020	1,030	アフリカ
660	860	680	900	100	140	3,090	4,020	北アメリカ
580	660	410	400	—	—	1,880	2,020	ラテン・アメリカ
540	610	350	430	90	100	3,010	3,340	アジア
160	120	80	80	—	—	330	260	ソ連
3,930	4,600	1,020	1,190	30	50	6,870	8,060	大陸ヨーロッパ
660	710	190	210	210	280	2,180	2,410	非大陸ヨーロッパ
100	130	370	490	40	60	650	780	オセアニア
7,240	8,300	3,310	3,940	470	630	19,030	21,920	全世界

図22　世界貿易：4グループ間　1938年

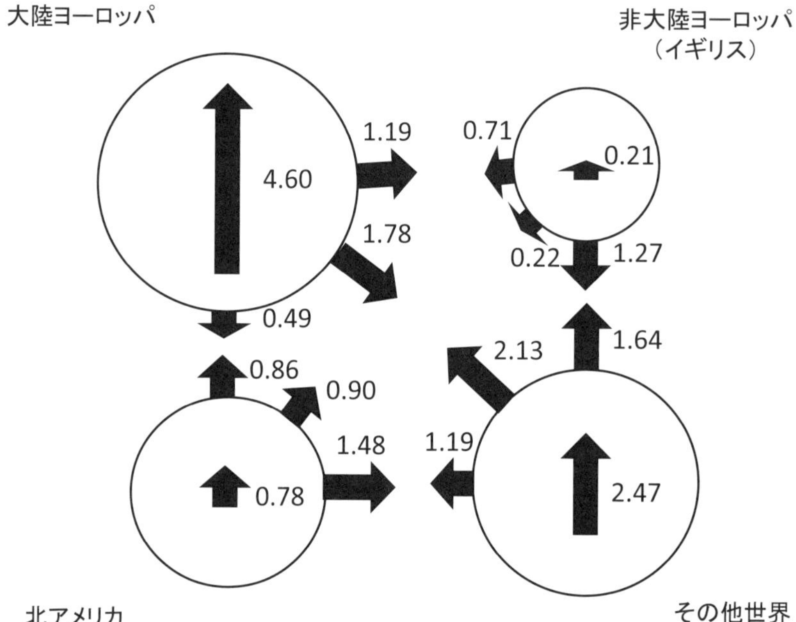

注：円内の矢印は各グループの域内貿易を，円外の矢印はグループ間の貿易を表している。また，矢印の長さは輸出額の大きさを（単位は10億ドル），円の面積は輸出総額の大きさを表している。

でるであろう。

これによると，1938年の世界全体の輸入額のうち，「大陸ヨーロッパ」グループの輸入額は38％を占めていることがわかる（約20％はグループ内の輸入総額）。一方で，「大陸ヨーロッパ」を除く全グループが前者から輸入した額は，世界全体の輸入額の16％を占める。したがって，1938年における世界貿易の54％は，大陸ヨーロッパ諸国の輸出入によって占められていたのである。なお，同年の世界貿易に占める非大陸ヨーロッパの割合は28％，ヨーロッパ全体では73％，北アメリカは27％，ヨーロッパと北アメリカを合わせると89％であった。なお，その他の大陸グループが占める割合はわずかに11％であっ

表79　世界の輸入貿易：商品貿易　1938年

（単位：%）

輸入先＼輸入元	アフリカ	北アメリカ	ラテン・アメリカ	アジア	ソ連	大陸ヨーロッパ	非大陸ヨーロッパ	オセアニア	合計
アフリカ	0.4	0.3	―	0.2	―	3.0	1.2	―	5.1
北アメリカ	0.7	3.2	2.7	2.6	0.4	4.1	3.9	0.7	18.3
ラテン・アメリカ	0.1	2.5	1.4	0.1	―	3.4	1.9	―	9.4
アジア	0.7	2.7	0.3	6.2	0.2	3.1	2.2	0.5	15.9
ソ連	―	0.1	―	0.1	―	0.6	0.3	―	1.1
大陸ヨーロッパ	2.8	2.3	2.5	2.4	0.3	19.7	5.3	0.3	35.6
非大陸ヨーロッパ	1.6	1.0	0.9	1.8	0.2	3.3	0.8	1.4	11.0
オセアニア	―	0.2	―	0.3	―	0.7	2.2	0.2	3.6
合計	6.3	12.3	7.8	13.7	1.1	37.9	17.8	3.1	100.0

注：表78の数値に基づいて作成。

た。図22は世界貿易に占めるヨーロッパと北アメリカの圧倒的地位を示している。

表79は大陸内及び大陸間の貿易関係の量的関係を明確に示している。1938年の世界の輸入総額のうち，20%は大陸ヨーロッパ内，6%はアジア内，3%は北アメリカ内，1.4%はラテン・アメリカ内，0.8%は非大陸ヨーロッパ内，0.4%はアフリカ内，0.2%はオセアニア内の貿易額が占めている。かように，これら大陸グループ内の貿易は世界貿易の3分の1近くを占めているのである。この域内貿易はグループ間の貿易よりも地域的な性質の貿易と考えられる。それゆえ，それを世界貿易から除外すれば，世界全体の輸入額に占める大陸ヨーロッパの割合は38%から27%へと減少する。一方で，非大陸ヨーロッパの占める割合は18%から25%へと増大し，ほぼ大陸ヨーロッパが占める割合と同じくなる。

表79は大陸グループ間の貿易関係の概観を示したものであるが，表80は1928年と1938年に関する輸入と輸出の地理的分布に関する情報も収録してある。アフリカの貿易額の約半分はヨーロッパが占めていたが，4分の1は非大

表80 世界の輸出入貿易の構造 1928年，1938年

（単位：%）

	アフリカ 1928年	アフリカ 1938年	北アメリカ 1928年	北アメリカ 1938年	ラテン・アメリカ 1928年	ラテン・アメリカ 1938年	アジア 1928年	アジア 1938年
輸入								
アフリカ	7	6	2	2	—	—	1	2
北アメリカ	10	12	26	27	38	34	16	19
ラテン・アメリカ	2	2	21	20	13	18	—	1
アジア	9	11	24	22	3	4	46	45
ソ連	—	—	—	1	—	—	2	1
大陸ヨーロッパ	43	44	17	19	30	31	15	17
非大陸ヨーロッパ	28	25	8	8	16	13	18	13
オセアニア	1	—	2	1	—	—	2	2
合計	100	100	100	100	100	100	100	100
輸出								
アフリカ	8	8	2	3	1	1	3	5
北アメリカ	8	5	23	20	35	27	23	17
ラテン・アメリカ	—	—	14	15	9	18	1	1
アジア	3	5	11	13	—	1	41	42
ソ連	2	—	1	2	—	—	2	1
大陸ヨーロッパ	54	59	27	21	35	33	19	18
非大陸ヨーロッパ	25	23	19	23	20	20	9	13
オセアニア	—	—	3	3	—	—	2	3
合計	100	100	100	100	100	100	100	100

（単位：%）

ソ連 1928年	ソ連 1938年	大陸ヨーロッパ 1928年	大陸ヨーロッパ 1938年	非大陸ヨーロッパ 1928年	非大陸ヨーロッパ 1938年	オセアニア 1928年	オセアニア 1938年	
								輸入
4	—	6	8	6	6	1	—	アフリカ
21	33	14	11	22	22	27	22	北アメリカ
8	—	9	9	12	11	—	—	ラテン・アメリカ
22	22	8	8	9	12	13	17	アジア
—	4	2	1	2	2	—	—	ソ連
39	30	51	52	35	30	11	10	大陸ヨーロッパ
2	11	8	9	7	5	43	43	非大陸ヨーロッパ
4	—	2	2	7	12	5	8	オセアニア
100	100	100	100	100	100	100	100	合計
								輸出
—	—	6	7	10	15	2	—	アフリカ
5	8	7	6	11	9	9	4	北アメリカ
—	—	6	6	10	9	—	—	ラテン・アメリカ
19	15	6	7	21	16	12	9	アジア
—	—	1	1	1	1	1	—	ソ連
56	46	58	57	27	29	33	17	大陸ヨーロッパ
20	31	15	15	10	9	38	62	非大陸ヨーロッパ
—	—	1	1	10	12	5	8	オセアニア
100	100	100	100	100	100	100	100	合計

注：表77と表78の数値に基づいて作成。

陸ヨーロッパが占めていた。北アメリカのアフリカ，ソ連，オセアニアとの貿易は取るに足らない規模であるが，その他のグループとの間ではかなり均等に貿易を行っている。ラテン・アメリカの貿易は，北アメリカ・グループとヨーロッパの２つのグループとの間のものである。

アジアの域内貿易の規模は（1938年において輸入で45％，輸出で42％を占めていたが），大陸ヨーロッパを除外すると，他のいかなるグループよりも大きかった。アジアの貿易にとって，北アメリカは大陸ヨーロッパと同等の重要性をもっていた。1938年において，ソ連は北アメリカから最も輸入をしていたが，輸出先は主にヨーロッパの２つのグループであった。オーストラリアの輸出に占める非大陸ヨーロッパの割合は，1928年の38％から1938年の62％へと著しい増大を示している。かかる増大は注目に値するが，それ以前からオセアニアの貿易は他のどのグループよりも非大陸ヨーロッパに依存していた。

２．各地域の貿易関係

前章では世界を８つの大陸グループに分割したが，表81～表84はグループを構成する各地域の貿易関係について示したものである。輸入額と輸出額との比較を容易にするため，これらの表の数値も表77と表78と同じように配置されている。すなわち，輸入額が記されている表81と表83は垂直的に読むとよい。また，輸出額が示されている表82と表84は水平的に読むとよい。以下，これらの表について解説していきたい。

表81～84をみていくにあたり，以下の点に注意を要する。同じ商品の流れを示しているにも関わらず，輸入額と輸出額の整合性がどうしても取れない場合があった。すなわち，輸送費分だけ輸入額は輸出額を超過しているはずなのに，輸出額の方が輸入額よりも大きな場合である。かかる不整合は調整の手を尽くしても徒労に終わるであろう。たとえば，ラテン・アメリカの鉱物生産諸国（グループ６）間の貿易において，1935年と1938年の輸出額は輸入額よりも多くなっている。おそらくこの理由は，ヴェネズエラの貿易統計におけるキュ

表81　世界の輸入貿易の構造　1928年

～への（輸出） ～からの（輸入）	1. 北アフリカ		2. 南アフリカ		3. その他アフリカ		4. 北部北アメリカ		5. アメリカ	
	ドル	新金ドル	ドル	新金ドル	ドル	新金ドル	ドル	新金ドル	ドル	新金ドル
1. 北アフリカ	20	40	—	—	10	10	—	—	40	70
2. 南アフリカ	—	—	30	60	10	20	—	—	30	50
3. その他アフリカ	—	—	10	10	30	60	—	—	60	100
4. 北部北アメリカ	—	—	10	20	10	10	20	30	560	960
5. アメリカ	30	50	70	120	40	70	930	1,570	—	—
6. ラテン・アメリカ：鉱物生産諸国	10	20	—	—	—	—	10	20	380	650
7. ラテン・アメリカ：熱帯農業諸国	10	10	—	10	—	—	30	60	660	1,110
8. ラテン・アメリカ：非熱帯農業諸国	—	—	—	—	—	—	10	10	120	200
9. インド，ビルマ，セイロン	10	20	20	30	30	50	20	30	220	370
10. 東南アジア	10	10	10	10	—	10	10	10	500	840
11. 日本，朝鮮，台湾	10	20	10	10	10	10	10	20	420	710
12. 中国とその他アジア大陸諸国	20	40	—	—	20	30	10	10	200	340
13. ソビエト社会主義共和国連邦	10	10	—	—	—	—	—	—	20	40
14. 大陸ヨーロッパ：工業諸国	390	660	70	130	170	280	90	160	730	1,230
15. 大陸ヨーロッパ：その他諸国	50	90	10	10	10	20	10	10	150	250
16. 非大陸ヨーロッパ	80	130	200	340	170	290	210	360	250	430
17. オセアニア	10	10	10	20	—	—	20	40	70	120
全世界	660	1,110	450	770	510	860	1,380	2,330	4,410	7,470

～への（輸出） ～からの（輸入）	10. 東南アジア		11. 日本，朝鮮，台湾		12. 中国とその他アジア大陸諸国		13. ソビエト社会主義共和国連邦	
	ドル	新金ドル	ドル	新金ドル	ドル	新金ドル	ドル	新金ドル
1. 北アフリカ	—	—	10	20	10	20	20	30
2. 南アフリカ	10	10	—	—	—	—	—	—
3. その他アフリカ	—	—	—	—	10	10	—	—
4. 北部北アメリカ	10	10	40	60	20	40	10	20
5. アメリカ	160	270	300	500	180	310	90	160
6. ラテン・アメリカ：鉱物生産諸国	—	—	10	10	—	—	10	10
7. ラテン・アメリカ：熱帯農業諸国	—	—	—	—	—	—	10	10
8. ラテン・アメリカ：非熱帯農業諸国	—	—	—	—	—	—	20	40
9. インド，ビルマ，セイロン	80	130	130	230	100	160	20	30
10. 東南アジア	390	650	90	160	150	260	10	20
11. 日本，朝鮮，台湾	70	120	—	—	270	450	10	10
12. 中国とその他アジア大陸諸国	110	180	220	380	330	570	70	120
13. ソビエト社会主義共和国連邦	—	—	10	20	50	90	—	—
14. 大陸ヨーロッパ：工業諸国	250	430	110	180	160	270	160	270
15. 大陸ヨーロッパ：その他諸国	—	10	10	10	20	30	30	60
16. 非大陸ヨーロッパ	150	260	80	130	150	250	10	20
17. オセアニア	20	40	60	110	10	10	20	30
全世界	1,250	2,110	1,070	1,810	1,460	2,470	490	830

注1：国境価格で表示。
注2：数値は100万ドル未満切捨て。

（単位：100万ドル）

6. ラテン・アメリカ：鉱物生産諸国 ドル	新金ドル	7. ラテン・アメリカ：熱帯農業諸国 ドル	新金ドル	8. ラテン・アメリカ：非熱帯農業諸国 ドル	新金ドル	9. インド，ビルマ，セイロン ドル	新金ドル	～への（輸出） ～からの（輸入）
—	—	—	—	—	—	—	—	1. 北アフリカ
—	—	—	—	—	—	—	—	2. 南アフリカ
—	—	—	—	—	—	10	20	3. その他アフリカ
10	20	40	70	10	20	10	20	4. 北部北アメリカ
270	460	480	820	220	370	60	110	5. アメリカ
110	190	30	50	40	60	—	—	6. ラテン・アメリカ：鉱物生産諸国
10	20	10	20	40	70	—	—	7. ラテン・アメリカ：熱帯農業諸国
10	20	60	100	30	50	—	—	8. ラテン・アメリカ：非熱帯農業諸国
10	20	20	40	30	60	70	120	9. インド，ビルマ，セイロン
—	—	—	—	—	—	100	170	10. 東南アジア
10	10	10	10	10	10	60	110	11. 日本，朝鮮，台湾
—	—	10	10	—	—	50	80	12. 中国とその他アジア大陸諸国
—	—	—	—	—	—	10	10	13. ソビエト社会主義共和国連邦
150	240	250	430	320	550	190	320	14. 大陸ヨーロッパ：工業諸国
10	20	40	70	40	70	10	10	15. 大陸ヨーロッパ：その他諸国
80	130	180	300	180	300	470	800	16. 非大陸ヨーロッパ
—	—	—	—	—	—	20	30	17. オセアニア
670	1,130	1,130	1,920	920	1,560	1,060	1,800	全世界

（単位：100万ドル）

14. 大陸ヨーロッパ：工業諸国 ドル	新金ドル	15. 大陸ヨーロッパ：その他諸国 ドル	新金ドル	16. 非大陸ヨーロッパ ドル	新金ドル	17. オセアニア ドル	新金ドル	全世界 ドル	新金ドル	～への（輸出） ～からの（輸入）
300	510	50	80	150	260	—	—	610	1,040	1. 北アフリカ
140	240	—	10	80	140	10	10	310	540	2. 南アフリカ
240	400	20	30	120	210	—	—	500	840	3. その他アフリカ
240	410	60	100	290	490	40	60	1,380	2,340	4. 北部北アメリカ
1,310	2,220	340	570	910	1,540	210	360	5,600	9,500	5. アメリカ
180	300	30	50	150	250	—	—	960	1,610	6. ラテン・アメリカ：鉱物生産諸国
300	500	40	70	130	220	—	—	1,240	2,100	7. ラテン・アメリカ：熱帯農業諸国
640	1,090	70	130	410	690	—	—	1,370	2,330	8. ラテン・アメリカ：非熱帯農業諸国
420	710	60	110	300	500	50	80	1,590	2,690	9. インド，ビルマ，セイロン
260	440	50	90	60	100	40	70	1,680	2,840	10. 東南アジア
50	80	—	10	30	60	20	40	1,000	1,680	11. 日本，朝鮮，台湾
200	340	20	40	100	170	10	10	1,370	2,320	12. 中国とその他アジア大陸諸国
170	290	70	110	90	150	—	—	430	720	13. ソビエト社会主義共和国連邦
3,900	6,610	1,580	2,670	1,300	2,200	90	160	9,910	16,790	14. 大陸ヨーロッパ：工業諸国
1,160	1,970	280	470	600	1,010	10	20	2,440	4,130	15. 大陸ヨーロッパ：その他諸国
720	1,220	340	570	400	670	390	670	4,060	6,870	16. 非大陸ヨーロッパ
330	560	10	10	400	680	50	80	1,030	1,740	17. オセアニア
10,560	17,890	3,020	5,120	5,520	9,340	920	1,560	35,480	60,080	全世界

表 82　世界の輸出貿易の構造　1928 年

～への（輸出） ～からの（輸入）	1. 北アフリカ		2. 南アフリカ		3. その他アフリカ		4. 北部北アメリカ		5. アメリカ	
	ドル	新金ドル	ドル	新金ドル	ドル	新金ドル	ドル	新金ドル	ドル	新金ドル
1. 北アフリカ	20	40	—	—	10	10	—	—	40	60
2. 南アフリカ	—	—	30	50	10	10	—	—	20	40
3. その他アフリカ	—	—	10	10	30	60	—	—	50	80
4. 北部北アメリカ	—	—	10	20	—	10	20	30	560	940
5. アメリカ	30	50	60	100	30	50	930	1,570	—	—
6. ラテン・アメリカ：鉱物生産諸国	10	10	—	—	—	—	10	20	370	630
7. ラテン・アメリカ：熱帯農業諸国	10	10	—	—	—	—	20	40	600	1,030
8. ラテン・アメリカ：非熱帯農業諸国	—	—	—	10	—	—	10	10	100	160
9. インド, ビルマ, セイロン	10	20	10	20	20	40	10	20	180	310
10. 東南アジア	10	10	10	10	—	10	—	—	450	760
11. 日本, 朝鮮, 台湾	10	20	—	10	10	10	10	20	390	660
12. 中国とその他アジア大陸諸国	20	40	—	—	10	20	10	10	120	210
13. ソビエト社会主義共和国連邦	—	10	—	—	—	—	—	—	20	40
14. 大陸ヨーロッパ：工業諸国	380	640	60	100	140	230	80	130	640	1,080
15. 大陸ヨーロッパ：その他諸国	40	80	10	10	10	10	—	10	120	200
16. 非大陸ヨーロッパ	70	120	170	280	150	250	180	310	230	390
17. オセアニア	10	10	10	20	—	—	20	40	60	100
全世界	620	1,060	380	640	420	710	1,300	2,210	3,950	6,690

～への（輸出） ～からの（輸入）	10. 東南アジア		11. 日本, 朝鮮, 台湾		12. 中国とその他アジア大陸諸国		13. ソビエト社会主義共和国連邦		14. 大陸ヨーロッパ：工業諸国	
	ドル	新金ドル	ドル	新金ドル	ドル	新金ドル	ドル	新金ドル	ドル	新金ドル
1. 北アフリカ	—	—	10	20	10	10	20	30	300	510
2. 南アフリカ	—	—	—	—	—	—	—	—	140	230
3. その他アフリカ	—	—	—	—	10	20	—	—	210	360
4. 北部北アメリカ	10	10	40	70	20	40	10	10	230	390
5. アメリカ	130	220	280	470	170	290	70	120	1,200	2,040
6. ラテン・アメリカ：鉱物生産諸国	—	—	10	10	—	—	—	—	160	270
7. ラテン・アメリカ：熱帯農業諸国	—	—	—	—	—	—	—	—	280	470
8. ラテン・アメリカ：非熱帯農業諸国	—	—	—	—	—	—	10	20	560	950
9. インド, ビルマ, セイロン	70	110	130	210	70	120	10	20	380	640
10. 東南アジア	340	570	80	140	140	240	10	20	230	390
11. 日本, 朝鮮, 台湾	60	100	—	—	260	430	10	10	40	70
12. 中国とその他アジア大陸諸国	100	170	220	360	330	560	80	140	180	300
13. ソビエト社会主義共和国連邦	—	—	10	20	60	100	—	—	170	280
14. 大陸ヨーロッパ：工業諸国	220	380	90	160	130	230	140	230	3,860	6,540
15. 大陸ヨーロッパ：その他諸国	—	10	10	10	10	20	30	50	1,140	1,930
16. 非大陸ヨーロッパ	140	240	70	120	140	240	10	20	700	1,180
17. オセアニア	20	40	60	110	10	10	10	20	310	510
全世界	1,090	1,850	1,010	1,700	1,360	2,310	410	690	10,090	17,060

注1：国境価格で表示。

注2：数値は100万ドル未満切捨て。

（単位：100万ドル）

6. ラテン・アメリカ：鉱物生産諸国 ドル	新金ドル	7. ラテン・アメリカ：熱帯農業諸国 ドル	新金ドル	8. ラテン・アメリカ：非熱帯農業諸国 ドル	新金ドル	9. インド，ビルマ，セイロン ドル	新金ドル	～への（輸出）／～からの（輸入）
—	—	—	—	—	—	—	—	1. 北アフリカ
—	—	—	—	—	—	—	—	2. 南アフリカ
—	—	—	—	—	—	10	10	3. その他アフリカ
10	20	40	70	10	20	10	20	4. 北部北アメリカ
240	410	420	720	210	350	50	90	5. アメリカ
90	160	30	50	20	40	—	—	6. ラテン・アメリカ：鉱物生産諸国
10	20	10	10	40	70	—	—	7. ラテン・アメリカ：熱帯農業諸国
10	20	50	80	30	50	—	—	8. ラテン・アメリカ：非熱帯農業諸国
10	20	20	30	30	50	70	110	9. インド，ビルマ，セイロン
—	—	—	—	—	—	90	160	10. 東南アジア
10	10	—	—	10	10	60	110	11. 日本，朝鮮，台湾
—	—	—	—	—	—	50	80	12. 中国とその他アジア大陸諸国
—	—	—	—	—	—	10	10	13. ソビエト社会主義共和国連邦
110	180	220	370	280	470	160	280	14. 大陸ヨーロッパ：工業諸国
10	10	30	60	30	60	10	10	15. 大陸ヨーロッパ：その他諸国
70	120	150	250	170	290	440	740	16. 非大陸ヨーロッパ
—	—	—	—	—	—	20	30	17. オセアニア
570	970	970	1,640	830	1,410	980	1,650	全世界

（単位：100万ドル）

14. 大陸ヨーロッパ：工業諸国 ドル	新金ドル	15. 大陸ヨーロッパ：その他諸国 ドル	新金ドル	16. 非大陸ヨーロッパ ドル	新金ドル	17. オセアニア ドル	新金ドル	全世界 ドル	新金ドル	～への（輸出）／～からの（輸入）
300	510	40	70	130	230	—	—	580	980	1. 北アフリカ
140	230	—	10	70	120	—	—	270	460	2. 南アフリカ
210	360	20	30	120	200	—	—	460	770	3. その他アフリカ
230	390	50	90	390	660	40	60	1,450	2,460	4. 北部北アメリカ
1,200	2,040	300	500	860	1,460	180	300	5,160	8,740	5. アメリカ
160	270	20	40	180	300	—	—	900	1,530	6. ラテン・アメリカ：鉱物生産諸国
280	470	30	50	120	200	—	—	1,120	1,900	7. ラテン・アメリカ：熱帯農業諸国
560	950	60	100	330	560	—	—	1,160	1,960	8. ラテン・アメリカ：非熱帯農業諸国
380	640	50	90	250	420	40	70	1,360	2,300	9. インド，ビルマ，セイロン
230	390	40	70	80	140	40	60	1,520	2,580	10. 東南アジア
40	70	—	—	30	50	20	40	920	1,550	11. 日本，朝鮮，台湾
180	300	20	30	90	150	—	10	1,230	2,080	12. 中国とその他アジア大陸諸国
170	280	60	100	80	140	—	—	410	700	13. ソビエト社会主義共和国連邦
3,860	6,540	1,380	2,330	1,210	2,050	60	110	9,160	15,510	14. 大陸ヨーロッパ：工業諸国
1,140	1,930	250	420	520	880	10	10	2,230	3,780	15. 大陸ヨーロッパ：その他諸国
700	1,180	300	510	390	660	370	630	3,750	6,350	16. 非大陸ヨーロッパ
310	510	—	—	360	610	40	70	930	1,570	17. オセアニア
10,090	17,060	2,620	4,440	5,210	8,830	800	1,360	32,610	55,220	全世界

表 83　世界の輸入貿易の構造　1935 年, 1938 年

～への(輸出) ～からの(輸入)	1. 北アフリカ		2. 南アフリカ		3. その他アフリカ		4. 北部北アメリカ		5. アメリカ	
	1935年	1938年	1935年	1938年	1935年	1938年	1935年	1938年	1935年	1938年
1. 北アフリカ	20	10	—	—	10	10	—	—	10	10
2. 南アフリカ	—	—	20	30	—	10	—	—	20	30
3. その他アフリカ	—	10	10	10	20	20	10	—	30	30
4. 北部北アメリカ	—	—	20	20	—	—	10	10	310	290
5. アメリカ	20	20	80	100	30	30	370	490	—	—
6. ラテン・アメリカ:鉱物生産諸国	10	10	—	—	—	10	20	20	120	170
7. ラテン・アメリカ:熱帯農業諸国	10	10	—	—	—	—	20	30	320	340
8. ラテン・アメリカ:非熱帯農業諸国	—	—	—	—	—	—	—	—	80	50
9. インド, ビルマ, セイロン	—	10	10	10	20	20	10	20	90	90
10. 東南アジア	10	20	10	10	10	10	10	20	300	310
11. 日本, 朝鮮, 台湾	30	10	20	20	20	30	—	—	170	140
12. 中国とその他アジア大陸諸国	20	20	—	10	10	10	10	10	90	70
13. ソビエト社会主義共和国連邦	10	—	—	—	—	—	—	—	30	30
14. 大陸ヨーロッパ:工業諸国	350	290	60	110	130	220	40	50	350	370
15. 大陸ヨーロッパ:その他諸国	40	40	10	10	10	20	—	10	100	130
16. 非大陸ヨーロッパ	50	50	200	250	100	100	140	140	140	110
17. オセアニア	—	—	—	—	—	—	20	20	30	20
全世界	570	500	440	580	360	490	660	820	2,190	2,190

～への(輸出) ～からの(輸入)	10. 東南アジア		11. 日本, 朝鮮, 台湾		12. 中国とその他アジア大陸諸国		13. ソビエト社会主義共和国連邦	
	1935年	1938年	1935年	1938年	1935年	1938年	1935年	1938年
1. 北アフリカ	—	—	10	10	10	10	—	—
2. 南アフリカ	—	—	—	—	—	—	—	—
3. その他アフリカ	—	—	—	—	10	10	—	—
4. 北部北アメリカ	—	10	20	30	10	10	10	10
5. アメリカ	90	150	240	270	80	110	30	80
6. ラテン・アメリカ:鉱物生産諸国	—	—	10	10	—	—	—	—
7. ラテン・アメリカ:熱帯農業諸国	—	—	—	10	—	—	—	—
8. ラテン・アメリカ:非熱帯農業諸国	—	—	10	10	—	—	—	—
9. インド, ビルマ, セイロン	40	50	90	60	40	50	10	10
10. 東南アジア	210	230	60	70	110	80	10	10
11. 日本, 朝鮮, 台湾	110	70	—	—	240	380	10	—
12. 中国とその他アジア大陸諸国	40	50	120	190	140	120	40	40
13. ソビエト社会主義共和国連邦	—	—	10	—	20	20	—	—
14. 大陸ヨーロッパ:工業諸国	110	180	70	80	150	160	60	60
15. 大陸ヨーロッパ:その他諸国	—	10	10	10	30	30	10	20
16. 非大陸ヨーロッパ	70	90	20	20	100	100	20	30
17. オセアニア	10	20	70	30	30	20	10	10
全世界	680	860	740	800	970	1,100	210	270

注1:国境価格で表示。
注2:数字は100万ドル未満切捨て。

（単位：100万ドル）

6. ラテン・アメリカ：鉱物生産諸国 1935年	1938年	7. ラテン・アメリカ：熱帯農業諸国 1935年	1938年	8. ラテン・アメリカ：非熱帯農業諸国 1935年	1938年	9. インド，ビルマ，セイロン 1935年	1938年	～への（輸出）／～からの（輸入）
—	—	—	—	—	—	10	10	1. 北アフリカ
—	—	—	—	—	—	—	—	2. 南アフリカ
—	—	—	—	—	—	20	20	3. その他アフリカ
10	10	20	20	—	10	—	—	4. 北部北アメリカ
150	240	210	290	60	90	30	50	5. アメリカ
110	160	20	20	20	40	—	—	6. ラテン・アメリカ：鉱物生産諸国
—	20	10	10	30	30	—	—	7. ラテン・アメリカ：熱帯農業諸国
10	20	30	40	10	10	—	—	8. ラテン・アメリカ：非熱帯農業諸国
—	—	10	10	20	20	40	40	9. インド，ビルマ，セイロン
—	—	10	—	—	—	40	30	10. 東南アジア
10	10	10	10	20	20	90	70	11. 日本，朝鮮，台湾
—	—	—	—	—	—	30	30	12. 中国とその他アジア大陸諸国
—	—	—	—	—	—	—	—	13. ソビエト社会主義共和国連邦
100	160	150	210	130	180	90	110	14. 大陸ヨーロッパ：工業諸国
10	10	20	20	20	20	10	10	15. 大陸ヨーロッパ：その他諸国
40	40	90	100	90	100	220	220	16. 非大陸ヨーロッパ
—	—	—	—	—	—	10	10	17. オセアニア
440	670	580	730	400	520	590	600	全世界

（単位：100万ドル）

14. 大陸ヨーロッパ：工業諸国 1935年	1938年	15. 大陸ヨーロッパ：その他諸国 1935年	1938年	16. 非大陸ヨーロッパ 1935年	1938年	17. オセアニア 1935年	1938年	全世界 1935年	1938年	～への（輸出）／～からの（輸入）
310	320	40	30	80	90	—	—	500	500	1. 北アフリカ
80	110	—	10	80	90	—	—	200	280	2. 南アフリカ
230	260	20	20	70	100	—	—	420	480	3. その他アフリカ
70	110	20	20	280	380	30	60	810	990	4. 北部北アメリカ
480	700	170	190	420	570	80	110	2,540	3,490	5. アメリカ
150	230	20	20	130	150	—	—	610	840	6. ラテン・アメリカ：鉱物生産諸国
230	250	30	30	100	120	—	—	750	850	7. ラテン・アメリカ：熱帯農業諸国
260	270	40	30	230	210	—	—	670	640	8. ラテン・アメリカ：非熱帯農業諸国
170	190	40	30	210	300	20	30	820	940	9. インド，ビルマ，セイロン
220	270	20	20	70	80	40	50	1,130	1,210	10. 東南アジア
40	40	10	10	40	40	40	40	860	890	11. 日本，朝鮮，台湾
140	190	10	10	100	110	10	10	760	870	12. 中国とその他アジア大陸諸国
170	100	40	40	100	80	—	—	380	270	13. ソビエト社会主義共和国連邦
2,260	2,400	820	1,150	630	760	40	70	5,540	6,560	14. 大陸ヨーロッパ：工業諸国
890	1,080	190	220	460	530	10	10	1,820	2,180	15. 大陸ヨーロッパ：その他諸国
450	480	290	320	200	220	240	330	2,460	2,700	16. 非大陸ヨーロッパ
110	140	10	20	420	540	50	60	770	890	17. オセアニア
6,260	7,140	1,770	2,170	3,620	4,370	560	770	21,040	24,580	全世界

表84 世界の輸出貿易の構造 1935年，1938年

～への（輸出）／～からの（輸入）	1. 北アフリカ 1935年	1938年	2. 南アフリカ 1935年	1938年	3. その他アフリカ 1935年	1938年	4. 北部北アメリカ 1935年	1938年	5. アメリカ 1935年	1938年
1. 北アフリカ	20	10	—	—	10	10	—	—	10	10
2. 南アフリカ	—	—	20	30	—	10	—	—	20	20
3. その他アフリカ	—	—	10	—	20	20	10	—	20	20
4. 北部北アメリカ	—	—	20	20	—	—	10	10	310	290
5. アメリカ	20	20	60	70	20	20	370	480	—	—
6. ラテン・アメリカ：鉱物生産諸国	10	10	—	—	—	10	20	10	170	170
7. ラテン・アメリカ：熱帯農業諸国	10	10	—	—	—	—	20	20	300	300
8. ラテン・アメリカ：非熱帯農業諸国	—	—	—	—	—	—	—	—	70	40
9. インド，ビルマ，セイロン	—	10	10	10	20	20	10	10	80	80
10. 東南アジア	10	20	—	10	10	10	10	10	250	260
11. 日本，朝鮮，台湾	20	10	10	10	20	20	—	—	160	130
12. 中国とその他アジア大陸諸国	20	20	—	10	10	10	10	—	80	60
13. ソビエト社会主義共和国連邦	10	—	—	—	—	—	—	—	30	20
14. 大陸ヨーロッパ：工業諸国	340	280	50	80	120	190	30	40	330	340
15. 大陸ヨーロッパ：その他諸国	30	30	10	10	10	10	—	—	90	110
16. 非大陸ヨーロッパ	50	50	180	220	90	90	110	120	120	100
17. オセアニア	—	—	—	—	—	—	10	10	30	20
全世界	540	470	370	470	330	420	610	710	2,070	1,970

～への（輸出）／～からの（輸入）	10. 東南アジア 1935年	1938年	11. 日本，朝鮮，台湾 1935年	1938年	12. 中国とその他アジア大陸諸国 1935年	1938年	13. ソビエト社会主義共和国連邦 1935年	1938年
1. 北アフリカ	—	—	10	10	10	10	—	—
2. 南アフリカ	—	—	—	—	—	—	—	—
3. その他アフリカ	—	—	—	—	10	—	—	—
4. 北部北アメリカ	—	10	20	20	10	—	10	10
5. アメリカ	70	130	200	240	60	90	30	70
6. ラテン・アメリカ：鉱物生産諸国	—	—	10	10	—	—	—	—
7. ラテン・アメリカ：熱帯農業諸国	—	—	—	10	—	—	—	—
8. ラテン・アメリカ：非熱帯農業諸国	—	—	10	10	—	—	—	—
9. インド，ビルマ，セイロン	30	40	80	60	30	30	10	10
10. 東南アジア	160	210	60	60	70	50	10	10
11. 日本，朝鮮，台湾	80	60	—	—	220	390	10	—
12. 中国とその他アジア大陸諸国	40	50	110	150	130	160	20	10
13. ソビエト社会主義共和国連邦	—	—	10	—	40	40	—	—
14. 大陸ヨーロッパ：工業諸国	100	160	60	70	130	160	60	60
15. 大陸ヨーロッパ：その他諸国	—	—	10	10	20	20	10	20
16. 非大陸ヨーロッパ	60	80	20	10	80	90	20	30
17. オセアニア	10	20	70	30	20	10	—	—
全世界	550	760	670	690	830	1,050	180	220

注1：国境価格で表示。
注2：数字は100万ドル未満切捨て。

（単位：100万ドル）

6. ラテン・アメリカ：鉱物生産諸国 1935年	1938年	7. ラテン・アメリカ：熱帯農業諸国 1935年	1938年	8. ラテン・アメリカ：非熱帯農業諸国 1935年	1938年	9. インド，ビルマ，セイロン 1935年	1938年	～への（輸出）／～からの（輸入）
—	—	—	—	—	—	10	10	1. 北アフリカ
—	—	—	—	—	—	—	—	2. 南アフリカ
—	—	—	—	—	—	20	20	3. その他アフリカ
10	10	20	20	—	10	—	—	4. 北部北アメリカ
130	210	190	260	60	90	30	40	5. アメリカ
160	220	20	20	10	20	—	—	6. ラテン・アメリカ：鉱物生産諸国
10	20	—	10	20	20	—	—	7. ラテン・アメリカ：熱帯農業諸国
10	10	30	30	10	10	—	—	8. ラテン・アメリカ：非熱帯農業諸国
—	—	10	10	10	10	40	30	9. インド，ビルマ，セイロン
—	—	—	—	—	—	40	20	10. 東南アジア
10	10	10	10	10	10	80	60	11. 日本，朝鮮，台湾
—	—	—	—	—	—	30	40	12. 中国とその他アジア大陸諸国
—	—	—	—	—	—	—	—	13. ソビエト社会主義共和国連邦
80	130	130	170	130	180	90	100	14. 大陸ヨーロッパ：工業諸国
10	10	20	10	20	20	10	10	15. 大陸ヨーロッパ：その他諸国
40	30	70	80	80	110	200	200	16. 非大陸ヨーロッパ
—	—	—	—	—	—	—	10	17. オセアニア
460	650	500	620	350	480	550	540	全世界

（単位：100万ドル）

14. 大陸ヨーロッパ：工業諸国 1935年	1938年	15. 大陸ヨーロッパ：その他諸国 1935年	1938年	16. 非大陸ヨーロッパ 1935年	1938年	17. オセアニア 1935年	1938年	全世界 1935年	1938年	～への（輸出）／～からの（輸入）
290	270	40	20	70	70	—	—	470	420	1. 北アフリカ
80	90	—	10	70	80	—	—	190	240	2. 南アフリカ
180	200	20	20	70	90	—	—	360	370	3. その他アフリカ
60	90	20	20	280	350	30	50	800	910	4. 北部北アメリカ
440	600	140	150	400	550	70	90	2,290	3,110	5. アメリカ
130	200	20	20	120	140	—	—	670	830	6. ラテン・アメリカ：鉱物生産諸国
160	180	20	20	80	90	—	—	620	680	7. ラテン・アメリカ：熱帯農業諸国
210	210	40	30	210	170	—	—	590	510	8. ラテン・アメリカ：非熱帯農業諸国
140	150	30	20	160	220	20	20	680	730	9. インド，ビルマ，セイロン
180	210	20	20	60	70	30	40	910	1,000	10. 東南アジア
30	30	10	10	40	40	30	30	740	820	11. 日本，朝鮮，台湾
120	160	10	10	90	100	10	10	680	790	12. 中国とその他アジア大陸諸国
130	80	30	40	80	80	—	—	330	260	13. ソビエト社会主義共和国連邦
2,230	2,360	770	1,100	590	700	30	50	5,270	6,170	14. 大陸ヨーロッパ：工業諸国
770	950	160	190	430	490	—	—	1,600	1,890	15. 大陸ヨーロッパ：その他諸国
400	420	260	290	190	210	210	280	2,180	2,410	16. 非大陸ヨーロッパ
90	110	10	20	370	490	40	60	650	780	17. オセアニア
5,640	6,310	1,600	1,990	3,310	3,940	470	630	19,030	21,920	全世界

ラソーに対する鉱油輸出額の数値が実際より大きいからである。上記２つの年において，ソ連（グループ13）の中国とその他大陸アジア諸国（グループ12）に対する輸出額も，グループ12のソ連からの輸入額を上回っている。この理由は，中国のソ連との貿易統計は，海上貿易のみを記録し，陸上貿易を記録していないからである。同じく，1938年におけるグループ12のインド，ビルマ，セイロン（グループ９）に対する輸出額は，グループ９のグループ12からの輸入額よりも大きな数値となっている。これも，インドがアフガニスタンとの陸上貿易などを統計に記録しなかったことによる。

〔アフリカ〕

アフリカの輸入先の３分の２はヨーロッパであり，アフリカの商品輸出の５分の４はヨーロッパが吸収していた（表85）。アフリカがかくもヨーロッパに依存している理由は，アフリカの農業と鉱業がヨーロッパの製造業と補完的な関係にあるからである。しかし，両者の政治的，及び金融的な関係にも注意する必要がある。ヨーロッパのいずれの帝国にも属してはいなかった国は，エジプト，エチオピア，そしてリベリア３国のみであったが，これら諸国は合わせてもアフリカの陸地面積の７％，人口の16％，貿易額の14％しか占めていなかった。残りの地域はイギリスの自治領，及びイギリス，ベルギー，フランス，ポルトガル，スペインの管理下にある領域であった[1)]。

アルジェリアや南アフリカなどを除いて，アフリカにおけるヨーロッパ列強の政治的影響力の行使は最近の出来事である。実は1880年になっても，未だヨーロッパ列強はアフリカの陸地面積の10分の１未満しか支配しておらず，人口に関してはさらに小さな部分しか支配下に置いていなかった。アフリカの貿易は政治的圧力が加えられることにより，ごく最近発展し始めた。たとえば，南アフリカの貿易は1880年代の金生産と歩調を合わせて拡大を始めたのであり，中央アフリカにおける貿易の発展はさらに最近の出来事である。

特に中央アフリカにおいてそうであるが，アフリカの大部分は経済発展の初期段階にあり，その経済開発はヨーロッパ資本に依存している。イギリス領南

表85　アフリカの貿易相手国・地域

（単位：%）

	北アフリカ 1928年	北アフリカ 1938年	南アフリカ 1928年	南アフリカ 1938年	その他アフリカ 1928年	その他アフリカ 1938年	全アフリカ 1928年	全アフリカ 1938年
輸入								
イギリス	13	10	44	43	34	20	28	25
ドイツ	3	5	7	8	7	6	6	6
フランス	42	34	2	1	15	12	22	12
その他ヨーロッパ	21	27	9	12	13	31	15	27
ヨーロッパ合計	79	76	62	64	69	69	71	70
アフリカ	4	4	9	7	10	8	7	6
北アメリカ	5	4	18	20	9	6	10	11
アジア	8	12	7	9	12	14	9	11
その他地域	4	4	4	—	—	3	3	2
合計	100	100	100	100	100	100	100	100
輸出								
イギリス	23	16	26 a	33 a	26	24	25	23
ドイツ	6	7	15 a	20 a	17	16	12	13
フランス	34	45	8 a	4 a	17	21	23	27
その他ヨーロッパ	20	18	29 a	18 a	17	23	21	19
ヨーロッパ合計	83	86	78	75	77	84	81	82
アフリカ	5	5	13	15	9	5	8	8
北アメリカ	6	2	9	10	10	5	8	5
アジア	3	7	—	—	4	6	3	5
その他地域	3	—	—	—	—	—	—	—
合計	100	100	100	100	100	100	100	100

注：表81～84の数値から算出。
a：南アフリカの貿易統計においては，イギリスに対する輸出額はより高い値となっており，ヨーロッパ諸国に対する輸出額はより低い値となっている。本表では，イギリスから大陸ヨーロッパ諸国への再輸出分について調整した。

アフリカと同中央アフリカに対するイギリスの投資は，1930年代半ばまでには15億ドルを超える規模となっていた[2)]。また，アフリカに対するその他のヨーロッパ諸国による投資も数億ドルにのぼる[3)]。一方で，アメリカは対外投資を活発に行っているが，アフリカの経済開発においてアメリカ資本はほぼ何の役割も果たしていない。1937年の終わりの時点において，アメリカのアフリカに対する長期資本投資は1億1千2百万ドルであり，これは全海外投資額のわずかに1％にすぎない[4)]。

アフリカは一次産品を工業製品と交換するという典型的な貿易を行ってい

る。アフリカの輸入品の4分の3は工業製品であり，輸出の96%は食糧及び原料から構成されている（表66を参照せよ）。1920年代末葉から一次産品生産国は概して交易条件の悪化に悩まされてきたが，アフリカの状況は比較的ましなものであった。というのは，たとえばフランス支配下の北アフリカ地域は，「本国」との貿易において特別待遇を与えられ，小麦，ワイン，その他の商品を世界市場価格よりも高い価格で輸出できたからである。したがって，フランスと同国の植民地との貿易は1930年代半ば以降，急速に拡大した。

1930年代において，エジプト，ベルギー領コンゴ，イギリス－エジプト領スーダン（Anglo-Egyptian Sudan），ケニア，ウガンダの綿は，農業統制政策の実施によってアメリカが失った市場の一部を獲得することができた。商品価格の全般的低下はアフリカの金生産を促すことになった。金に対する通貨価値の低下は，金輸出が有利になることを意味し，特に南アフリカは商品輸出に対する依存を減じた。1920年代末葉における北ローデシアの豊かな銅鉱山の開発は，わずか数年で同国を世界有数の銅供給国の地位へと押し上げた。また，ベルギー領コンゴも1930年代に銅の輸出量を急増させた。中央アフリカにおけるプランテーションも，自然的条件のみならず，「本国」による特恵待遇や世界各国の輸出規制によって有利な状況にあった。たとえば，アフリカのコーヒー輸出量は1928年から1938年の間に3倍となり，世界の輸出総額に占める割合は4%から9%へと拡大した。また，茶の輸出量も10倍となり，砂糖やココアなどのその他いくつかの産品もかなりの増大を示した。一方，中央アフリカの経済にとって死活的重要性をもっていたピーナッツやその他の油糧種子の輸出は停滞していた。

先にアフリカを3つの地域に分割したが，世界貿易においてこの3つの地域は同程度の重要性をもっていた（表61と表62を参照されたい）。南アフリカの商品輸出は，その他2地域に比べると著しく少ない。しかし，金の輸出を含むと，南アフリカの輸出額は北部アフリカと南部アフリカの両者を超えている。1920年代と1930年代の間，これら2地域は商品貿易において純輸入を記録していたが，これは経済発展が比較的初期の段階にあり，外国資本を輸入している地域によくみられることである。南アフリカもまた商品貿易は輸入超過の状態にあったが，その超過分は金の輸出によって十分に相殺されていた。これら3地域間の貿易は非常に小さく，また，各グループ内の統計領域間の貿易も大部分は現地の「国境」間の貿易であり小規模であった。

これら3地域は共通して販路及び供給源として工業諸国に依存していた。しかし，表85が示しているように，1920年代と1930年代の貿易相手先を決定した主な要因は政治的なものであった。北アフリカはフランス，南アフリカにおいてはイギリスとの貿易が圧倒的に大きかった。中央アフリカの大部分はイギリスとフランスの支配下にあったが，やはり同地域の貿易の大部分は両国とのものであった。

1928年と1938年の間に，北部及び中央アフリカの輸出に占めるフランスの割合と，南アフリカの輸出に占めるイギリスの割合が著しく上昇したことに留意されたい。一方で，両地域の輸入に占める英仏の割合は各々低下した。このことは，「本国」による自治領，あるいは海外領土との関係を強化する政策の効果は，輸出ではなく輸入の拡大であったことを示唆している。また，この政策は，両地域の輸入に占める第三国の割合の上昇を抑える効果はなかった[5)]。したがって，第三国は，必要不可欠な一次産品を確保するために，これら地域に対する輸出の拡大に迫られ，二国間主義に基づく貿易が勢いを増していったのである。この現象については後に再び検討する。

アフリカの貿易にとって北アメリカの主な重要性は，南アフリカに対する供給国としての役割にある。南アフリカの輸入の約5分の1は，主に自動車，機械類，その他の工業製品などのアメリカの製品によって構成されている。一方，南アフリカの商品輸出に占めるアメリカの割合はわずかに10分の1程度である[6)]。供給源としてのアメリカに対する一方的な従属性は，南アフリカと同様の経済構造をもついくつかの地域でも見受けられる。

1930年代において，アジアとの貿易は拡大したが，これは低価格の日本製繊維製品輸入の拡大が理由の一つである。しかし，アジアはアフリカの輸入額で11%，輸出額では5%しか占めていなかった。

〔北部北アメリカ〕

北部北アメリカの貿易の概観を得るために，ここでは同グループの貿易の97%を占めるカナダのみを検討することにしたい。カナダの輸出入額は1880年代と90年代初頭までは停滞していたが，1890年代半ばから1929年までの間に10倍も増加した。このような貿易の急拡大を背景とした経済発展は，カナダ西部の農業地帯の植民活動と軌を一にしていた。また，カナダの経済発展は，イギリスとアメリカとの密接な経済・金融的結び付きによって可能となった。この期間に，カナダの小麦は最大の輸出額を誇る輸出品へと成長した。一方で，アメリカの小麦はますます国内の消費に回されるようになった。

しかし，カナダはヨーロッパ（特にイギリス）に対する小麦供給国としての地位をアメリカに取って代わるようになる一方で，対ヨーロッパ輸出で獲得した貿易黒字の大部分を米国製品の輸入に使用した。したがって，アメリカに対する巨額の輸入超過と並行する形で，ヨーロッパに対する輸出超過も著しく増大したのである。しかし，同時期，カナダの農業生産の拡大は鈍化するようになり，一方で工業の発展が同国経済にとって重要な意味を持つようになった。そして，カナダの工業化は対米貿易に新たな刺激を与えた。すなわち，カナダは工業化に伴い必要となった石炭，機械類，その他の設備等の大部分を，アメリカから輸入したのである。1928年において，カナダの輸入に占める対米輸入額の割合は3分の2を超えていたが，かつてはアメリカを凌駕していたイギリスからの輸入の割合はわずかに15%であった。しかし，カナダの工業はアメリカのそれと密接に結び付いていたので，パルプ，印刷用紙，非鉄金属などの工業製品の対米輸出もかなり高いレベルに達していた。

1914年までは，カナダはイギリスからの借款により工業発展を実現してきた。しかし，1914年以降はアメリカからの資本輸入が主流となり，1938年におけるカナダに対する外国投資68億ドルのうち，39億ドルがアメリカによるものであった[7)]。

1930年代，オタワ協定（1932年イギリス帝国経済会議，帝国特恵体制が確立され

表86　北部北アメリカの貿易相手国・地域

（単位：%）

	輸入		輸出	
	1928年	1938年	1928年	1938年
アメリカ	68	60	38 a	32 a
イギリス	15	17	26 a	37 a
イギリス以外のヨーロッパ	7	7	20 a	13 a
熱帯農業地域	4	9	5	3
その他	6	7	11	15
合計	100	100	100	100

注：表81～表84から算出。
a：貿易統計の調整基準が不明瞭であるため正確ではない。

た：訳注）とアメリカの借款の停止の影響により，カナダの輸入に占めるアメリカの割合は低下した。カナダの輸出相手について正確に知ることはできない。というのも，カナダは特に穀物などの品目について，英米に対する輸出として記録しているが，実際には両国から再輸出されている場合があるからである。表86の調整済の数値から判断する限り，1930年代において，カナダのアメリカと大陸ヨーロッパに対する輸出は減少したが，その分イギリスに対する輸出は増大した。1938年，カナダとイギリス両国がアメリカと締結した通商協定によって，帝国特恵は部分的に廃止された。これにより，カナダのアメリカとの貿易は拡大していくことが見込まれる。

カナダはイギリスに対して食肉と乳製品を大量に輸出している。しかし，1928年にはカナダの輸出総額において食糧が占める割合は約半分であったが，1938年には3分の1以下に低下した。一方，この減少と軌を一にして原料と半製品の輸出額は増大した。カナダの穀物輸出の急速な減少は，アメリカの小麦輸出の減少と符合する出来事であり，工業化のプロセスを加速させた。額自体はそれほど大きくはないが，カナダの輸入額はますます増大していった。これは，非工業諸国からの原料輸入の増大が主な理由であった。そして，カナダはこれらの非工業諸国に対して工業製品を輸出するようになった。表87におけるヨーロッパ，アメリカ，そして日本を除いたその他の地域は，非工業諸国であると考えられる。1938年におけるこれら諸国のカナダからの輸入総額の

表 87　カナダの貿易相手国・地域　1938 年

（単位：100万カナダ・ドル）

	原料	半製品	完成品	合計
（カナダで消費するための商品の）輸入先				
ヨーロッパ	15	15	130	160
アメリカ	126	19	279	424
日本	1	—	4	5
その他国・地域	39	26	23	88
合計	181	60	436	677
（カナダで生産した商品の）輸出先				
ヨーロッパ	150	133	135	418
アメリカ	73	65	132	270
日本	4	16	1	21
その他	8	10	111	129
合計	235	224	379	838

注：食糧の貿易額に関しては，カナダの貿易統計の分類に基づいて上記3つのカテゴリー（原料，半製品，完成品）に配分した。

86％は，カナダで完全に，あるいは主に製造された工業製品が占めていた。

〔アメリカ合衆国〕

アメリカは世界最大の輸出国であり，イギリスに次ぐ世界第２位の輸入国である。アメリカの経済は，ヨーロッパのどの工業国よりも多様性がある。そのことは，一次産品輸出額が輸出総額の半分以上を占めていることからも明らかであろう（表 66 を参照されたい）。

19 世紀の半ばのアメリカは，大西洋岸とメキシコ湾岸で生産される綿花やタバコを輸出する一方で，ヨーロッパから工業製品を輸入していた。しかし，1870 ～ 80 年代に内陸部の鉄道が開発されることで，アメリカは主要な食糧輸出国となった。この時期，アメリカ産の穀物や食肉は，ヨーロッパをはじめとする世界各地の生産物の価格動向や種類を決定するほどの影響力があった。

しかし，1890 年代半ばからアメリカの工業は本格的な発展を開始し，同国の貿易に大きな影響を及ぼすようになった。それ以前においては，アメリカの工業製品貿易は輸入超過の状態にあったが，この頃から輸出超過額が拡大していった。アメリカの原料需要の増大は，世界市場価格の低落傾向を逆転させた重要な要因であったと思われる。1898 年にはアメリカの原料輸入額は完成品輸入額を上回った。第一次世界大戦後，アメリカは工業活動が停滞した数年間を除き，おおむね輸出するより多くの原料を輸入するようになっていた。

また，大戦の結果，アメリカは資本輸入国から資本輸出国へと転じた。1918 年以降，アメリカの貿易黒字は継続したので巨額の海外投資が可能であった。また，1930 年頃に海外投資が停止した後，決済のための金がアメリカに大量に流入した。農産物輸出は長い間停滞したままであり，食糧の輸出超過は 1930 年代には輸入超過へと転じた。

以上でみてきた諸変化は，アメリカの貿易相手国・地域の構成に大きな影響を与えた。かつてアメリカはヨーロッパと経済的に補完的関係にあった。両者の相互補完性は減少したものの，1938 年においても，アメリカにとってヨーロッパは依然として重要な輸出先であった。実際，ヨーロッパはアメリカの輸出総額の 42％を吸収していた（ちなみに，1928 年は 46％，1906 〜 10 年は 70％，1886 〜 90 年は 80％であった）。

しかし，アメリカの輸入に占めるヨーロッパの割合は，1920 年代，30 年代を通して 30％を下回っていた。輸出入間の著しい不均衡が生じた理由は，多くのヨーロッパの工業製品，特に非耐久消費財に対して課せられた高率の関税が理由である。この関税は，ヨーロッパの工業製品が米国市場で競争することを妨げていた。1920 年代と 30 年代の間，イギリスのみでアメリカの輸出総額の 17％を吸収していたが，アメリカの輸入総額に占めるイギリスの割合はわずかに 5 〜 7 ％であった。ゆえに，アメリカはイギリスに対して大幅な黒字を記録していたが，イギリスはこの黒字の大部分を，海外投資収益を通して迂回的に回収していた。

しかし，ここ数十年の間に，アメリカの工業製品はますますイギリス自治領諸国やアルゼンチンに対して輸出されるようになっていた。これらの地域は温帯に属し，経済は発展しており，また人口密度は低かった。つまり，アメリカと同様の条件下で発展を遂げつつある地域であった。したがって，この地域においては，アメリカで発展を遂げた労働節約的な機械類に対する大きな需要が存在した。その上，人口密度の低さゆえに，アメリカと同様の交通・輸送問題を抱えており，同国で生産された自動車やトラックに対する大きな需要が存在した。アメリカの機械工業は，これらの地域より先行して発展を遂げてきたのみならず，はるかに大きな競争力も有していた。というのも，アメリカの工業製品に対する国内需要は，大規模生産が十分に引き合うほど巨大だったからである。

しかしながら，同地域とアメリカとの貿易は，両地域が生産する一次産品の種類が類似していたため偏ったものとなった。それゆえ，同地域はアメリカの輸入先としてよりも，輸出先としてより重要であった（表88参照)。実際，アメリカは同地域に対して大幅な輸出超過であった。

アメリカの熱帯地域との貿易は，イギリス自治領諸国やアルゼンチンのそれとは異なる様相を呈している。これら地域の農産物はアメリカのそれと補完的関係にある。同地域からのアメリカの輸入額の４分の１以上は，ゴム，甘蔗糖，コーヒー豆，紅茶，ココア，植物性油脂，油糧種子，ジュート，苧麻等の熱帯産品が占めている。ちなみに，アメリカが海外から輸入している鉱油，鉱石，金属の大きな部分は，ラテン・アメリカの熱帯地域から供給されている。この結果，アメリカの輸入総額の半分近くは熱帯地域が占めている。

アメリカの熱帯地域からの輸入の大半はラテン・アメリカの熱帯地域が占めているが，５分の１程度は熱帯アジアが占めている（「インド，ビルマ，セイロン」及び「東南アジア」グループ)。これらのグループに属する諸国・地域は，アメリカとは気候的条件が異なるだけでなく，ジュートやゴム等の生産に必要な安価な労働力が存在している点でも相違している。ちなみに，アメリカの熱帯地域からの輸入額は，１千５百万人超の労働を表している。これは，アメリカの同額の輸出額が表す労働者の数の何倍にも相当する。かように，アメリカの「輸出品は巨大な資本と最低限の労働力で生産された完成品，輸入品は莫大な労働力と最底限の資本で生産された原料」であった[8)]。

アメリカの熱帯地域との間の貿易もかなり一方的なものである。アメリカに

表88　アメリカの貿易相手国・地域

（単位：%）

	輸入		輸出	
	1928年	1938年	1928年	1938年
イギリス	6	5	16	17
イギリス以外のヨーロッパ	20	23	30	25
イギリス自治領諸国				
カナダ，ニューファンドランド	13	15	18	16
オーストラリア，ニュージーランド，南アフリカ連邦	3	2	4	5
ラテン・アメリカ：鉱物生産諸国	9	8	5	7
ラテン・アメリカ：熱帯農業諸国	15	16	8	8
ラテン・アメリカ：非熱帯農業諸国	3	2	4	3
アジア				
インド，ビルマ，セイロン	5	4	1	1
東南アジア	11	14	3	4
日本，朝鮮，台湾	10	6	5	8
中国，その他アジア大陸諸国	4	3	3	3
その他世界	1	2	2	3
合計	100	100	100	100

注：表81〜84より算出。

図23　アメリカの商品貿易

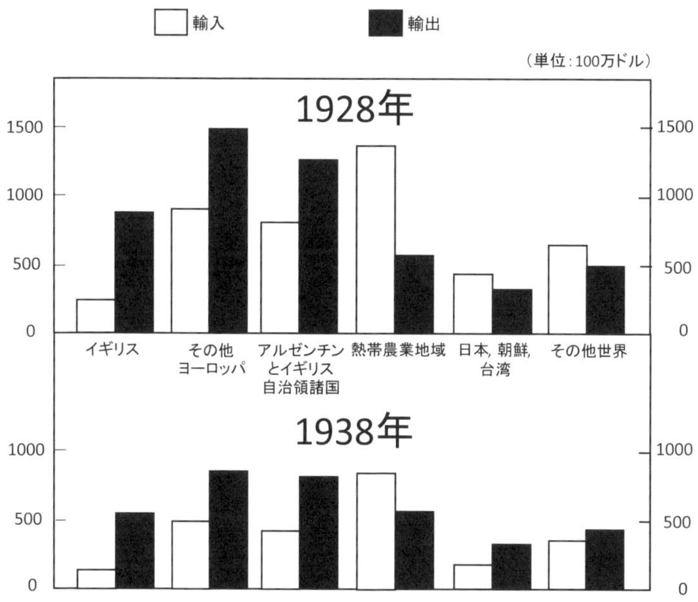

注：ヨーロッパ，アルゼンチン，及びイギリス自治領諸国に対する輸出超過と，熱帯農業地域に対する輸入超過に注目せよ。

とって熱帯農業地域は，輸出先としてよりは輸入先として重要である。特に，熱帯アジアはそうである。1938年において，アメリカの熱帯地域からの輸入額は輸入総額の18％を占めたが，同地域に対するアメリカの輸出額は輸出総額のわずか5％にすぎなかった。熱帯地域は工業化が遅れているため，同地域の輸入品はヨーロッパと日本が高い競争力をもつ製品から構成されている。しかも，同地域が輸出で稼いだ収入の一部は，対外借款に伴う利子・配当支払いに回す必要があり，輸入代金の支払いに回せる額には限界がある。したがって，アメリカの熱帯地域との関係は，イギリス自治領諸国とアルゼンチンとの間にみられる関係とは逆である。

1920年代において，日米貿易は主に生糸と綿花との交換によって成り立っていたが，日本側が大幅な貿易黒字であった。後にみるように，1930年代におけるアメリカの生糸輸入は大幅に減少した。一方で，日本における製造業の拡大によって，米国産綿花とその他の工業原料の輸出は続いたため，今度はアメリカの側が黒字となった。

1930年代におけるアメリカの貿易は，経済不況の影響を他のどの国よりも明確に反映していた。確かに，アメリカの国際収支は，海外投資の停止とヨーロッパにおける旅行支出の減少によって堅調であった。しかし，これにより，ドルに対して世界市場で取引される物価が相対的に下がり，アメリカの輸入を増大させた。アメリカの輸出入品の大部分を占める一次産品価格の下落は，国内経済の調子を狂わせると同時に，国際収支を自動的に均衡させるメカニズムも機能不全に陥れた。かかる状況下で，国内経済の保護のみが主要な関心事となってしまった。1930年の関税率引上げ（ホーリー・スムート関税法の導入：訳注），及び1933年のドルの切下げにより，国際決済上の緊張関係はさらに深刻化することとなった。もっとも，かかる緊張関係は，国内経済の拡張政策，及び1934年以降，諸外国との間で締結された互恵通商協定によってある程度緩和された。

1935年以降の好況期になっても農産物の世界市場価格は低いままであり，アメリカの生産者は利益が出る価格で輸出することができなかった。アメリカにおける農業に対する統制政策は，農業不況によるダメージをある程度までは緩和した。しかし，国内における農産物価格を「世界市場価格」よりも少し高い程度に上昇させただけであったので，販売不能な農産物がますます蓄積されただけであった。結局，アメリカの農産物輸出を抑える効果しかなかったので，競争相手である外国の農業生産者を利することとなった。アメリカの農業統制政策は，1938 年に小麦と綿花に対する輸出補助金政策が導入されることで，ようやくその効果を発揮するようになった。

〔ラテン・アメリカ〕

ラテン・アメリカに所在する 20 の共和国と，同地域にあるイギリス，フランス，そしてオランダの植民地をあわせると世界貿易全体の８～９％を占める。表 89 では，ラテン・アメリカを３つの地域に分割したが，各地域の輸入の３分の２は工業製品が占めており，同製品の輸出額は取るに足らない額である。もしも，ヴェネズエラからキュラソー島の石油精製所に対する原油の輸出を除けば，ラテン・アメリカの域内貿易は小さなものでる。1938 年において，アメリカとヨーロッパは，ラテン・アメリカの輸入総額の４分の３を供給し，ラテン・アメリカの輸出総額の４分の３以上を吸収した。

しかし，アメリカの非熱帯農業諸国（アルゼンチン，パラグアイ，ウルグアイ，そしてフォークランド諸島）との貿易は，生産物がアメリカと補完的な関係にあるその他２地域との貿易よりもはるかに小規模であった。実際表 89 をみると，アメリカは熱帯農業諸国の輸出の約半分を吸収しているが，非熱帯農業諸国の輸出のわずか８％しか吸収していないことがわかる。鉱物生産諸国の輸出に占めるアメリカの割合は，1928 年から 1938 年の間に 41％から 20％へと低下した。この理由は，テキサスの油田開発に伴いアメリカの外国石油に対する依存度が低下し，メキシコ，ヴェネズエラ，キュラソーからの石油輸入を減少させたからである。他の要因としては，1938 年におけるアメリカの例外的な工業原料輸入の減少が考えられる。

非熱帯農業諸国にとってアメリカは，輸出先としてよりも輸入先としての重

表89　ラテン・アメリカの貿易相手国・地域

（単位：%）

	鉱物生産諸国		熱帯農業諸国		非熱帯農業諸国		合計	
	1928年	1938年	1928年	1938年	1928年	1938年	1928年	1938年
輸入								
アメリカ合衆国a	41	36	43	39	24	17	36	32
イギリス	12	6	15	14	19	19	16	13
ドイツ	8	13	9	17	12	11	10	15
英独以外のヨーロッパ	15	12	17	14	28	28	20	16
ラテン・アメリカ	20	30	9	10	12	15	13	18
日本	1	2	—	2	1	4	1	2
その他世界	3	1	7	4	4	6	4	4
合計	100	100	100	100	100	100	100	100
輸出								
アメリカ合衆国a	41	20	54	46	8	8	34	26
イギリス	20	17	11	13	28	33	19	20
ドイツ	7	10	8	12	14	14	10	12
英独以外のヨーロッパ	13	17	19	17	40	33	26	21
ラテン・アメリカ	16	31	5	6	8	10	9	17
日本	1	1	—	2	—	2	—	2
その他世界	2	4	3	4	2	—	2	2
合計	100	100	100	100	100	100	100	100

注：表81～84より算出。
a：1938年のアメリカの輸出入額は，国内不況の影響により，1930年代後半の「通常」とみなされる年より輸出額はより大きく，輸入額はより小さくなっている。

要性がはるかに大きい。1928年と1938年ともに，非熱帯農業諸国の対米輸入額は対米輸出額の2倍に達する。この輸入超過は1890年代にアルゼンチンが急速な経済成長を開始した時にまでさかのぼる。当時，アルゼンチンは穀物輸出と冷凍技術の開発によって可能となった冷凍牛肉輸出を急激に増加させた[9)]。アルゼンチンはこれらの産品をヨーロッパに輸出したが，アメリカとの競争にさらされた。しかし，ヨーロッパとの貿易は，アルゼンチンにアメリカとの輸入超過を決済するための資金を与え，かかる状況はアメリカの急速な工業発展にも資することになった。

1930年代になっても，ヨーロッパ諸国によるラテン・アメリカの非熱帯農業地域に対する投資額は，アメリカのそれをはるかに凌駕していた。第二次世界大戦の勃発時において，イギリスのアルゼンチン，パラグアイ，ウルグアイ

表90　英米の対ラテン・アメリカ投資　1939年

（単位：100万ドル）

	イギリスの投資残高	アメリカの投資残高
アルゼンチン，ウルグアイ，パラグアイ	2,250	800
ブラジル	1,000	500
チリ	300	600
その他南米諸国	300	600
メキシコと中米の国・地域	300	670
キューバ	150	750
その他西インド諸島	200	80
合計	4,500	4,000

における投資残高は22億5千万ドル（4億4千万ポンド）にも及んだ。一方で，同時期におけるアメリカの上記諸国に対する投資残高は，イギリスの半分にも及ばなかった。1920年代の半ばにいたるまで，アルゼンチンはイギリスに対し輸入超過を記録していた。この輸入超過とイギリスに対する利子・配当支払いは，大陸ヨーロッパに対する輸出超過によって決済する必要があった。しかし，1920年代半ば以降，アルゼンチンはイギリスに対し輸出超過を記録するようになった。

イギリスとアメリカの対ラテン・アメリカ投資に関しては，両国のデータ収集の方法が異なるため厳密な比較検討を行うことはできない。したがって，表90はあくまでも概観を把握するために提示したものである[10)]。ちなみに，英米以外の国のラテン・アメリカにおける投資残高は25億ドル程度であり，そのうちおそらく50～60％はアルゼンチン，ウルグアイ，パラグアイ，15％はブラジル，５％はチリ，20％はメキシコに所在していた。

米国資本は非熱帯農業諸国，ブラジル，及びイギリス領西インド諸島を除いた地域において優位を占めていた。しかし，キューバとメキシコを除くと，アメリカの対ラテン・アメリカ投資が盛んに行われるようになったのは最近のことである。1918～28年において特に同期間の初期にアメリカの対ラテン・アメリカ投資は積極的に行われた。ちなみに，同期間の後半期においては，ヨーロッパ諸国が米国資本の大部分を吸収するようになった。多方，イギリスの対ラテン・アメリカ投資残高は，1913～39年において，わずか15%しか増大しなかった。アメリカの投資とラテン・アメリカの貿易の間には密接な関係がある。というのも，アメリカの対ラテン・アメリカ投資の4分の3は，輸出向け産品を生産するためのプランテーションや鉱業に対する直接投資が占めていたからである。1920年頃の米国資本流入によって実現をみた天然資源の採掘は，ラテン・アメリカの貿易額を急増させることとなった。

ラテン・アメリカの熱帯地域と鉱業が盛んな地域の貿易は，非常に限られた生産物に依存していた。中央アメリカに所在する諸共和国の輸出品は，コーヒー豆，バナナ，砂糖，綿花，ココア，及びタバコだけと言ってよい。いくつかの国は，これらのうち2～3品目で輸出額の10分の9を占めていた。最近になって輸出品を多様化したブラジルでさえも，1938年において上記7品目が輸出総額の約70%を占めていた。鉱物生産諸国は鉱物と農産物の両方を輸出するのが常である。しかし，ヴェネズエラの場合，1938年において輸出総額の92%は鉱油のみで占められており，ボリビアの場合は錫鉱石のみで76%を占めていた。

全体としてみれば，ラテン・アメリカの輸出の性格は，いくつかの点でアフリカのそれと類似している。しかし，アフリカとは異なり，ラテン・アメリカに属する諸国はほぼすべてが政治的に独立した国である。この政治的独立性は，1930年代におけるラテン・アメリカの貿易の方向性に影響を与えることとなった。ヨーロッパ列強が自国の海外領土からの輸入を増やす一方で，アメリカの需要も減少したので，ラテン・アメリカ諸国の一次産品輸出額は劇的に減少した。これにより，ラテン・アメリカ諸国の経済は致命的なダメージを受けることとなった。

かかる中，ドイツはラテン・アメリカ市場への進出を企てた。ラテン・アメリカの輸入総額に占めるドイツの割合は1928年の10%から1938年の15%へと拡大し，輸出総額に占める割合は同じ時期に10%から12%へと拡大した。ちなみにこの時期，日本もラテン・アメリカとの貿易を拡大した。以前，ラテン・アメリカがドイツに対して有していた輸出超過（1928年において4千9百万ドル）が完全に消失し，逆に輸入超過となったことは重要である。ドイツを除く大陸ヨーロッパに対する輸出超過額も2億5千万ドルから8千万ドルへと激減した。したがって，イギリスが大陸ヨーロッパを介する三角貿易を通じて，ラテン・アメリカから利子・配当収入を確保する余地はほとんどなかった。また，同時期，二国間で利子・配当の支払いを行うために必要なイギリスに対する出超額も，1億8千万ドルから1億6千万ドルへと減少した。しかも，イギリスからの輸入額が1億9千万ドルも減少したにも関わらず，このような出超額の減少が生じたのである。

この貿易収支の変化に加え，いくつかのラテン・アメリカ諸国が債務不履行を宣言し，また直接投資の配当も減少した。*South American Journal* に記載された推計によると，ロンドン証券取引所で起債されたラテン・アメリカ債券の利回りは，1913年には4.7%，1928年には4.4%であったが，1932年には2%へと急激に低下し，その後，1935年には1.8%，1938年には1.7%，1939年には1.6%と低迷を続けた。

また，1930年代において，投資収益の大部分はアルゼンチンからもたらされていたが，同国は食肉と穀物の輸出によってイギリスに対して大幅な貿易黒字の関係にあった[11)]。ブラジルの場合，同国の主要輸出品（コーヒー豆）に対するイギリスの需要が少なかったため，ロンドン証券取引所で起債されたブラジル債券の利回りは，1928年の4.9%から1.9%へと低下した。さらに，ブラジル政府によるコーヒー価格安定化計画が挫折した後の1938年には，ブラジル債券の利回りは0.6%にまで落ち込んだ。しかし，一方でかかる利回りの低下は，イギリスで需要があったブラジル産綿花の輸出拡大や，ブラジルのイギリスに対する貿易収支が7千5百万ドル分「改善」（1928年の8千万ドルの輸入超過額が1938年には5百万ドルへと減少した）したにも関わらず生じたのである。

〔熱帯アジア〕

熱帯アジア地域（インド，ビルマ，セイロンと「東南アジア」グループ）は[12)]，アフリカ大陸の熱帯地域とアメリカ大陸の熱帯地域を合わせた地域よりも，熱帯産品の供給地としてはるかに重要性が高い。この地域の大部分は季節風の影響で湿潤な気候であり，土地は生産的で人口密度も非常に高い。熱帯アジアは，このような気候と豊富な労働力の存在によって，ジュート，ゴム，セラック，その他，世界的需要があるさまざまな産品の供給において，ほぼ独占的な地位を占めている。

熱帯アジアの輸出貿易は貿易の発展によって大きく変化した。たとえば，絹織物などのインドの伝統的工芸品は，19 世紀にはヨーロッパの工業製品とは競合できなくなり，インドは各種農産物の輸出に特化することを余儀なくされた。たとえば，以前は中国で主に生産されていた茶は，インドとセイロンの主要な輸出品となった。また，コーヒー豆や砂糖の国際的取引の拡大に伴い安価な輸送用袋が必要とされた結果，インドはジュートやジュート袋の輸出を急速に拡大した。東南アジアの場合は，インドでみられたような貿易の変化はごく最近のことである。同地域のゴムやその他のプランテーション作物は，20 世紀初頭になってようやく大量に輸出されるようになった。

アジアの熱帯地域の輸出先は，アメリカ大陸やアフリカ大陸の輸出先よりも多様であった。1938 年において，インド，ビルマ，セイロンの輸出の 35%，東南アジアの 44%は，ヨーロッパやアメリカ以外の世界に対して向けられたものである（表 91 と表 92 を参照せよ）。なお，東南アジアの 44%に関しては，オランダ領東インドからイギリス領マラヤに対する錫鉱石とゴムの輸出が含まれているが，かなりの部分はアメリカとヨーロッパに再輸出された。熱帯アジア地域から非工業諸国に対する輸出品には，相当量の工業製品，特に綿製品やジュート関連製品が含まれている。

1928 年から 1938 年の間において，インドの輸出に占めるイギリスの割合は 18%から 29%へと増大したが，輸入に占めるイギリスの割合は 45%から 36%へと低下した。このインドの輸入に占めるイギリスの割合の低下は，この時期に前者が後者に関税上の優遇措置を強化していたにも関わらず生じたのである。この変化をより明確に把握するために絶対額も示しておこう。上記の期間

表91　インド，ビルマ，セイロンの貿易相手国・地域 a

	輸入		輸出	
	1928年	1938年	1928年	1938年
イギリス	45	36	18	29
イギリスを除くヨーロッパ	18	20	32	25
アメリカb	6	8	13	11
北部北アメリカとラテン・アメリカ	1	—	5	4
アフリカ	1	5	4	5
日本，朝鮮，台湾	6	12	9	8
熱帯アジアa	16	12	10	10
中国とその他アジア大陸諸国	5	5	5	4
その他世界	2	2	4	4
合計	100	100	100	100

注：表81〜84より算出。
a：インドとビルマ間の貿易は除く。
b：1938年のアメリカの輸出入額は，国内不況の影響により，1930年代後半の「通常」とみなされる年より輸出額はより大きく，輸入額はより小さくなっている。

表92　東南アジアの貿易相手国・地域

（単位：%）

	輸入		輸出	
	1928年	1938年	1928年	1938年
イギリス	12	11	5	7
イギリスを除くヨーロッパ	21	22	18	23
アメリカ a	13	17	30	26
アフリカ	—	—	1	4
日本，朝鮮，台湾	6	8	6	6
熱帯アジア				
東南アジア	31	27	22	21
インド，ビルマ，セイロン	6	6	6	2
中国とその他大陸アジア諸国	9	6	9	5
その他世界	2	3	3	6
合計	100	100	100	100

注：表81〜84より算出。
a：1938年のアメリカの輸出入額は，国内不況の影響により，1930年代後半の「通常」とみなされる年より輸出額はより大きく，輸入額はより小さくなっている。

に，インドのイギリスからの輸入額は４億７千万ドルから２億２千万ドルへと減少し，イギリスに対する輸出は２億５千万ドルから２億２千万ドルへと減少した[13)]。かように，1928年におけるインドの対英入超額２億２千万ドルは10年後には消失し，1875年頃に始まったインドの対英貿易における莫大な輸入超過時代は終わりを迎えたのである。

この期間，イギリスの工業は，インドにおける需要と合致した綿織物，金属製品，その他の工業製品を製造していた。一方で，インドは多様な輸出品を有していたので，大陸ヨーロッパ，アメリカ，さらにその他の国・地域との貿易でも輸出超過を記録していた。インドはこの輸出超過によって，イギリスに対する輸入超過を決済し，同国に対するサービス支払いや新規資本輸入額では賄いきれない利子・配当支払いを履行することが可能であった。1920年代末時点において，イギリスがインドとセイロンに保有する投資残高は25億ドルと推計されるが，その半分は政府債に対する投資であった[14)]。

インドのイギリスとの貿易収支の変化は長い時間をかけて進行した。1870年代において，インドの輸入額において「本国」イギリスが占める割合は80%を超えるほどであったが，それ以後，着実に低下していった。特に第一次世界大戦後においてであるが，イギリスの綿工業はインドと日本に敗退を余儀なくされた。一方で，アメリカと大陸ヨーロッパは，インドに対する資本財の重要な供給源となった。しかし，かかる変化は1930年代初頭に生じた変化に比べると緩慢であった。多くの国は以前のようにインドに対する入超を三角貿易によって決済できなくなったので，インドに対する輸出を増やすか，インド以外の国・地域へと輸入先を転換するようになった。そのため，インドはイギリスに対する輸入超過を決済できなくなり，イギリスに対する支払いの一部を退蔵していた金の輸出によって決済した。第二次世界大戦にいたる８年間において，金の純輸出額は14億ドル（1934年の平価）にも及んだ。1930年代，インドは国内の広範な需要に応えるための製造業を育成するために，1917年に導入された保護関税の税率を引き上げると同時に，その適用範囲も拡大した。

表92は東南アジアの貿易相手国・地域を示しているが，表93はイギリス領

マラヤ，フランス領インドシナ，オランダ領東インド，及びフィリピンと，ヨーロッパ諸国とアメリカとの間の貿易に関するより詳細なデータである。表93によって，東南アジア諸国がそれぞれの「本国」との貿易に集中していることがわかるであろう。

東南アジアの主な輸出先はアメリカである。フィリピンの輸出総額に占めるアメリカの割合は，1928年には75%，1938年には77%であった。イギリス領マラヤの輸出総額に占める対米輸出額の割合は，1928年には42%，1938年には30%であった。また，オランダ領東インドの場合，上記に相当する数値は13%と14%となるが，イギリス領マラヤに対する輸出額のかなりの部分は最終的にアメリカに再輸出されていたので，実際はもっと大きな数値となる。20世紀の最初の10年間にフィリピンとの貿易が発展し，また，イギリス領マラヤのゴムと錫の生産が急速に拡大したことで，アメリカは東南アジアの貿易にとって重要な意味をもつようになった。

アメリカとフィリピンとの貿易は特恵関税の助けを得て発展した。たとえば，1930年代においてフィリピンの対米輸出額の40%を占めていた砂糖は関税を免除されていた。フランスとフランス領インドシナとの貿易も特恵待遇が重要な役割を果たした。一方，イギリス領マラヤとオランダ領東インドの輸出品は世界市場向けのものであり，「本国」は両地域のプランテーションで生産される各種産品や鉱物資源のすべてを輸入することはできなかった。それゆえ，両地域の輸出額に占める「本国」の割合は相対的に低かった。しかし，表93をみると，すべての被支配国・地域は，1928年から1938年の間に「本国」との貿易比率を高めていったことがわかる。また，同表により，1928年と1938年の両年において，イギリス領マラヤ，フランス領インドシナ，オランダ領東インドにとって，各々の「本国」は輸入先としてよりも輸出先として重要であったことがわかるであろう。

対照的に，他の工業諸国にとってこれらの国・地域は，輸出先としてよりは輸入先として重要であった。特にアメリカはそうである。イギリス領マラヤの対米輸入額は1928年には1千6百万ドル，1938年には1千万ドルに過ぎな

表93　東南アジア４ヵ国の貿易相手国・地域

（単位：%）

	イギリス領マラヤ		フランス領インドシナ		オランダ領東インド		フィリピン	
	1928年	1938年	1928年	1938年	1928年	1938年	1928年	1938年
輸入								
イギリス	*17*	*22*	2	4	12	8	4	2
フランス	1	1	*41*	*53*	1	2	1	1
オランダ	1	1	—	2	*20*	*23*	—	2
英仏蘭以外のヨーロッパ	4	6	3	3	18	18	9	7
アメリカ合衆国	3	4	5	5	10	13	*65*	*68*
輸出								
イギリス	*12*	*15*	3	2	8	5	5	3
フランス	3	8	*21*	*47*	4	2	2	2
オランダ	4	1	1	1	*17*	*20*	1	2
英仏蘭以外のヨーロッパ	5	7	2	3	8	10	7	4
アメリカ合衆国	42	30	3	9	13	14	*75*	*77*

注1：付表Ⅲ（本訳書では割愛：訳注）の数値に基づいて算出。

注2：被支配地域の「本国」との貿易額はイタリック体で表記している。

かったが，輸出額は1928年には2億1百万ドル，1938年には9千8百万ドルであった。東南アジア全体の対米輸出超過額は，1928年には2億9千万ドル[15)]，1938年には1億1千万ドルであった。

アメリカの対東南アジア投資は，フィリピンに対してですら相対的に小規模であった[16)]。したがって，フィリピンの純輸出額に占める対米利子・配当支払いの割合はきわめて低かった。アメリカに対する輸出超過額の大部分は，むしろイギリスやオランダなどのヨーロッパの債権諸国の投資収益の回収に使用されたと思われる。

東南アジアの輸出超過額と同地域に対する投資収益は，当然のことではあるが，ゴムや錫のような一次産品の価格に大きく影響を受ける。オランダ領東インドの「本国」に対する直接投資収益の送金額は，1920年代半ばにおける3億ギルダーから，1933年と34年における2千万ギルダーへと低下した。この額は，投下資本のわずか0.5%にすぎない[17)]。

東南アジアの輸出額に占めるアメリカの割合は，1928年の30%から1938年の26%へと減少した（表92参照）。この理由は，1938年のアメリカの特殊な貿易事情による。東南アジアの輸出額に占める中国の割合が減少したのは，日中戦争の影響によって中国の貿易が麻痺状態に陥ったことが理由である。インド，ビルマ，セイロンに対する輸出は6%から2%へと減少したが，これは，インドが保護貿易の下で糖業を発展させたことで，ジャワからインドに対する砂糖輸出がほぼ消滅したことが理由である。

〔日本，朝鮮，台湾〕

日本の経済は長期間の急速な成長と変化の時期にあった。したがって，特定の年における日本の貿易相手国・地域を検討し，それが同国の外国市場に対する一定期間の依存状態を示していると考えるべきではない。しかし，最近の日本の貿易の目立った特徴として，ヨーロッパとの貿易関係の断絶をあげることができよう。1938年において，日本の輸入額に占めるヨーロッパ大陸の割合は13%であり[18)]，輸出額に占める割合は10%であった。ちなみに，一定規模の貿易を行っている国の中で，かようにヨーロッパとの貿易の割合が小さい国は存在しなかった。人口密度の高さと，人口の増加傾向を考えると，日本の工業化はある意味，当然のことであった。したがって，日本のヨーロッパとの貿易は補完的というよりも，競合的な関係であった。1890年代の半ばにおいては，未だヨーロッパは日本の輸入額の半分を占めており，日本の輸出額の約3分の1を吸収していた。

日本の貿易の発展史においては，少なくとも以下の3つの明確な画期があった。第一に，1890年代における世界貿易の全般的拡大期である。この時期，日本はアメリカ，インド，中国に対する生糸，絹織物，及び綿糸の輸出を拡大させた。そして，第一次世界大戦の間に，日本はヨーロッパ諸国に取って代わり，綿織物輸出においてアジア市場の一定部分を確保することに成功した[19)]。また，大戦中及び戦後期において，日本はアメリカに対する生糸輸出も拡大させた。最後の画期は1930年代である。

1929年に，日本のもっとも重要な輸出品目であった生糸の価格が崩落した。その後，日本は工業製品輸出と，それに伴う輸入原綿への依存を強めることとなったが，この結果，日本の国際収支は圧力にさらされることとなった。さらに，第一次世界大戦中に蓄積され1920年代に取り崩されてきたドル資産が最終的に枯渇した。朝鮮，台湾を除く日本のみの輸出に占める生糸の割合は，1928年の37%から1935年には15.4%へ，そして1938年には13.5%へと低下していった。また，アメリカは日本製生糸の大部分を輸入していたが，日本の輸出に占める同国の割合は，1928年の42%から1935年には22%へ，そして1938年には16%へと低下した（表94参照）。

一方，日本の輸入に占めるアメリカの割合は，1928年の28%から1935年には32%へ，そして1938年には34%へと増加した。これは，原綿，鉄屑，銅，鉱油の輸入が拡大したからである。以上の結果，日本の対米貿易の収支は黒字から赤字へと転換することとなった。すなわち，1928年に日本はアメリカに対して9千万ドルの輸出超過を有していたが，1938年には1億4千万ドルの輸入超過を記録するにいたった。

表94　日本，朝鮮，台湾の貿易相手国・地域

（単位：%）

	輸入			輸出		
	1928年	1935年a	1938年	1928年	1935年a	1938年
中国（満州を含む）と香港	21	16	24	28	27	46
インド，ビルマ，セイロン	13	12	8	7	11	7
東南アジア	9	8	9	6	11	7
アメリカ	28	32	34	42	22	16
イギリス	7	3	2	3	5	5
イギリスを除くヨーロッパ	10	11	11	5	5	5
その他世界	12	18	12	9	19	14
合計	100	100	100	100	100	100

注：表81～表84の調整済の数値から算出。
a：1930年代日本の対外貿易関係の変化（本文を参照せよ）を示すために1935年の数値も提示した。

1930年代初頭における日本の貿易は，金に対する円の価値が3分の1に減少したことによって決定的な影響を受けた。円の大幅な切り下げにより，綿織物のみならず，レーヨン，金属器，ゴム製品，缶詰製品等の「新製品」の輸出も促進された。輸入先同様，輸出先も多様化し，工業製品の輸入は大幅に減少した。かかる状況を反映して，イギリス，インド，オランダ領東インドに対する輸入超過は輸出超過へと転じ，これにより，アメリカに対する輸入超過を相殺することが可能になった。

しかし，かかる変化は，日本が満州と中国本土で引き起こした戦争によって中断された。日本は占領地を為替管理の実施によって世界市場から分離することで，いわゆる「円ブロック」を形成した。この「円ブロック」は，日本の独占的な輸出市場へと変形された。最終的に，日本の輸出額に占める「円ブロック」の割合は50%を超えるレベルに達した。しかし，「円ブロック」形成に先立つ時期において，日本が商業的な競争を経て獲得した輸出市場は失われた。この貿易相手国・地域の転換がはらむ脆弱性はすぐに明らかになった。中国侵攻前においては，日本は対中貿易によって稼ぎ出した巨額の貿易黒字によって，他の国・地域との貿易赤字を決済することが可能であった。しかし，日中

戦争の開始によって，かかる決済は不可能となった。日本は「円ブロック」に対する輸出によって外貨を得ることはできなかった。また，輸出品製造のために必要な原料は「円ブロック」の外から調達する必要があったので，日本は外貨の流出に直面することとなった。皮肉なことに，日本は「円ブロック」に対する輸出を規制する政策の実施を余儀なくされたのである。同時に，日本は「円ブロック」内では調達不能な軍需品需要の高まりによって，「円ブロック」外の国・地域に対する赤字が拡大した[20]。それゆえ日本は，戦争と征服によって自らの貿易問題を解決できなかったばかりか，むしろ問題の解決を困難にしてしまったのである。

〔中国〕

「中国とその他アジア大陸諸国」グループ内の貿易状況は近東や極東の多様な国を含んでいるため，グループ全体を一括した数値を示してもあまり意味がないであろう。1928年において，中国はグループ全体の貿易額の60％を占めていたが，1938年には30％未満になっていた。満州を除いた中国となると，グループ全体の輸入額に占める割合は48％から19％へ，輸出額に占める割合は39％から19％へと低下した。それは日本の対中侵攻が主な理由である。一方，満州の貿易は日本による投資の結果，拡大をみた。近東の貿易は，イランとイラクの油田開発の進展と，巨額のユダヤ資本によるパレスチナの開発によって拡大した。

1880年代半ば以降，外資の導入により停滞していた中国の貿易は拡大を開始した。外国による対中投資は1902年には8億ドルに達し，1914年には16億ドル，そして1931年には32億ドルを超過するにいたった[21]。しかし，一部の地域を除けば中国は未開発の国であった。中国の茶や生糸は世界市場で独占的地位を保ってきたが，茶に関してはインドとセイロンが，生糸に関しては日本がその地位を奪い去った。中国の輸出は国内消費の増大と製造業の発展による影響も受けることになった。たとえば，中国は以前輸出していたいくつかの産品，具体的には，1890年代には砂糖とタバコを，第一次世界大戦後には

表 95　中国（満州を含む）の貿易相手国・地域

（単位：%）

	輸入		輸出	
	1928年	1938年	1928年	1938年
日本，朝鮮，台湾	28	58	28	45
香港	19	1	19	16
インド，ビルマ，セイロン	4	3	2	2
東南アジア	7	6	5	4
アメリカ	17	12	13	7
イギリス	9	4	6	4
ドイツ	4	8	2	8
英独以外のヨーロッパ	7	5	12	4
その他世界	5	3	13	10
合計	100	100	100	100

注：表81～84の調整済数値から算出。

綿花と小麦を輸入するようになった。一方で，中国の大豆や桐油等の輸出は急速に拡大した。1928 年の中国の貿易において，ヨーロッパとアメリカが占める割合は，輸入においては約 37%，輸出においては約 33%であった（表 95 を参照せよ）。なお，中国から香港に対する輸出品の大部分は，最終的にはヨーロッパとアメリカに向かうものであり，中国の香港からの輸入品の大部分は，実際にはヨーロッパとアメリカを原産地としていた。1938 年の数値は，日本が中国の主要な貿易港を占領することによって，英米をはじめとする競争相手を中国市場から締め出したことを示している。一方，ドイツは輸出入両方において割合を拡大した。

〔ソビエト社会主義共和国連邦〕

1917 年のロシア革命，1928 年開始の五カ年計画の下での急速な工業化，そして急速な人口増大は，現在ソ連として知られている地域をヨーロッパに対する穀物供給地帯から，半自給的な経済圏へと転換した。穀物輸出は 1920 年代，30 年代においても継続していたが，以前よりも輸出量は少なく，また安定してもいなかった。というのも，国内消費量が相対的に安定していたのに対して，穀物生産量の方は変動が大きく，輸出に回せる穀物が不足していたからである。1920年代末葉，ソ連は大量の工業製品を輸出した。ところが，その後ソ連の工業製品輸出は停滞し，輸出総額に占める工業製品の割合は一時的に20％を超えただけであった。

しかし，輸入品の構成は工業化計画の影響を強く受けることとなった。消費財輸入は実質的に停止し，鉄，鋼，機械類の輸入が著しく増えた。特に，ソ連の重工業が一定のレベルに到達する前の時期，すなわち1930年代初頭においてそうであった。これらの主要な供給国はドイツであり，ドイツはソ連に対し輸入のための巨額の信用を供与していた。後にソ連は対独債務を返済し，ドイツに代わりアメリカとイギリスが主要な輸入相手国となった（表96を参照せよ）。同時に，国内における原料の生産が進展したことにより，外国産原料に対する依存度は低下し，熱帯産の原料に対する依存度でさえ低下した。自給率が高まるにつれ商品輸出は減少したが，金の輸出によって外貨を獲得することができた。しかし，この金輸出に関する公式のデータは存在しない。

ドイツとの貿易が減少したにも関わらず，1938年において，ソ連の輸入に占める大陸ヨーロッパの割合は３分の１であり，輸出においては２分の１程度であった。英米の輸入額を合算すると，ソ連の輸入総額に占める割合は1928年には21％となるが，1938年には41％へと大幅に上昇した。ソ連の輸出額に占める英米両国の割合は，1928年の26％から1938年には38％へと拡大した（表96を参照せよ）。両年ともに，ソ連はイギリスに対しては輸出超過，アメリカに対しては輸入超過であった。この点において，ソ連の英米両国との貿易関係は，イギリス自治領諸国やアルゼンチン，その他いくつかの温帯に属する諸国と同じであった。

〔オセアニア〕

オセアニア全体の貿易において，オーストラリアが占める割合は３分の２，ニュージーランドは４分の１強，太平洋の小さな島々は約５％を占めている。２つの自治領（オーストラリアとニュージーランド）の主な貿易相手国はイギリ

表96　ソ連の貿易相手国・地域

（単位：%）

	輸入		輸出	
	1928年	1938年	1928年	1938年
イギリス	2	11	20	30
ドイツ	25	4	24	8
英独を除くヨーロッパ	15	26	30	38
アメリカ	19	30	6	8
中国（満州を含む）	6	7	4	8
近東	9	7	10	8
その他世界	24 a	15 a	6	—
合計	100	100	100	100

注：表81～84の調整済数値から算出。
a：ソ連の貿易統計は，イギリスから再輸出されたインドのジュートや東南アジアのゴムを，イギリスからの輸入として記録している。したがって，本表の数値の算出基準は明らかに不明瞭なものである。

スである。1938年において，オセアニアの輸入総額に占めるイギリスの割合は43%であり，輸出総額に占める割合は61%であった。また，1938年において，オセアニアの輸入総額に占めるイギリスを除くヨーロッパ諸国の割合は11%であり，輸出額に占める割合は18%であった。オーストラリアの貿易の発展は，19世紀半ばのゴールドラッシュの時期にまでさかのぼる。この時期，オーストラリアは一国で世界の金産出量の40%を占めていた。しかし，その後，金の輸出量が減少するにつれ，特に羊毛などの原料輸出が拡大した。オセアニアの貿易に強力な刺激を与えたのは，19世紀末葉における冷凍技術の発展である。これによりオーストラリアは熱帯地方を通過して生鮮肉とバターを輸出することが可能になった。

表97が示しているように，オーストラリアとニュージーランドの輸出品は主に食糧と羊毛によって構成されている。これらの商品のうち，小麦と羊毛は世界各地に輸出されたが，食肉とバターは主にイギリスに対して輸出された。これらの食糧が輸出に占める割合は，オーストラリアよりもニュージーランドの方が高かったので，輸出額において「本国」イギリスが占める割合も後者の

表 97　オーストラリアとニュージーランドの主要輸出品目　1937 年

（単位：%）

小麦・小麦粉	18	−
食糧（食肉・酪農品等）	23	60
羊毛	39	29
その他	20	11
合計	100	100
イギリスに対する輸出が占める割合	53	76

方が高かった[22)]。

ニュージーランドの人口当たりの外国貿易額はどの国よりも大きい。オーストラリアとニュージーランドは，外国資本の輸入によって経済発展のスピードを加速化させた。両国に対する投資は各種政府債であったが，第一次世界大戦の勃発までに約 10 億ポンドに達した。なお，このうち，３分の２がイギリス資本であり，約５％がアメリカ資本であった。

オセアニアの輸入品の４分の３は工業製品が占めていた。オーストラリアは，国内原料（鉄鉱石，皮革，羊毛等）に大きく依存した高度な工業を有していた。オーストラリアの工業は保護関税の下で発展を遂げたが，世界市場で競争できるレベルにはなかった。表 98 で示されているように，オセアニアの域内貿易，実際にはオーストラリアからニュージーランドに対する工業製品輸出であるが，1928 年の５％から 1938 年の８％へと増大した。

オセアニアの主な輸入先はイギリスであったが，オセアニアにおけるイギリス製品の競争力は特恵関税によって強化されていた。オセアニアにとってイギリスに次いで重要な国はアメリカであった。1890 年代末葉，オセアニアはアメリカからの輸入を急拡大させたが，その主な輸入品は機械類，自動車，鉱油，そしてタバコであった。かかる輸入の拡大は多角的貿易の成長と，冷凍技術の進歩によるオーストラリアの購買力の増大によって可能となった。すなわち，オーストラリアは生鮮肉をイギリスと大陸ヨーロッパへ輸出し，その結果

表98　オセアニアの貿易相手国・地域

（単位：%）

	輸入		輸出	
	1928年	1938年	1928年	1938年
イギリス	43	43	38 a	61 a
イギリスを除くヨーロッパ	12	11	33 a	18 a
アメリカ	23	14	6	2
北部北アメリカ	4	8	3	2
日本，朝鮮，台湾	2	5	7	4
熱帯アジアb	10	10	5	4
オセアニア（域内貿易）	5	8	5	8
その他世界	1	1	3	1
合計	100	100	100	100

注：表81～84から算出。
　a：貿易統計の調整基準が不明瞭なため正確ではない。
　b：インド，ビルマ，セイロン，及び東南アジアである。

もたらされた貿易黒字を他国・地域からの輸入に使用することが可能になったのである。

1930年代において，オセアニアの輸入に占めるアメリカの割合が減少する一方で，日本とカナダが占める割合は増加した。特恵関税によって優遇されたカナダからの輸入品は主に自動車であったが，アメリカからの輸入品とほぼ同じであった。オセアニアの全輸入額に占めるアジアの熱帯地域の割合は，1928年と1938年ともに約10分の1であった。主な輸入品はジュート袋，鉱油，茶などであった。

1928年と1938年の間におけるオセアニアの輸出における大きな変化は，全輸出額に占めるイギリスに対する輸出の割合が増大したことである。表98の基になった調整済の数値によると，1928年において，イギリスのオセアニアに対する輸入超過額は3千万ドルであったが[23]，1938年には1億6千万ドルにまで増大した。これと並行して，オセアニアの大陸ヨーロッパに対する輸出超過額は取るに足らない額となり，日本に対する輸出超過額は消滅した。オセアニアは多角的貿易を通してイギリスに対する利子・配当支払いを行っていたが，今やイギリスとの二国間貿易によってこれらの支払いを実現するようになっていた。このような変化は多角的貿易の減少を反映していた。これについては後に詳しく検討する。

〔ヨーロッパ〕

これまで検討してきたグループの大半は，ヨーロッパの貿易と補完的な関係にあった。歴史的にみると，これらのグループの貿易はヨーロッパ資本を受け入れつつ，ヨーロッパの工業製品と自らが生産する食糧・原料とを交換することによって発展してきた。かかる貿易関係がなければ，過去数世代の間におけるヨーロッパの急速な工業発展や人口の増大はありえなかったであろう。ヨーロッパ域外における工業中心地の形成，特にアメリカの工業国としての台頭，及び大陸間の経済活動が強固に結びついたことによって，世界貿易の型は複雑さを増した。すなわち，その型は，以前ほどヨーロッパと他の大陸間における商品の交換によって規定されてはいない。しかし，1920 年代，30 年代においても，ヨーロッパと他の大陸との間の貿易は，依然として世界を単一の経済的有機体とする一つの中心的要因でありつづけた。

表 99 と表 100 においては，ヨーロッパの３つの地域間の相違が強調されている。1938 年において，ヨーロッパ非工業諸国の輸入においてヨーロッパが占める割合は 78％であり，輸出において占める割合は 86％であった。ヨーロッパ工業諸国はこれほどヨーロッパに依存してはいなかったが，それでも輸出に占めるヨーロッパの割合は 67％，輸入に占める割合は 56％であった。非大陸ヨーロッパ（主にイギリスのこと：訳注）の場合は，ヨーロッパ域内貿易にそれほど関わっていなかった。非大陸ヨーロッパの輸出に占めるヨーロッパの割合は３分の１を少し上回り，輸入に占める割合は５分の２に満たない程度であった。非大陸ヨーロッパのヨーロッパ域外との貿易は，他の大陸全般に及んでいた。

1928 年から 1938 年の間に，ヨーロッパの貿易は変化を余儀なくされた。たとえば，非大陸ヨーロッパは，特に大陸ヨーロッパからの輸入を減らす一方

表99 ヨーロッパの貿易相手国・地域

（単位：%）

	大陸ヨーロッパ				非大陸ヨーロッパ		合計	
	工業諸国		その他諸国					
	1928年	1938年	1928年	1938年	1928年	1938年	1928年	1938年
北アフリカ	3	4	2	2	3	2	3	3
南アフリカ	1	1	—	—	1	2	1	1
その他アフリカ	2	4	1	1	2	2	2	3
北部北アメリカ	2	2	2	1	5	9	3	4
アメリカ	13	10	11	9	17	13	13	11
ラテン・アメリカ：鉱物生産諸国	2	3	1	1	3	3	2	3
ラテン・アメリカ：熱帯農業諸国	3	3	1	1	2	3	2	3
ラテン・アメリカ：非熱帯農業諸国	6	4	3	1	7	5	6	4
インド，ビルマ，セイロン	4	3	2	1	5	7	4	4
東南アジア	2	4	2	1	1	2	2	3
日本，朝鮮，台湾	—	—	—	—	1	1	—	1
中国とその他アジア大陸諸国	2	3	1	1	2	3	2	2
ソビエト社会主義共和国連邦	2	1	2	2	2	2	2	2
大陸ヨーロッパ：工業諸国	37	34	52	53	24	17	35	31
大陸ヨーロッパ：その他諸国	11	15	9	10	11	12	11	13
非大陸ヨーロッパ	7	7	11	15	7	5	8	7
オセアニア	3	2	—	1	7	12	4	5
合計	100	100	100	100	100	100	100	100

注：表81～84の調整済数値から算出。

表100　ヨーロッパの貿易相手国・地域

（単位：%）

	大陸ヨーロッパ				非大陸ヨーロッパ		合計	
	工業諸国		その他諸国					
	1928年	1938年	1928年	1938年	1928年	1938年	1928年	1938年
北アフリカ	4	4	2	2	2	2	3	3
南アフリカ	1	1	—	—	4	9	2	3
その他アフリカ	2	3	—	1	4	4	2	3
北部北アメリカ	1	1	—	—	5	5	2	2
アメリカ	7	5	5	6	6	4	6	5
ラテン・アメリカ：鉱物生産諸国	1	2	1	—	2	1	1	2
ラテン・アメリカ：熱帯農業諸国	2	3	2	1	4	3	3	2
ラテン・アメリカ：非熱帯農業諸国	3	3	2	1	5	5	3	3
インド，ビルマ，セイロン	2	2	—	—	12	8	4	3
東南アジア	2	3	—	—	4	3	2	2
日本，朝鮮，台湾	1	1	1	1	2	—	1	1
中国とその他アジア大陸諸国	2	3	1	1	4	4	2	3
ソビエト社会主義共和国連邦	1	1	1	1	—	1	1	1
大陸ヨーロッパ：工業諸国	42	38	51	50	18	18	38	36
大陸ヨーロッパ：非工業諸国	15	18	11	10	8	12	13	15
非大陸ヨーロッパ	13	11	23	26	10	9	14	13
その他大陸ヨーロッパ	1	1	—	—	10	12	3	3
合計	100	100	100	100	100	100	100	100

注：表81～84の調整済数値から算出。

で，北部北アメリカ，インド，そしてオセアニアからの輸入を拡大した。大陸ヨーロッパは輸出先を工業国から非工業国へと一部転換した。ヨーロッパの貿易相手国・地域の分布を割合で示した場合，その変化はさして大きなものにはみえない。しかし，その変化は各国の貿易関係の根本的変化を反映している。これについては最後の章でみていく。また，詳細については，本書の姉妹編を参照されたい[24)]。

【注】

1）タンジールはヨーロッパ諸列強間で締結された協定の下で，国際的管理の下に置かれている小さな地域であるが，本書執筆時点では実質的にスペインの管理下にある。

2）キンダースリー卿の推計によると（*Economic Journal*, December 1937），南アフリカに対するイギリスの投資は２億４千８百万ポンド，イギリス領東アフリカに対しては３千１百万ポンド，イギリス領西アフリカに対しては３千７百万ポンドであった。

3）1934年５月30日時点において，外国人によって保有されているエジプト証券の名目価格は８千４百万エジプト・ドルであった（*Balances of Payments, 1936*, p.100）。また，サハラ南部の鉄道に対するフランスの投資は，３千６百万エジプト・ドルであった（United Kingdom: Department of Overseas Trade, *Report on Economic Conditions in Algeria, Tunis and Tripolitania*, March 1935）。1930年から1935年の間に，フランスで起債されたアルジェリア債券は50億フランに達したが，これはフランスの対北アフリカ投資の一部にすぎない。1931年時点のコンゴにおけるフランス資産は250億ベルギー・フランであった（F. Baudhin Louvain, *La Belgique après le centenaire*, 1931参照）。アンゴラに対するヨーロッパ諸国（主にイギリスとベルギー）の投資額は，1933年において約６百万ポンドと推計されている（U.S. Department of Commerce: *Foreign Financial News*, 9th May, 1933）。

4）U.S. Department of Commerce: *The Balance of International Payments of the United States in 1937*（Economic Series No.3），p.57。これらの投資の大部分は直接投資であった。アメリカのアフリカにおける投資は，リベリアに対する２百万ドルの借款のみであった。

5）イタリアとその海外領土との貿易は，英仏の場合とは異なった傾向を示していた（第Ⅰ部『ヨーロッパの貿易』66～67頁）。

6）これは調整済の数値による（アメリカに対する輸出額はさらに小さい）。

7）一方で，カナダの海外投資は18億ドルにも達し，そのうち11億ドルはアメリカに対する投資であった。また，1930年代を通してカナダは純資本輸出国であった。

8）Arthur R. Upgren, "Raw Materials and Inter-American Solidarity"（*Inter-American Solidarity*, The University of Chicago Press, Ⅲ, 1941）.

9）261頁の図28を参照されたい。

10）本書と同様の地理的分類に基づくデータではないが，英米の対ラテン・アメリカ投資の詳細については，アメリカの国際収支報告書，及び，1936年のイギリス海外投資の地理的分布に関するキンダースリー卿（Sir Robert Kindersley）のデータを参照されたい（*Economic Journal*, December, 1937所収）。なお，キンダースリー卿のデータはイギリス海外投資の86％に関するものであるため，表90の推計値よりも少額となっている。

11）しかし，アルゼンチンのイギリスに対する利子・配当支払いは，1933年と1936年に両国間で締結・更新された通商協定の下で履行される必要があった。この協定は，ある意味，イギリス国内における農業利害と金融利害の妥協の産物といえた。

12）実際には，中国本土の南端や香港，アラビア半島の一部なども熱帯に属している。一方，インドの場合，インド北西部の小麦生産地帯を含む北部地域の一部は北部温帯地域に属している。

13）インドの対英輸出額には，アイルランドや大陸ヨーロッパに再輸出されたものも含まれている。

14）イギリス海外投資（85％分）に関するキンダースリー卿の推計によると，1930年において，イギリスのインドとセイロンに対する投資残高は4億5千8百万ポンドであった。

15）これは調整済の数値である（調整前の数値は2億5千2百万ドルである）。

16）東南アジアに対するアメリカの直接投資は約4億ドルであった。

17）オランダ領東インドに対する「本国」企業の投資額は30～40億ギルダーと推計されるが，オランダ以外の国の企業による投資もかなりあった。また，政府債に対する投資は10億ギルダー程度であったと推計される。

18）特に断りがない限り，日本の貿易額とは日本，朝鮮，及び台湾を合わせた貿易額のことである。ただし，域内貿易の額は控除されている。

19）日本は1905年まで綿織物の純輸入国であった。

20）日本本土と「円ブロック」（満州，広東省，中国），及び「円ブロック」外の国・地域との間の一般貿易は以下の通りである（単位は100万円）。

	1937年	1938年	1939年	1940年
「円ブロック」との貿易収支	＋353	＋602	＋1,064	＋1,150
「円ブロック」外の国・地域との貿易収支	－961	－575	－405	－900

詳細については，*World Economic Survey, 1939/41*（L.o.N.P., 1941 II. A.2），pp.227-228.

21）詳細については，C.F. Renner, *Foreign Investments in China*（New York, 1932），*Balances of Payments, 1931 and 1932*.

22）ニュージーランドはオーストラリアよりも湿潤な気候であるため食肉や乳製品の生産に適している。したがって，オーストラリアは高品質の羊毛がとれるメリノ種の羊を飼育しているが，輸出に適した食肉の生産量は少ない。一方，ニュージーランドはそれほど品質の高くない羊毛がとれる混合種の羊を飼育しているが，高品質の食肉を生産している。

23）基礎資料の数値によると，1928年においてもオセアニアの対英輸出額は対英輸入額を上回っている。しかし，オセアニアの対英輸出の大きな部分は，イギリスから他のヨーロッパ諸国に再輸出されたことを考慮しなくてはならない。

24）*Europe's Trade, A Study of the Trade of European Countries with Each Other and with the Rest of the World*（本訳書第Ⅰ部『ヨーロッパの貿易』：訳注）。

第13章 「英米グループ」の貿易

第二次世界大戦中に出現したような政治・金融的同盟関係は，多くの国の経済的利害を一つにまとめる傾向がある。具体的には，「英米グループ」（“Anglo-American Group”）と呼ばれる巨大な経済グループの出現であるが，このグループは，イギリス連邦諸国，アメリカとその植民地フィリピン，そしてラテン・アメリカ諸国から構成されていた。この「英米グループ」の貿易について検討することは興味深い作業となろう。

表101が示しているように，このグループは世界全体の貿易額の約半分を占める。一方，残り半分のうち４分の３は大陸ヨーロッパが占めている。1928年と1938年における「英米グループ」を構成する各地域と，その他世界との間の貿易関係については表102を参照されたい。なお，「英米グループ」の域内貿易は，輸出入ともに全貿易額の３分の２を少し下回るくらいの割合を占めていた。残りの３分の１は主に大陸ヨーロッパとの貿易である。

表101 「英米グループ」が世界貿易に占める割合

（単位：%）

	輸入		輸出	
	1928年	1938年	1928年	1938年
「英米グループ」	50	49	53	50
大陸ヨーロッパ	39	38	35	37
その他世界	12	13	12	13

表 102 「英米グループ」の貿易相手国・地域 a

（単位：100万ドル）

	イギリスとアイルランド		カナダとニューファンドランド		その他イギリス連邦諸国		アメリカとフィリピン		ラテン・アメリカb		合計	
	1928年	1938年	1928年	1938年	1928年	1938年	1928年	1938年	1928年	1938年	1928年	1938年
輸入先												
イギリスとアイルランド	380	210	200	140	1,370	1,030	260	110	390	190	2,600	1,680
カナダとニューファンドランド	290	380	20	10	90	100	570	290	40	30	1,010	810
その他イギリス連邦諸国	910	1,140	80	90	460	370	640	290	70	30	2,160	1,920
アメリカとフィリピン	920	570	930	490	440	330	210	210	940	590	3,440	2,190
ラテン・アメリカb	660	430	30	30	20	20	1,130	550	330	330	2,170	1,360
「英米グループ」合計	3,160	2,730	1,260	760	2,380	1,850	2,810	1,450	1,770	1,170	11,380	7,960
大陸ヨーロッパb	1,880	1,280	90	60	570	430	890	510	810	590	4,240	2,870
その他世界	460	350	20	—	760	580	860	380	30	50	2,130	1,360
全世界	5,500	4,360	1,370	820	3,710	2,860	4,560	2,340	2,610	1,810	17,750	12,190
輸出先												
イギリスとアイルランド	380	210	390	350	870	960	870	560	600	360	3,110	2,440
カナダとニューファンドランド	170	120	20	10	60	60	930	480	20	10	1,200	680
その他イギリス連邦諸国	1,240	900	90	100	460	370	370	260	20	20	2,180	1,650
アメリカとフィリピン	240	100	560	290	540	270	200	180	1,040	490	2,580	1,330
ラテン・アメリカb	350	180	40	20	60	30	850	540	280	340	1,580	1,110
「英米グループ」合計	2,380	1,510	1,100	770	1,990	1,690	3,220	2,020	1,960	1,220	10,650	7,210
大陸ヨーロッパb	970	680	270	110	1,040	530	1,510	750	1,080	660	4,870	2,730
その他世界	370	200	80	30	670	330	590	460	40	60	1,750	1,080
全世界	3,720	2,390	1,450	910	3,700	2,550	5,320	3,230	3,080	1,940	17,270	11,020

注1：国境価格で表示。
注2：数値は100万ドル未満切捨て。
a：1928年の数値は同年のドルの金平価で示している。
b：イギリス領を除く。

表 103 「英米グループ」とその他世界との貿易

a：食糧と動物　b：原料　c：工業製品

（単位：100万ドル）

	1928年a				1937年			
	a	b	c	合計	a	b	c	合計
輸入								
イギリスとアイルランド	2,460	1,820	1,220	5,500	1,980	2,040	880	4,900
カナダとニューファンドランド	240	380	760	1,380	150	310	510	970
その他イギリス連邦諸国	640	640	2,420	3,700	440	650	2,180	3,270
アメリカとフィリピン	1,120	2,240	1,200	4,560	1,000	1,710	750	3,460
ラテン・アメリカ	470	430	1,710	2,610	270	390	1,270	1,930
「英米グループ」合計	4,930	5,510	7,310	17,750	3,840	5,100	5,590	14,530
大陸ヨーロッパ	3,450	5,970	4,160	13,580	2,160	5,190	2,920	10,270
その他世界	740	1,350	2,060	4,150	430	1,260	1,680	3,370
輸出								
イギリスとアイルランド	420	520	2,780	3,720	280	470	1,910	2,660
カナダとニューファンドランド	740	320	390	1,450	350	430	310	1,090
その他イギリス連邦諸国	1,110	2,020	570	3,700	1,080	1,900	370	3,350
アメリカとフィリピン	830	2,290	2,190	5,310	340	1,450	1,670	3,460
ラテン・アメリカ	1,690	1,320	80	3,090	1,100	1,350	50	2,500
「英米グループ」合計	4,790	6,470	6,010	17,270	3,150	5,600	4,310	13,060
大陸ヨーロッパ	2,410	2,810	6,170	11,390	1,620	2,600	4,690	8,910
その他世界	1,110	2,110	730	3,950	840	1,720	880	3,440

注1：国境価格で表示。
注2：単位は100万ドル未満切捨て。
a：数値は1928年の平価で表示している。

表 103 は，1928 年と 1937 年における「英米グループ」と，その他世界の輸出入品目の構成を示している。なお，輸出入品目は表 65 で示した 3 つのカテゴリーに分類されている。「英米グループ」もその他世界も多額の域内貿易を行っている。したがって，表 103 は「英米グループ」と大陸ヨーロッパ間の貿

易関係を研究する上ではあまり役に立たない。しかし，表102と併せて検討すると，両者の貿易関係の大部分は，「英米グループ」から大陸ヨーロッパに対する原料輸出と，後者から前者への工業製品輸出によって構成されていることがわかる。

さらに詳細な検討を行うためには，個々の輸出入品の数量について考察する必要がある。表104は「英米グループ」とその他世界の輸出入品の数量に関する情報を与えている。ここで考察された産品は表72～表74にでてくる食糧と原料であるが，これらは世界全体で取引されている食糧と原料の約60%を占めている[1)]。

もしも統計が正確であれば，「英米グループ」と同グループを除くその他世界の貿易収支は，赤字か黒字かの相違はあるが数値は同じになるはずである。実際，表104をみると，ほとんどの場合において両グループ間の数値の差異は小さく，数値は妥当かつ合理的に推計されていると考えてよいだろう。確かに，輸出超過額と輸入超過額が一致しないケースが見受けられるが（米と砂糖），輸出入額全体に対して非常に小さな額となっている。また，ガソリンや燃料用油に関しては，おそらく燃料用として即座に使用されるものも含めてしまっているため，輸出超過額と輸入超過額と大きな乖離が生じたと考えられる。

表104は「英米グループ」がその他世界に対して，食糧と原料の調達において圧倒的優位にあるという印象を与える。確かに，いくつかの産品においては，「英米グループ」が輸入超過を，その他世界が輸出超過を示している。しかし，かかる場合においてさえ，「英米グループ」のその他世界の供給に対する依存性はみかけ上のものであった。イギリスが大陸ヨーロッパから大量に輸入した豚肉とバターはその好例といえる。食糧供給が大いに不足状態にあったヨーロッパが，動物性食品の輸出超過をもちえたのは，「英米グループ」から植物性食品（特に穀物）と油糧種子を大量に輸入していたからである。同様に，「英米グループ」は脂肪油の輸入超過をもっていたが，同グループが輸出する油糧種子に含まれる脂肪分はこれをはるかに超える量であった。「英米グルー

表 104 「英米グループ」とその他世界：主要貿易品目 1938 年

（単位：1,000メートル・トン）

品目	「英米グループ」			その他世界		
	輸入	輸出	収支	輸入	輸出	収支
牛肉と羊肉	1,074	1,252	+178	179	100	−79
豚肉	497	224	−273	63	313	+250
バター	504	279	−225	110	335	+225
小麦	7,477	10,409	+2,932	6,232	3,605	−2,627
小麦粉	1,202	1,735	+533	1,228	711	−517
トウモロコシ	3,464	6,853	+3,389	5,972	2,115	−3,857
米	3,658	3,604	−54	2,636	2,892	+256
バナナ	1,935	2,179	+244	465	215	−250
柑橘類	916	1,163	+247	927	750	−177
砂糖	6,352	6,520	+168	2,479	2,480	+1
コーヒー豆	1,042	1,632	+590	796	199	−597
茶	327	285	−42	88	146	+58
亜麻仁（脂肪含有量）	250	539	+289	317	11	−306
その他油糧種子（5種）a	715	1,217	+502	1,694	1,222	−472
亜麻仁油	36	13	−23	58	95	+37
オリーブ油	95	2	−93	116	206	+90
その他植物油（6種）a	746	590	−156	443	669	+226
タバコ	226	345	+119	337	236	−101
羊毛	354	902	+548	624	98	−526
絹	273	668	+395	451	12	−439
ジュート	30	—	−30	6	36	+30

綿	784	2,077	+1,293	2,021	657	−1,364
ゴム	767	655	−112	346	377	+31
石炭	23,874	51,438	+27,564	80,998	58,515	−22,483
原油	38,414	44,500	+6,086	14,910	5,190	−9,720
ガソリン	10,198	11,070	+872	5,737	6,083	+346
ガスと燃料油	17,927	28,831	+10,904	9,088	11,510	+2,422
ボーキサイト	1,050	890	−160	1,218	1,493	+275
鉄鉱石	8,586	7,215	−1,371	38,654	39,785	+1,131
マグネシウム鉱	736	1,525	+789	1,478	461	−1,017
銑鉄	440	1,099	+659	1,946	1,538	−408
屑鉄・鋼屑	782	3,544	+2,762	4,667	1,674	−2,993
銅	437	1,166	+729	1,071	385	−686
鉛	423	787	+364	409	115	−294
錫鉱石	85	77	−8	57	55	−2
錫	67	86	+19	61	57	−4
亜鉛	209	246	+37	254	242	−12
硝酸ナトリウム/カルシウム/アンモニウム	853	1,782	+929	1,584	687	−897
硫酸アンモニウム	342	420	+78	1,006	965	−41
天然リン酸塩	1,797	2,467	+670	5,493	4,806	−687
塩基性スラグ	97	165	+68	1,186	1,333	+147
過リン酸塩	256	120	−136	817	772	−35
カリ肥料	720	134	−586	1,879	2,608	+729

a：油糧種子と植物油の詳細については表73を参照せよ。

プ」の過燐酸の純輸入量（重量）に関しても，同グループによる燐酸塩鉱物の純輸出量のわずか５分の１にすぎなかった。また，「英米グループ」は鉄鉱石の純輸入を記録していたが，同グループが生産する鉄鉱石の量に比べるとごくわずかであり，それは同グループが輸出する銑鉄や鉄屑に含まれる鉄の含有量の５分の１にすぎない量であった。確かに，生糸やカリ肥料の場合，「英米グループ」はその他世界の供給に著しく依存していた。しかし，かかるケースはごく稀であった。

外部世界に対する依存度が低いことは，戦時中においては重要なことかもしれない。しかし，平和時においては，このような独立性は純粋な利益とは言い難い。生産量が消費量を超過しているということは，余剰生産物を販売するための外国市場が必要だということである。もし販売先が確保できなければ価格は低下し，生産はコストに引き合わないものとなり，最終的に経済全般の混乱を引き起こすであろう。それゆえ，大国も小国も，または戦勝国も敗戦国も，すべての国が対等の条件で貿易を行うことができ，各国がその経済的繁栄に必要な原料を入手できる状態にすることが重要である。そうすることで，「英米グループ」のみならず，同グループを除くその他世界も利益をえることとなるであろう。

【注】

1）当該産品の全世界の輸出額については表 72 ～表 74 を参照されたい。

第14章　多角的貿易システム

1．序　言

貿易は国家間の相互依存状態を反映している。過去100年間の輸送手段の発達は近隣諸国との取引，すなわち局地的貿易で取引される商品のみならず，世界全体で取引される商品の種類を徐々に拡大していった。ますます多くの国が世界経済の軌道に引き込まれ，地域的な経済の出来事が世界的な影響をもつようになった。

通常，ある国の輸入先と輸出先とは一致しないので，国際貿易は多角的な決済を必要とする。たとえば，A国が商品やサービスの輸出超過によってB国から支払いを受ける権利があるにも関わらず，その支払額に相当する金の流れによって決済が不可能な場合，B国は第三国Cとの貿易によって黒字を稼ぎ，A国との決済に必要な通貨を獲得しなくてはならない。C国の側では，B国からの輸入超過分をD国に対する黒字によって決済しなくてはならない。かかる貿易の連鎖は，最終的にA国に対して貿易黒字となる国が登場することで決済の円環が閉じられるまで続く。本書に収集された統計資料は（本訳書では割愛：訳注），多角的決済に関する先行研究をさらに推し進めることを可能にするであろう[1)]。

2．各国・地域の貿易収支

多角的貿易に関する研究は，各国・地域の貿易収支の組合せと，その結果生

表 105　商品貿易の収支

グループ	輸入超過(−) 輸出超過(+) 単位:100万ドル				輸入額に対する輸出額の割合(%)		
	1928年	1928年 新金ドル	1935年	1938年	1928年	1935年	1938年
1. 北アフリカ	−80	−133	−94	−81	87.8	83.4	83.7
2. 南アフリカ	−182	−309	−250	−341	59.9	43.2	40.9
3. その他アフリカ	−48	−82	−7	−123	90.5	98.1	74.9
4. 北部北アメリカ	+77	+129	+141	+97	105.6	121.5	111.9
5. アメリカ	+750	+1,271	+103	+919	117.0	104.7	141.9
6. ラテン・アメリカ: 鉱物生産諸国	+237	+401	+231	+161	135.5	152.9	123.9
7. ラテン・アメリカ: 熱帯農業諸国	−7	−13	+33	−59	99.4	105.7	92.0
8. ラテン・アメリカ: 非熱帯農業諸国	+235	+398	+190	−6	125.5	147.7	98.8
9. インド, ビルマ, セイロン	+295	+499	+84	+136	127.8	114.1	122.8
10. 東南アジア	+277	+469	+234	+139	122.3	134.6	116.1
11. 日本, 朝鮮, 台湾	−154	−261	−7	+19	85.6	99.1	102.4
12. 中国とその他アジア大陸諸国	−229	−388	−294	−317	84.3	69.8	71.3
13. ソビエト社会主義共和国連邦	−78	−132	+116	−11	84.1	155.2	95.9
14. 大陸ヨーロッパ: 工業諸国	−1,406	−2,381	−982	−965	86.7	84.3	86.5
15. 大陸ヨーロッパ: その他諸国	−794	−1,345	−174	−274	73.8	90.2	87.4
16. 非大陸ヨーロッパ	−1,770	−2,997	−1,436	−1,964	67.9	60.3	55.1
17. オセアニア	+10	+16	+95	+4	101.1	117.0	100.5
全世界	−2,867	−4,858	−2,017	−2,666	91.9	90.4	89.1

注1:国境価格に調整。

じる貿易収支の状況を検討することが主な作業となる。しかし，その前に，世界を 17 のグループに分割した上で，各グループの商品貿易の収支についてみておく必要がある。表 105 の数値は国境価格である。この表の最下段で示されている世界全体の輸入額と輸出額との差額は，主に輸送費と考えてよい。輸出額に対する輸入額の超過率は，1928 年の 8.1% から 1938 年には 10.9% へと上昇しているが，これは輸送費の相対的上昇を反映している。工業製品は重量に比して高価格なため，一次産品よりも相対的に輸送費は低くなる[2)]。また，

表106　金・銀取引の収支

（単位：100万ドル）

グループ	金 輸入超過（－） 輸出超過（＋）				銀 輸入超過（－） 輸出超過（＋）			
	1928年	1928年 新金ドル	1935年	1938年	1928年	1928年 新金ドル	1935年	1938年
1. 北アフリカ	−1	−2	+5	+3	−2	−2	+2	−1
2. 南アフリカ	+219	+371	+375	+279	+2	+3	+1	+2
3. その他アフリカ	+6	+11	+36	+53	—	—	+2	−3
4. 北部北アメリカ	+87	+147	+112	+78	+14	+23	+9	+13
5. アメリカ	+392	+663	−1,739	−1,973	+19	+33	−336	−224
6. ラテン・アメリカ：鉱物生産諸国	−7	−12	−2	+50	+42	+70	+46	+38
7. ラテン・アメリカ：熱帯農業諸国	−49	−83	+13	+16	+1	+2	+2	+1
8. ラテン・アメリカ：非熱帯農業諸国	−84	−142	+5	+41	—	—	—	—
9. インド，ビルマ，セイロン	−80	−136	+160	+54	−41	−69	+34	−1
10. 東南アジア	−14	−24	+30	+45	−5	−7	+11	+8
11. 日本，朝鮮，台湾	—	—	—	…	+1	+1	+43	…
12. 中国とその他アジア大陸諸国	−1	−1	+27	+8	−79	−135	+97	+51
13. ソビエト社会主義共和国連邦	…	…	…	…	…	…	…	…
14. 大陸ヨーロッパ：工業諸国	−514	−871	+1,168	+162	+15	+26	+10	+2
15. 大陸ヨーロッパ：その他諸国	−19	−31	+3	+13	—	—	—	−2
16. 非大陸ヨーロッパ	+65	+110	−347	+297	−5	−8	+70	+54
17. オセアニア	+12	+21	+48	+70	+5	+8	+3	+5
全世界	+12	+21	−106	−804	−33	−55	−6	−57

1928年から1938年の間において，商品の価格は輸送費に対して相対的に落ち込んだ[3)]。

表106は金と銀の国際的な動きを示している。図24は，表105と表106を組み合わせ，1928年と1938年における金，銀，及び商品貿易の収支を一括して示している。銀の取引額はそれほど大きくないので特に注意を払う必要はないが，金の取引は重要である。金は一般的な商品とは別物だということを認識する必要がある。確かに，南アフリカ連邦やカナダのような産金国による金の輸出は経常勘定に分類すべきであろう。しかし，金の市場価格が特定の国に

図 24　商品貿易収支と金・銀取引の収支

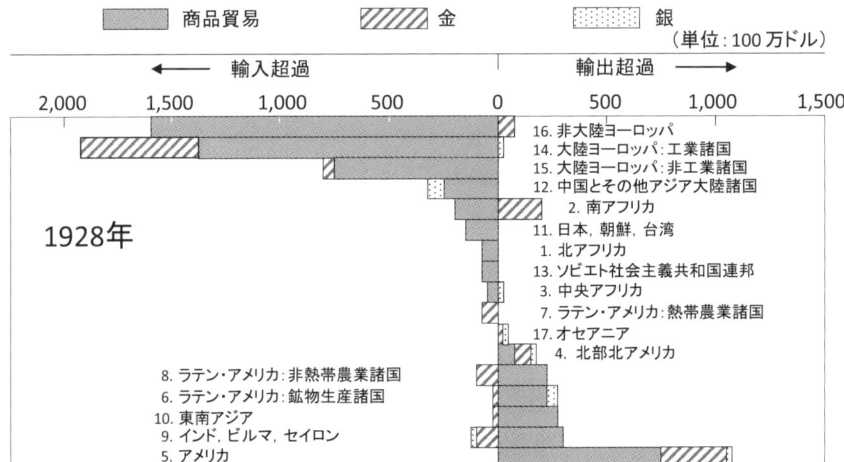

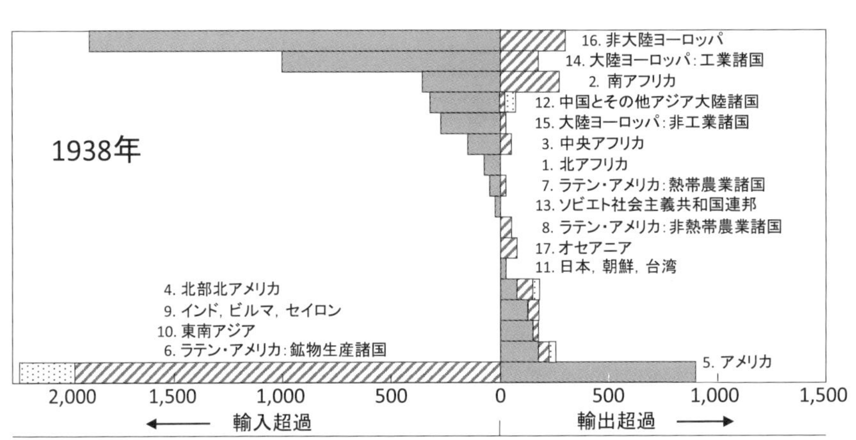

注：商品貿易における輸入超過額の大きさの順に配置した。輸出超過額に関しては小さい順に配置。
ソビエト社会主義共和国連邦の金・銀の収支に関するデータは入手不能であったため，この図には示されていない。

よって法定価格で決定されている場合，金は貿易を行っているどの国・地域においても現金として受け入れられるので，決済上の問題を引き起こさない。その上，金の動きはしばしば商品貿易の決済のみならず，国際資本移動，特に短期資本の動きと関係している。そのような金の流れは大きく変動し，またその方向に規則性はない。一方，商品の価格や商品貿易の流れは需給関係によって規定されるので，意図的な政策によって阻害されない限り毎年大きく変動することはない。

したがって，商品貿易に伴う各国・地域間の収支関係は，一定の持続性を有する型を形成する傾向がある。それぞれの国は毎年大体変わりなく，ある国に対しては輸入超過を，別の国に対しては輸出超過をもつであろう。その他の国際的取引に伴う各国・地域間の収支関係も毎年さほど変化しない。すなわち，貿易と商船の保有状況によって決定される輸送サービス，資本の投下先の分布と投資国の国籍によって決定される利子，配当，そして元本償還等であるが，これらから生じる資金の流れも毎年それほど大きく変化することはないであろう。以下では，これらの利子，配当，運賃などの支払いは，主に商品貿易の黒字によって決済されていることが示されるであろう。また，これらの巨額の投資収益や運賃収入は，迂回的なルートをたどってイギリスやオランダに還流していたことが明らかとなろう。

3．貿易収支の世界システム

貿易収支を通じた諸国の関係性は，一見したところ非常に入り組んでいるようにみえる。しかし，詳細に検討すると，各国・地域の貿易収支の状況には顕著な規則性があることが，また，小規模な三角決済や多国間の決済は相対的に重要ではなく，ある程度の規模を有する貿易収支は単一の世界的広がりをもつ決済システムに属していることが明らかになるであろう。

試しに，上に出てくる国・地域に対しては輸入超過，下に出てくる国・地域に対しては輸出超過という規則に基づいて配置した一覧表を作成してみよう。もっとも，すべての国・地域を網羅した完全なリストを作成することは難しい[4)]。そこで，さしあたり世界を６つのグループに分けることによって，貿易収支の世界システムの骨格を把握したいと考える。なお，６グループのうち５つがこのシステムに属していることは明確であるが，残りの１グループに

表107　輸出入貿易の組合せと貿易収支　1928年a

（単位：100万ドル）

	A. 熱帯地域b			B. アメリカ合衆国			C. 新入植地域		
	輸入	輸出	収支	輸入	輸出	収支	輸入	輸出	収支
A. 熱帯地域b	*900*	*800*	*−100*	1,820	870	−950	310	180	−130
B. アメリカ	1,010	1,650	+640	—	—	—	1,430	740	−690
C.「新入植地域」	210	240	+30	780	1,380	+600	*240*	*220*	*−20*
D. 大陸ヨーロッパ	1,080	1,420	+340	880	1,500	+620	640	1,350	+710
E. 非大陸ヨーロッパ	1,050	750	−300	250	860	+610	980	1,150	+170
F. その他世界	*370*	*500*	*+130*	*680*	*550*	*−130*	*70*	*170*	*+100*
合計	4,620	5,360	+740	4,410	5,160	+750	3,670	3,810	+140

	D. 大陸ヨーロッパ			E. 非大陸ヨーロッパ			その他世界		
	輸入	輸出	収支	輸入	輸出	収支	輸入	輸出	収支
A. 熱帯地域b	1,600	910	−690	760	950	+190	*580*	*320*	*−260*
B. アメリカ	1,650	760	−890	910	230	−680	*600*	*570*	*−30*
C.「新入植地域」	1,490	530	−960	1,180	890	−290	*190*	*50*	*−140*
D. 大陸ヨーロッパ	*6,920*	*6,630*	*−290*	1,900	1,000	−900	*930*	*810*	*−120*
E. 非大陸ヨーロッパ	1,060	1,730	+670	*400*	*390*	*−10*	*320*	*330*	*+10*
F. その他世界	*860*	*830*	*−30*	*370*	*290*	*−80*	*1,060*	*1,060*	*0*
合計	13,580	11,390	−2,190	5,520	3,750	−1,770	3,680	3,140	−540

注1：表81と表82の数値から算出。
注2：貿易収支が多角的決済システムの概観が把握できるようにグループの構成国を選択し配置した（詳細は本文と図25を参照せよ）。
注3：国際的な決済資金の流れを反映していない数値はイタリック体で記している。すなわち，システムにおける位置が判然としないグループFの数値と，収支が輸送費を意味する各グループの域内貿易の数値である。
a：紙幅を節約するため，1928年のドルの金平価のみで示している。
b：チリを含む（本文を参照せよ）。

関しては定かではない。

A. 熱帯中央アフリカ，ラテン・アメリカの熱帯農産物，及び鉱物生産諸国[5)]，熱帯アジア（表81～表84におけるグループ3，6，7，9，10）

B. アメリカ（グループ5）

C. 温帯にある「新入植地域」，イギリス自治領，すなわち南アフリカ連邦，北部北アメリカ，オセアニア（グループ2，4，17），ラテン・アメリカの非熱帯農業諸国（グループ8）

D. 大陸ヨーロッパ（グループ14，15）

E. 非大陸ヨーロッパ（グループ16）

F. A～Eに属さないその他の国・地域（グループ1，11，12，13）

貿易収支の世界システムは，世界恐慌と関税障壁の形成によって1930年代に変化した。したがって，両大戦間期における諸グループ間の「通常の」貿易関係を把握するために，さしあたり1928年のデータを抽出し検討することとした。表107は，1928年における6つのグループの輸出入額，及びグループ間の貿易収支を示している。

Fグループは国際的決済システムにおいて明確な位置を占めていないので，世界貿易の90%を占めるA～Eのグループのみに注目したい。また，各グループの域内部貿易については，さしあたり無視することとする。

表107は，各グループは自らが後続するグループに対しては輸出超過，自らが先行するグループに対して輸入超過であることを示している。ただし，例外が一つある。すなわち，AはEに対して輸入超過の関係にある。しかし，この例外は貿易収支の世界システムの凝集性を損ねるどころか，むしろそれを強化している。これについては以下で説明する。

図25は貿易収支の世界システムの全体像である。この図によって，各グループの貿易収支の地理的分布を反映した国際的な資金の流れを示している。輸出と輸入，両方の収支が示されている（図の注記も参照せよ）。輸入超過額は輸出超過額を上回っているが，この差額は国境間の輸送費であると考えてよい。輸出，あるいは輸入の超過額が，グループ間の正味の支出，あるいは収入を表しているかどうかは，輸送に利用された船舶と保険会社の国籍しだいである。実際には，当時，世界で就航する商船の総トン数の3分の2はヨーロッパ諸国が保有するものであり，ヨーロッパのグループDとEは，輸入品のCIF価格に含まれる輸送費を受け取っていたのみならず，非ヨーロッパ諸国間の貿易から生じる輸送費も受け取っていた。

各グループ間の通商関係は，熱帯と温帯にある「新入植地域」（グループA

図 25　多角的貿易システム　1928 年

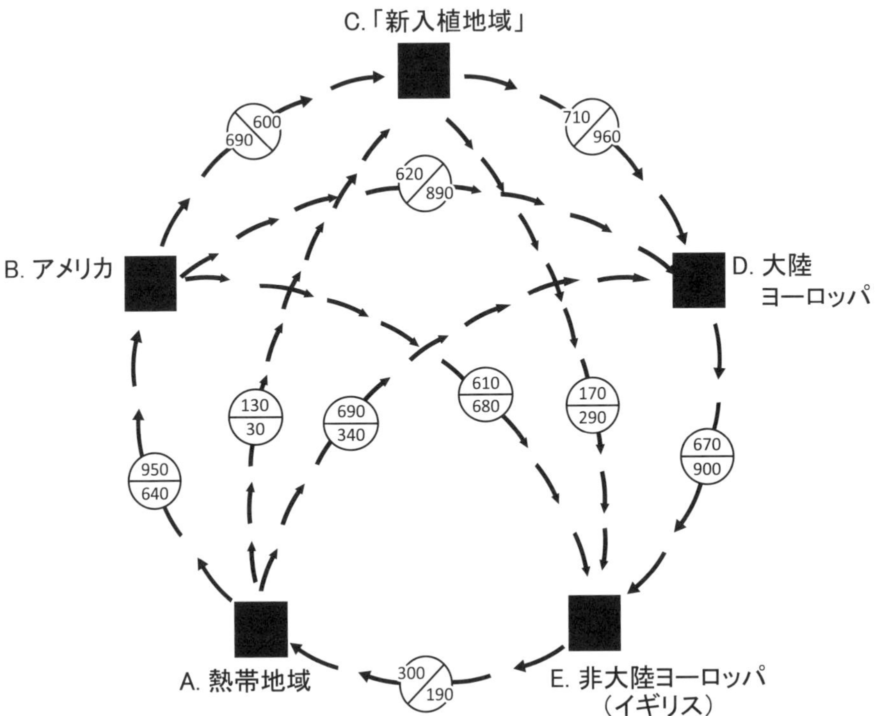

注：表107のデータに基づいて作成。数値は1928年のドルの金平価である（単位は100万ドル）。各円内のより小さな数値は矢印が出ている国・地域の輸出超過額を示しており，より大きな数値は矢印が指している国・地域の輸入超過額を示している。数値が相違する理由は主に輸送費が理由であると考えてよい。

とC）からヨーロッパ債権諸国（グループDとE）に対する利子・配当支払いに伴う資金の流れによって大きく規定されている。アメリカは高度に発展した工業国，そして債権国であったが，図25をみるとグループAとグループCの間に位置していることがわかる。この事実は，グループの配置順は経済発展のレベルとは関係がないことを示している。アメリカは熱帯地域に対しては輸入超過，新入植地域に対しては輸出超過であること，一方，非大陸ヨーロッパは熱帯地域に対して輸出超過であり，「新入植地域」に対しては輸入超過の関係にあることに注目すべきである。非大陸ヨーロッパの収支は，実質的にイギリスのそれである。イギリスの海外投資の約３分の１が熱帯地域に投下され，年間４～５億ドル程度の投資収入を得ていたという事実にも関わらず，イギリスは熱帯地域に対して輸出超過の関係にあった。したがって，熱帯地域はこの輸出超過分をイギリスからの資本輸入によって決済していた。

アメリカとイギリスのグループＡとグループＣに対する貿易収支の対照的な状況は，両国の通商関係の性質を反映している。ほとんどの熱帯諸国の工業は未発展の状態である。その上，熱帯諸国は相対的に貧しいので，これら諸国は非耐久財をもっぱら必要としていた。確かに，特に過去20年間において，イギリスの輸出品は非耐久消費財から耐久消費財及び資本財へと変化する傾向にあったが，それでもなお熱帯諸国にとってイギリスは最大の輸入先であった。同時に，イギリスは「新入植地域」にとっても最大の輸入先であった。これは，「新入植地域」はイギリス資本の助けによって発展してきたこと，そして同地域に属する多くの国はイギリス連邦に属していたことを考えると当然のことであろう。

「新入植地域」はイギリスに対して穀物，食肉，及びバターなどを輸出していた。アメリカは「新入植地域」に対して耐久消費財及び資本財を大量に輸出していたが，同時に「新入植地域」と同種の農牧産品を生産していた。したがって，両者の貿易関係は一方的なものとなった。アメリカが輸入する一次産品の大部分は，熱帯地域が生産する原料であった。しかし，熱帯諸国の経済は，未だアメリカが製造した高額の耐久消費財や資本財を必要とするほど発展してはいなかった。

表107と図25には表れていない事実についても述べておく。多角的貿易システムは複雑な機構であり，限られたグループ間の貿易関係の検討のみでは理解できない。たとえば，熱帯（グループA）においては複雑な域内の通商関係が存在する。1928年において，オランダ領東インドはインドに対して４千４百万ドル，イギリス領マラヤに対しては８千万ドルの輸出超過であった。一方，これら２地域はアメリカに対して各々８千２百万ドル，１億８千６百万ド

ルの輸出超過であった。インドは主にジュート袋の輸出によって，ブラジルやキューバなどの熱帯諸国に対して輸出超過となっていた。他方で，これら諸国はアメリカに対して輸出超過であった。また，キュラソーはベネズエラに対して大幅な輸入超過であったが，アメリカに対しては輸出超過であった。すなわち，図 25 で示される熱帯地域からアメリカに対する輸出超過の流れは，個々の熱帯諸国の視点からすれば，第二の，あるいは第三の輸出超過の流れを示していることになる。

図 25 が示しているように，アメリカは「新入植地域」とヨーロッパ諸国（グループ C，D，E）に対して，熱帯グループ A に対する輸入超過の 2 倍に相当する輸出超過をもっていた。また，図 25 では示されていないが，分類不能な国・地域から構成されるグループ F に対しても 1 億 3 千万ドルという少額の輸入超過があった。アメリカの「見えざる」項目の対外取引はかなり大きいが，では同国の国際収支の均衡はいかにして達成されていたのだろうか。残念ながら，1928 年におけるアメリカの国・地域別の国際収支に関する完全なデータは存在しない。しかし，不完全ではあるが入手可能なデータを用いることによって，グループ A ～ F との間の決済関係の概要を把握することは可能である（表 108 参照）。

各種サービスの支払い（民間投資の利子・配当の支払いも含む）のみならず，戦債の利払いと元本償還をも経常勘定に含めるならば，各グループの「見えざる」項目における取引の大部分は相殺されることとなる[6)]。しかし，特に大陸ヨーロッパに対する長期借款の供与によって，アメリカの経常収支は大幅な黒字となった。1928 年に終わる 10 年間において，アメリカの資本輸出は多角的貿易システムにとって重要な要素であった。上記期間の後半期において，ドイツはアメリカの対外借款の大きな部分を吸収したが，これによりドイツは新入植地域からの輸入を拡大することが可能であった。一方，ドイツに対する輸出超過額が増加した新入植地域の側では，その増加分だけアメリカからの輸入を拡大することが可能となった。

しかし，国際的な資本の動きは必ずしも多角的貿易を促進するわけではな

表108　アメリカの国際収支　1928年

（単位：100万ドル）

項目	A. 熱帯地域	C. 新入植地域	D. 大陸ヨーロッパ	E. 非大陸ヨーロッパ	F. その他世界	全世界
商品貿易（表107に基づく数値）	−950	+600	+620	+610	−130	+750
利子・配当	+260	+200	+100	−60	+30	+530
輸送サービス提供による収入a	+100	+40	+50	+40	+30	+260
移民送金	—	−20	−190	−10	−80	−300
観光支出	−70	−90	−260	−40	−10	−470
その他サービスb	−30	−60	−60	−100	−50	−300
商品・サービス合計	−690	+670	+260	+440	−210	+470
戦債受取り	—	—	+50	+160	—	+210
新規長期資本発行	−240	−300	−550	−20	−70	−1,180
上記2項目合計	−930	+370	−240	+580	−280	−500
その他資本項目	…	…	…	…	—	+210
金（イアマーク分も含む）と銀	…	…	…	…	—	+290

a：「商品貿易」の項目については，アメリカ船による輸送サービス（輸入分）の収入を含んでいる。
アメリカの公式統計では「商品貿易」「輸送サービス」両方の項目において，かかる収入は除外されている。

b：たとえば密輸等に関わる調整も行っている。

い。たとえば，もし，イギリスがグループＡに属するある国に借款を供与すれば，さしあたり，その影響は，グループＥに対する輸入超過の増大ではなく，むしろグループＡのグループＢ～Ｄに対する輸出超過の減少として表れたかもしれない。しかし，グループＡからグループＥへと向かう資金の流れの起点の近くに位置しているアメリカから，同ルートの終点近くに位置しているドイツに対する借款の場合は，この資金の流れに関わる諸国の貿易黒字を増大させる可能性が大きい。実際，巨大な債権国となりつつあったアメリカは，その海外投資の大きな部分をヨーロッパに振り向けていたので，多角的貿易を促進したと考えられる。しかし，多角的貿易システムの安定にとって，アメリカの海外投資は有害でもあった。というのも，同システムは，アメリカの資本輸出に依存する傾向を強めたからである。結局，ある複雑なシステムに新しい力が注入された場合，その力が補完的な性質でない限りシステムは不安定化するのである。

グループＣのグループＤとＥに対する輸出超過額は，グループＡとＢに対する輸入超過額を超えていた。しかし，この超過額はそれほど大きな額ではなく，「見えざる」項目におけるヨーロッパ諸国に対する支払額とほぼ同額である。グループＣに含まれる諸国のうち，オーストラリアと南アフリカ連邦はイギリスに対して大幅な輸入超過である。しかしながら，南アフリカ連邦の輸入超過は金の輸出によって決済されていた。先に見た熱帯地域と同様，グループＣの域内にも各国・地域間の貿易収支の複雑な関係が存在する。カナダはグループＣに含まれているが，グループＢとグループＣの間に，独立したグループとして位置づけてよいかもしれない。というのも，カナダは熱帯地域とアメリカ両者に対して輸入超過であり，グループＣに対しては輸出超過の関係にあったからである。オーストラリアはカナダに対して輸入超過であり，ニュージーランドと南アフリカに対しては輸出超過であった。

グループＤは非大陸ヨーロッパに対して６億７千万ドルの輸出超過であったが，非大陸ヨーロッパを除くその他の国・地域に対する輸入超過額はその３～４倍であった。この差は，輸入品価格に含まれる輸送費，ヨーロッパ大陸の

表109　大陸ヨーロッパの貿易収支　1928年a

（単位：100万ドル）

	大陸ヨーロッパ（工業国）	大陸ヨーロッパ（非工業国）
ヨーロッパを除くその他世界	−2,070	−500
大陸ヨーロッパ（工業国）	−40 b	−440
大陸ヨーロッパ（非工業国）	＋220	−30 b
非大陸ヨーロッパ（イギリス）	＋490	＋180
	−1,400	−790

a：表81と表82から算出。
b：域内貿易の収支。ほぼ輸送費と考えてよい。

債権国の利子・配当収入，アメリカのドイツに対する借款等によって生じた。大陸ヨーロッパの域内には，重要な貿易収支の関係が存在する。表109のデータは表81と表82から算出したものである。これが示すように，大陸ヨーロッパの非工業諸国は貿易収支のシステムにおいて，工業諸国と非大陸ヨーロッパの間に位置していた。このことは，先述したように，貿易収支のシステム内における順番は，工業の発展の度合いとは関係がないことを示している[7)]。

ヨーロッパ諸国の貿易収支を詳細にみていくと，さらに複雑な貿易関係が浮かび上がってくる[8)]。大陸ヨーロッパの工業国の中で，ヨーロッパ大陸外からの輸入に依存している典型的な国はドイツである。1928年において，ドイツの輸入額は大陸ヨーロッパの輸入総額の3分の1を占めていた。ドイツはヨーロッパ外の諸大陸に属するほぼすべての国に対して輸入超過であり，ほぼすべてのヨーロッパの国に対して輸出超過であった。ドイツはベルギーやオランダなどヨーロッパの債権諸国に対して輸出超過であったが，かかる状況は，ヨーロッパ外の大陸に所在する債務諸国が，両国に対する利子・配当支払いを履行する上で都合が良かった。

いくつかの重要な支払いの流れは，ドイツを経由して最終的にイギリスへと向かっていた。ドイツがオランダとベルギーに対してもつ輸出超過の一部分は，イギリスへと向かう資金の流れに役立っていたと思われるが，このことは両国がイギリスに対して輸出超過をもっていたという事実によって示唆されている。フランスやデンマーク，さらにはチェコ・スロヴァキアを通ってイギリスへと帰着する資金の流れも存在した。より間接的ではあるが，スウェーデンや他のスカンディナヴィア諸国やバルト諸国を経由してイギリスへと帰着する資金の流れもあった[9)]。

イギリスへと向かう資金の流れに参加していた国は他にも存在していたが，それらは主に中部，北部，及び北西部のヨーロッパに属する諸国であった。東南ヨーロッパ諸国は，この資金の流れの中で重要な役割を果たしていなかった。大雑把に言えば，経済が発展し，貿易を積極的に行っている国は，上述のイギリスを終着点とする資金の流れにおいて一定の役割を果たしていた。別の言い方をすれば，これら諸国が経済的に豊かになるためには，多角的貿易システムへの参加が必要だったのである。

非大陸ヨーロッパ（グループE）の貿易とは，実質的にイギリスのそれである。アイルランドはこのグループに属するが，1928年において，大陸ヨーロッパ，及びそれ以外の諸大陸に対して輸入超過であった。アイルランドのイギリスを除くその他の諸国からの輸入総額は（５千６百万ドルと記録されていたが，実際はそれよりはるかに高額である），同国の海外投資収益を超過している。イギリスに対しては輸出超過であったので，貿易収支のシステムにおいて，アイルランドは大陸ヨーロッパとイギリスの間に位置づけられる。

イギリスの通商関係に対する多角的貿易の影響を理解するためには，イギリスの「見えざる」項目からの収入が一体どの国・地域からもたらされていたのか，そして，この収入の原資となっているイギリスの輸入超過は一体どの国・地域に所在しているのか，以上の２点を比較検討する必要がある。「見えざる」項目全体に関するデータは入手不可能であるが，投資収益は「見えざる」項目の大きな部分を構成していたので，イギリスの投資分布に関するデータを用いて検討を進めていきたい。表110は，世界を８つの地域に分類し，各々に対するイギリスの貿易収支と対外投資額を示したものである。なお，この表はキンダースリー卿（Sir Robert Kindersley）によって公刊されたデータに基づいている。

イギリスは，海外投資先としては重要度の低いアメリカとヨーロッパに対し

表 110　イギリスの海外投資と貿易収支

（単位：100万ポンド）

	投資額（1930年）	貿易収支（1928年）輸入超過（－）　輸出超過（＋）
インド，ビルマ，セイロン	520	＋29
インド，ビルマ，セイロンを除く熱帯地域	680	＋12
オーストラリア，ニュージーランド，南アフリカ連邦	950	＋12
カナダ，ニューファンドランド	500	−21
アルゼンチン	400	−43
アメリカ	200	−131
ヨーロッパ	300	−192
その他世界	250	−16
	3,800	−350

ては大幅な輸入超過であったが，巨額の投資残高が所在する熱帯地域やイギリス自治領諸国に対しては輸出超過であった。表 110 に基づいて作成された図 26 は，ある意味，予想とは異なるイギリスの貿易収支の状況が鮮明に示されている。すなわち，イギリスは巨額の投資を行っている国・地域に対しては大幅な輸出超過であったが，僅少な投資しか行っていない国・地域に対しては輸入超過であったことが確認される。

かかる現象は，そもそも各国・地域の貿易相手を規定するのは商品の需給関係であり，国際資本移動が生み出す金融的請求権ではない，という事実によって大部分説明がつく。イギリス資本は被投資国・地域が各種一次産品の生産を拡大していく上で積極的な役割を演じた。また，これらイギリス資本の助けをえて開発・生産された一次産品は，イギリス市場のみならず「世界市場」に向けて販売された。イギリスの海外投資活動は長期間に及んだが，その間，同国の輸出産業は投資先の国・地域の需要に自らを適合させていった。そして，イギリス資本を受け入れた国・地域が第三国に一次産品を輸出することで獲得した輸出超過の大部分は，最終的にイギリスへと還流していった。一方，上記の第三国は一次産品の輸入代金を，イギリスに対する輸出超過によって決済し

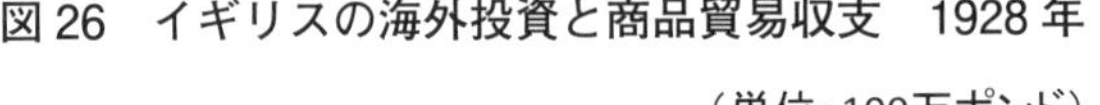

図26 イギリスの海外投資と商品貿易収支 1928年

（単位：100万ポンド）

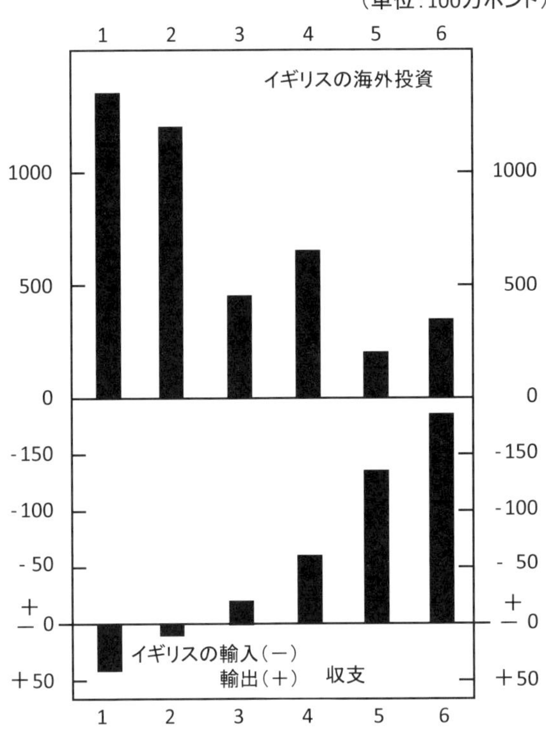

注：図の上下にある数字は以下のグループを指している。
1：熱帯地域，2：オーストラリア，ニュージーランド，南アフリカ連邦，
3：カナダとニューファンドランド，4：1〜3と5〜6以外の地域，
5：アメリカ，6：ヨーロッパ。

た。かように，イギリス資本はそれが投下された国々の経済発展に貢献しただけではなく，同国を終点とする投資収益の還流システムに参加するすべての国・地域の経済発展に対しても刺激を与えたのである

図25には登場しないグループFについても少し言及しておきたい（表107では示されている）。同グループの構成国・地域は，ソ連，北アフリカ，そして非熱帯アジア地域である。表111が示しているように，ソ連は熱帯地域，アメリカ，新入植地域に対して輸入超過であり，非大陸ヨーロッパと大陸ヨーロッ

表111　ソ連の商品貿易　1928年a

（単位：100万ドル）

	輸入	輸出	貿易収支
A. 熱帯地域	28	2	−26
B. アメリカ	96	16	−80
C.「新入植地域」	48	1	−47
D. 大陸ヨーロッパ	210	237	＋27
E. 非大陸ヨーロッパ	22	86	＋64
F. その他世界	87	71	−16
合計	491	413	−78

a：この表の数値は付表Ⅲ（本訳書では割愛：訳注）から直接算出したものである。表81と表82の100万ドル未満を切り捨てた数値では，ソ連の貿易状況を把握することができないからである。

パに対しては輸出超過である。したがって，グループＣとグループＤの間に位置していたと考えられる。

グループＦに属するその他の国・地域の位置づけはあまり明確ではない。日本は1928年に，熱帯諸国と同様，イギリスに対して輸入超過，アメリカに対しては輸出超過であった。しかし，日本は「新入植地域」と大陸ヨーロッパに対しては輸入超過であった。日本にとって多角的貿易が重要な意味をもっていたことに疑いの余地はない。しかし，先の日本の貿易関係についての検討から明らかなように[10)]，同国の多角的貿易関係は不安定であり，世界的な貿易収支のネットワークに結合されていたとは言い難い。日本の貿易の歴史は，多角的貿易システムに新たに加わった国の貿易に対して，既存の世界貿易のネットワークがいかなる調整過程を示すかを如実に示してくれる。日本の参入は同国のみならず，同国の輸出先，及びそれ以外の国に対してもさまざまな影響を与えた。同時に，日本の参入は諸外国との間に多くの摩擦を引き起こしたことも事実である。北アフリカ同様，中国，及びいくつかのアジアの小国は，貿易収支の世界システムの外で対外的決済を実現していたようである。この点を究明するには，当該諸国の「見えざる」項目における取引の地理的分布について知る必要がある。しかしながら，多角的貿易システムにおいて明確な位置づけがない諸国・地域は，世界貿易の10分の1しか占めておらず，無視しても差し支えないであろう。

4．多角的貿易システムの形成史

貿易収支の関係を通じた世界的ネットワーク，すなわち多角的貿易システムは，気候条件と経済構造を異にする各地域の需要と生産の存在を基礎としている。しかし，各国・地域の生産物の特性は，多角的貿易システムが発展をみたわずか数世代の間に確定された。

多角的貿易システムの存在は，その機能不全が顕在化した1930年代にいたるまで意識されることはなく，その歴史は未だ記されていない。したがって，以下，多角的貿易システムの発展史について簡単に記しておきたい。

まずは，一般的な意味での多角的貿易と，本書で検討している多角的貿易システムとの相違を明確にする必要がある。一般的な意味での多角的貿易は，原始的な物々交換の段階を超えて，国際的な貿易が行われるようになった時にはすでに存在していたと思われる。しかし，この起源を正確に把握することは困難である。他方，本書で扱っている多角的貿易システムは，ほとんどすべての国・地域によって構成された世界的広がりをもつシステムであるが，実は形成されてまだ三世代（原文では“three generations”と記されているが，70年くらいの期間を指していると思われる：訳注）しか経っていない。

先述のように，多角的貿易システムは債務国から債権国，とりわけイギリスへと向かう資金の流れ（投資収益）と密接に関わっている。イギリスは最初に産業革命を実現した国であり，長い間，世界各地からの一次産品輸入に依存してきた。また，イギリスは世界的な貿易ネットワークを確立すると同時に巨額の海外投資も行ってきた。当初，イギリスの債務諸国との間の貿易は概して二国間主義的であったので，投資収益の増大と歩調を合わせる形で債務諸国に対する輸入超過は拡大していった。しかし，この状況は1870年代に変化しはじめた。それ以降，イギリスは投資先としては重要度の低いヨーロッパ諸国に対

表112　イギリスの一般貿易と特別貿易：年平均

（単位：100万ドル）

	1860～69年	1870～79年	1880～89年	1890～99年	1900～09年
一般貿易：輸入（－）輸出（＋）					
ベルギー，フランス，ドイツ，オランダ	+6	+1	−20	−40	−48
デンマーク，ノルウェー，スペイン，スウェーデン	−6	−11	−15	−20	−26
アメリカ	−13	−42	−54	−68	−85
その他諸国	−42	−35	−13	−11	−5
全世界	−55	−87	−102	−139	−164
再輸出先					
ベルギー，フランス，ドイツ，オランダ	31	36	35	31	30
アメリカ	3	4	9	12	22
その他諸国	12	25	18	18	23
全世界	46	55	62	61	75

注：委託国に関する情報は1904年から利用可能であるため，本表の数値は船積国に基づいている。輸入はイギリスに直接輸出した諸国からのもの，輸出は最終目的地に対するものである。ただし，海岸線のない国・地域の場合は，積荷が下ろされた国・地域に対する輸出として記録されている。

する輸入超過を増大させた。また，同時期，アメリカからの利子・配当収入は停滞していたにも関わらず，同国からの輸入超過額は増大した[11)]。他方，ヨーロッパ諸国とアメリカ以外の国は，イギリスに対する利子・配当支払いを年々増大させていった。しかし，イギリスはこれらの国に対する貿易赤字額を減少させていった。

表112と図27で示されたデータは，再輸出を考慮していないので，完全に信頼のおけるものではない。さらに，この時期の貿易相手国・地域に関するデータは，実際の貿易動向を把握するには不適当なものと言わざるをえない。というのも，この時期の貿易データは原産国，すなわち「船積国」（countries of shipment）を基準として記録されているからである。かかる基準に基づいて記録された貿易データは，1904年以降の「委託国」（countries of consignment）を示したデータよりも，さらに貿易の実態を示しているとは言い難い[12)]。

イギリスは長い間，ヨーロッパの商品とヨーロッパ以外の国・地域の商品を交換する中継貿易を行ってきた。しかし，19世紀半ばから，大陸ヨーロッパ

図 27　イギリスの輸入超過　年平均

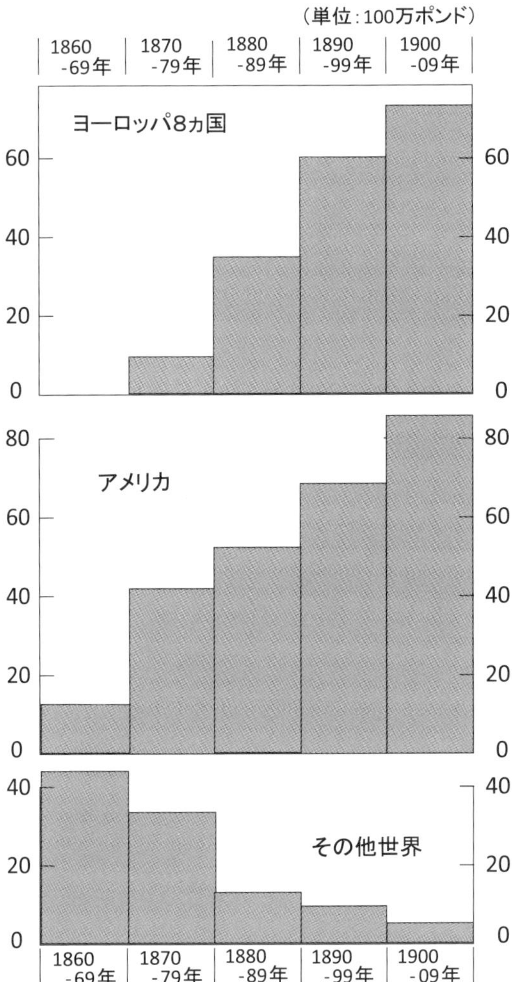

注：一般貿易。表中の「ヨーロッパ8ヵ国」とはベルギー，デンマーク，フランス，ドイツ，オランダ，ノルウェー，スペイン，スウェーデンのこと。

のいくつかの国は独自の商船団を組織し，イギリスを介さずに世界各地の商品を直接輸入するようになっていった。ところが，表112の下半分で示されているように，この時期，イギリスの大陸ヨーロッパ諸国に対する再輸出の額は確かに小さくなったが，かなりの程度安定して推移していた。したがって，1870年代に生じたイギリスの貿易相手国・地域の変化は，大陸ヨーロッパ諸国とアメリカが，一次産品輸入拡大に伴う貿易赤字を，イギリスに対する貿易黒字で決済するという貿易関係が形成されたことによって生じたと考えられる。

1850～60年代におけるベッセマー製鋼法（Bessemer process）の発明と発展は，鉄道と鉄鋼船の大規模な使用を可能とした。かかる輸送技術の革命的変化によって，世界市場で取引される商品の量は急増した。それにより，1870年代初頭から1890年代の後半にいたるまで，世界の商品価格は全般的低下を経験することになった。しかし，上述の大陸ヨーロッパ諸国とアメリカによる一次産品輸入の拡大は，かかる価格低下をある程度抑制する効果があった。同時に，大陸ヨーロッパ諸国とアメリカは，イギリスの伝統的な輸出市場で激しく競争することなく，自国の工業を発展させることができた。もし，大陸ヨーロッパ諸国とアメリカが，工業用原料をその供給地に対する工業製品輸出によって直接決済する必要があったならば，イギリスとの間で激しい輸出競争が生じていたであろう。

1890年代後半に世界的な物価上昇が生じたが，この時，多角的貿易システムはさらなる発展を遂げた。1898年以降，アメリカは工業製品の純輸出国となり，特に工業発展を目指す諸国に対する鉄，鉄鋼，金属製品，機械類の輸出を拡大していった。そのため，アメリカは温帯に属する「新入植地域」に対して輸出超過となり，「新入植地域」は多角的貿易システムにおいてアメリカと大陸ヨーロッパの間に位置するようになった（図25を参照せよ）。表113は，アメリカの貿易黒字が急増したことを示している。

このことは，「新入植地域」がヨーロッパに対して貿易黒字を稼ぐことが可能であったという事実を反映している。すなわち，新入植地域はヨーロッパに対する輸出超過によって，アメリカに対する輸入代金を決済できたのである。

表 113　アメリカの「新入植地域」との商品貿易：年平均

（単位:100万ドル）

年	北部北アメリカ	オセアニア	アルゼンチン
1881～85	+1	+1	−1
1886～90	−2	−1	+1
1891～95	+13	−2	−2
1896～1900	+43	+4	−0.2
1901～05	+72	+21	+4
1906～10	+101	+16	+14
1921～25	+231	+87	+34
1926～30	+350	+124	+70

図 28　アメリカとアルゼンチンの冷凍・冷蔵牛肉輸出　1896 ～ 1913 年

（単位:メートル・トン）

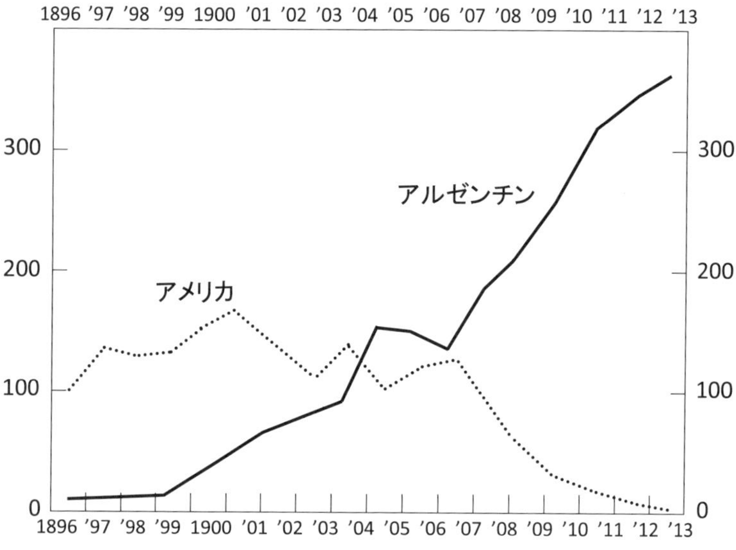

カナダのヨーロッパに対する貿易黒字は，現在「小麦ベルト」として知られている小麦生産地帯の開発によってもたらされた[13)]。また，先述のように，1890 年代以降進展した冷凍・冷蔵技術の向上によって，アルゼンチン，オーストラリア，及びニュージーランドは熱帯地方を超えてヨーロッパに食肉を輸

出することが可能になった。このように，新入植地域がヨーロッパに対する食糧輸出を拡大した一方で，アメリカの対ヨーロッパ輸出は減少した。かかる状況は図28によって確認されよう。この図は，アメリカは牛肉輸出国としての地位を，アルゼンチンに譲ったことを示している。

しかし，アメリカは食糧輸出の減少を工業製品輸出の拡大によって十分に補うことができた。アメリカは，「新入植地域」に対する輸出超過を拡大しただけではなかった。アメリカのドイツとの貿易収支は，1890年の1千5百万ドルの赤字から1900年の8千7百万ドルの黒字となり，オランダに対する輸出超過額も5百万ドルから7千3百万ドルへと拡大した。

ヨーロッパ域内においては，貿易収支のシステムはドイツの工業化と共に発展したといえよう。ドイツはヨーロッパ以外の大陸が生産する一次産品への依存を強める一方で，その輸入代金をヨーロッパ諸国に対する輸出超過によって決済するようになっていった。ドイツの世界各地との貿易収支を示した表114は，上記の決済構造を明確に反映している。

20世紀初頭において，多角的貿易システムは図25で示したような型になったと思われる。確かに，その後，各国・地域の貿易相手国・地域は変化したかもしれないが，グループ間の関係は大きく変化することはなかった。すなわち，20世紀初頭から1914年まで，国際貿易は急速な発展を遂げたが，多角的貿易システム内における資金循環の方向は変化しなかった。また，第一次世界大戦による一時的解体の後，多角的貿易システムは戦前と基本的に同じ型で，しかも規模を拡大させて復活を遂げた。しかし，第一次世界大戦後の国家間の金融的関係の変化は，多角的貿易システムを不安定なものにした。先述のように，第一次世界大戦後の10年間におけるアメリカの資本輸出は，多角的貿易システムの不調を隠蔽しつつ，同システムを支えてきた[14)]。しかし，第一次世界大戦中における大陸ヨーロッパ諸国の対外債権の喪失，連合国間の戦債問題，及び賠償問題は，当然，商品貿易の収支に影響を与え，多角的貿易システムの不安定化を招いたのである。

表 114　ドイツの商品貿易収支

（単位：100万ライヒスマルク）

ヨーロッパ諸国	1890年a	1900年	1912年	その他諸国	1890年a	1900年	1912年
ベルギー	−164	+38	+106	アルゼンチン	−48	−169	−206
デンマーク	+15	+64	+52	オーストラリアとニュージーランド	−28	−70	−194
フランス	−28	−26	+137	ブラジル	−97	−66	−120
オランダ	−49	+156	+264	エジプト	+ 2	−26	−74
ノルウェー	+18	+50	+81	インド	+96	−155	−471
スイス	+2	+122	+315	オランダ領東インド	−10	−56	−140
イギリス	+88	+153	+318	アメリカ	+20	−564	−888
合計	−118	+557	+1,273	合計	−65	−1,106	−2,093

a：1889年までハンザ都市はドイツ関税同盟に含まれていなかったため数値を比較するには難がある。
1890年において，ベルギー，フランス，そしてオランダからの輸入として記録されているいくつかの産品については，実際の原産国は異なるようである。これはおそらく，外洋輸送業の発展によってドイツが外国産品を自国船を用いて直接輸入するようになったことと関係している。

5．多角的貿易システムの機能

通常，商品貿易の約 70％は二国間的なものであり，ある国からの輸入をその国に対する輸出で直接決済している。残り 30％の一定部分もまた二国間決済の性質を帯びている。特に，債権国が投資先の国に対して輸入超過の関係にある場合はそうである。なぜなら，いわば輸入超過は投資収益の原資といえるものであり，債権国は第三国を介入させることなく，投資収益を二国間的に回収しているからである。1930 年代において，このように投資収益の直接的回収を目的とする貿易が増加した。なお，1920 年代において，三角貿易，あるいは多角的貿易が全商品貿易に占める割合は 25％程度であったと思われる。

全貿易に占める多角的貿易の割合は国によって異なる。しかし，ほとんどすべての国は，外国が生産する必需品を購入するための資金を，自国産品の輸出によって調達している。通常，工業製品貿易における二国間貿易の多くは，多角的貿易が存在するからこそ可能となっている。先述のように，アメリカは東南アジアから大量のゴムと錫を輸入していたが[15)]，このように，工業国が必要不可欠な原料を調達するためには，それを生産する国との間で二国間貿易を行う必要がある。しかし，工業国がその原料に見合うだけの輸出を当該原料生産国に対して行うことは通常不可能である。多角的貿易の重要性は，それが全貿易に占める割合によって判断することはできないのである。

三角決済，あるいは多角的な決済が行われることのない二国間決済の世界を想像してみよう。そこには，「世界市場」はなく，二国間の需給関係で決定される価格しか存在しないであろう。各々の取引は他の市場とは切り離されており，有機体としての国際貿易は存在しない。

つまり，多角的貿易こそが諸国の各種各様の経済を世界的レベルで統合させたのである。すべての国の経済的繁栄は世界経済が円滑に機能するか否かにかかっている。そして，そのためには，すべての国が同一条件で貿易を行うことが可能で，通貨と商品の評価が共通の基準でなされるような「世界市場」の存在が必要である。

しかし，このように一般的な議論を繰り返しても，本書がテーマとしている世界的な広がりをもつ多角的貿易システムの機能を明らかにすることはできない。このシステムは，各国・地域の商品貿易だけでなく，それを通じた債務国から債権国への利子・配当支払いに関わっている。すなわち，諸国に商品貿易の場を提供することによって，以下のような二重の役割を果たしていた。第一に，多角的貿易システムは，世界各国に外貨を獲得する場を提供し，二国間貿易では入手できないさまざまな商品の輸入を可能にした。第二に，債権国と債務国との間の二国間貿易では実現しえない投資収益（利子・配当）の移転を可能にした。したがって，同システムは国際貿易のみならず 国際金融・投資の構造をも規定していたといえる。

実は，多角的貿易システムに参加するすべての国・地域は，債務国から債権国に対する投資収益の移転において一定の貢献をしていた。すなわち，多角的貿易システムには，債権国，債務国，いずれにおいても重要度の低い国が存在していた。しかし，これらの国はある国に対する輸入超過を，ある国に対する輸出超過によって決済することを通じて，債権国が投資収益を回収する上で積極的な役割を果たしていたのである。また，債権国は重要な投資先ではない国・地域に対し輸入超過をもつことによって，上記の諸国が必需品を輸入することを可能にしていた。

商品貿易と金融的取引との間には密接な関係があり，決済は世界的規模で行われていることを銘記すべきである。たとえば，多角的貿易システムに属しているA国が，このシステムに属するB国に対して通商政策を展開し，その結果，両国間の貿易収支に変化が生じたとしよう。この通商政策の影響はAB二国間の貿易のみならず，同システムに属する他のすべての国・地域の貿易にも影響を与えるであろう。また，かかる影響は多角的貿易システムの両端に位置している債権国と債務国との間の金融的関係にも波及していく。さらに，いわば世界的な決済システムに対する干渉行為と言える通商政策の実施は，「世界市場」における需給関係によって形成される商品価格に対しても影響を与えるであろう。各国政府が実施する通商政策は，かくも重要な意味をもっているのである。しかし，我々のほとんどはこのことに気づいていない。

価格に対する影響は多角的貿易システムの性質と大いに関係がある。このシステムが変化した状況に即座に反応し，短期間で形成と消滅を繰り返すような性質であれば，各国の通商政策の影響が価格に直接及ぶことはないであろう。しかし，先述のように，このシステムは数十年に及ぶ時間をかけて形成されたものであり，また，各国・地域の貿易収支の方向性は，生産物や経済構造，及び消費習慣が規定する需要によって形作られてきたのである。三角決済，あるいは多角的決済に基づく貿易の抑制や削減は，多角的貿易システムにおいて債権国と債務国の間に位置し，後者から前者に対する投資収益の支払いに役立っている諸国の需要を減らすことになる。その結果，これらのいわば仲介役を果たしている諸国は，貿易を通して原料を調達することが困難となり，これら諸国の需要も減少するであろう。

確かに，多角的決済の機能が低下すれば，債権国はこれらの仲介役を果たしている諸国からの輸入を減らし，その分，債務国からの輸入を増やすことが可能となる。しかし，債務国の生産物は自らの債権国に対する輸出のみならず，より広範な市場を志向したものである。つまり，債権国が債務国から輸入する能力には限界があるので価格の低下が生じるであろう。かかる状況に置かれると，各債務国は二国間通商政策によって，その他の債務国や仲介的役割を果たしていた諸国に対する輸出拡大を余儀なくされる。しかし，かかる政策の遂行は，必然的にさらなる価格の低下や生産活動の停滞を招くことになり，いずれ限界に逢着することとなろう。この限界は，ある国が他国の産品を欲しても，必ずしもそれに見合うほど相手国が欲するものを生産しえないという事実によって画されているのである。

したがって，多角的貿易システムに加えられた圧力の影響は累積的なものとなる。諸国は多角的貿易の経路が閉鎖された結果，経済構造や気候，その他の条件によって限界が画されるまで，二国間通商政策を遂行し自国産品の販路を追求していくであろう。しかし，かかる政策は価格の低下を引き起こすことに

表 115　輸出入貿易の組合せと貿易収支　1938 年

（単位：100万ドル）

	A. 熱帯地域			B. アメリカ			C. 新入植地域		
	輸入	輸出	収支	輸入	輸出	収支	輸入	輸出	収支
A. 熱帯地域a	650	660	+10	940	660	−280	290	120	−170
B. アメリカ	760	830	+70	—	—	—	790	370	−420
C.「新入植地域」	140	180	+40	390	730	+340	220	200	−20
D. 大陸ヨーロッパ	950	1,040	+90	500	750	+250	460	580	+120
E. 非大陸ヨーロッパ	550	610	+60	110	550	+440	820	1,090	+270
F. その他世界	300	290	−10	250	420	+170	110	80	−30
合計	3,350	3,610	+260	2,190	3,110	+920	2,690	2,440	−250

	D. 大陸ヨーロッパ			E. 非大陸ヨーロッパ			F. その他世界		
	輸入	輸出	収支	輸入	輸出	収支	輸入	輸出	収支
A. 熱帯地域a	1,320	790	−530	750	480	−270	370	280	−90
B. アメリカ	890	450	−440	570	100	−470	480	220	−260
C.「新入植地域」	710	380	−330	1,220	730	−490	120	70	−50
D. 大陸ヨーロッパ	4,850	4,600	−250	1,290	710	−580	690	620	−70
E. 非大陸ヨーロッパ	800	1,190	+390	220	210	−10	200	290	+90
F. その他世界	740	650	−90	320	180	−140	810	810	0
合計	9,310	8,060	−1,250	4,370	2,410	−1,960	2,670	2,290	−380

注1：表83と表84から算出。
注2：表107の注も参照せよ。
　a：チリを含む（278頁を参照せよ）。

なる。その結果，各国の投資収益や配当の減少，及び債務返済能力の低下が生じ，結局，商品貿易量の一層の減少へと帰結するであろう。そして，債務国の返済能力の喪失，あるいは投資収益の減少によって，債権国の海外投資に対する意欲は失われ，低開発諸国が経済発展を実現する機会も少なくなるであろう。

6．多角的貿易システムの衰退

これまで検討してきた多角的貿易システムは，1930 年代に急速に衰退してゆき，景気の全般的回復をみた 1930 年代半ばにおいても回復することはなかった。では，多角的貿易システムに一体いかなる変化が生じたのであろうか。この問いを究明するために，A ～ F グループの 1928 年の貿易関係を示したデー

図 29　多角的貿易システム　1938 年

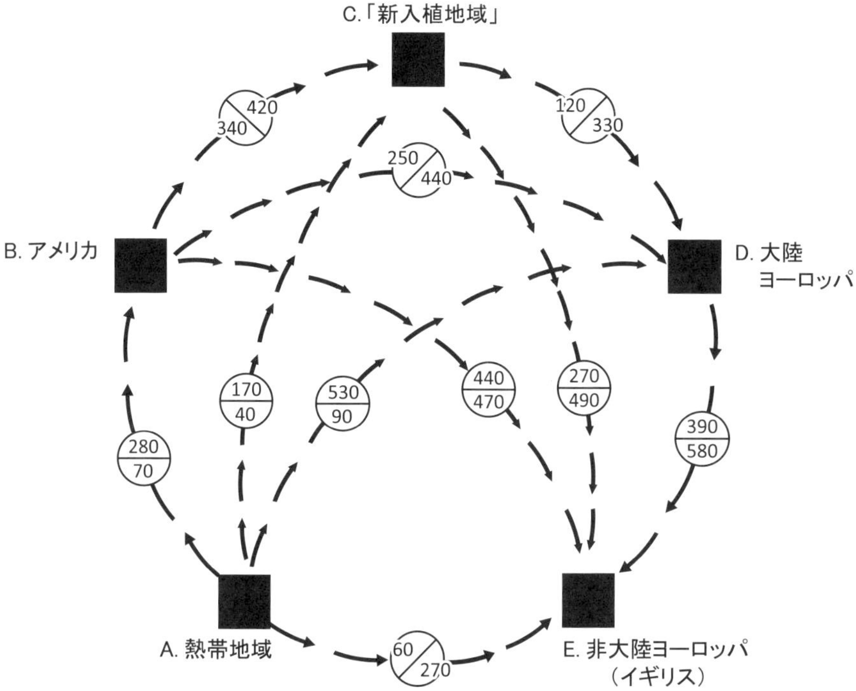

注：表115 のデータに基づいて作成（単位は100万ドル）。各円内のより小さな数値は矢印が出ている国・地域の輸出超過額を示しており，より大きな数値は矢印が指している国・地域の輸入超過額を示している。数値が相違する理由は主に輸送費が理由であると考えてよい。しかし，為替管理によって輸入額が過大評価されたことも理由として考えられる（というのも，ドルは公定レートで交換されたからである）。

タ（表 107 と図 25）と，1938 年のデータ（表 115 と図 29）を比較検討していきたい。なお，貿易収支の額が全体的に少なくなっているが，この理由の一部は商品価格がドルに対して 26％も減価しているからである（表 60 を参照せよ）[16]。この点も留意しておきたい。

1928 年において，非大陸ヨーロッパは熱帯地域に対して 1 億 9 千万ドルの輸出超過であったが，1938 年には 2 億 7 千万ドルの輸入超過となった。かかる変化の理由は主に以下の 2 つである。第一に，イギリスから熱帯地域に対する新規借款額がきわめて少額になったことである。熱帯地域は，毎年，イギリスから新規に借り入れる以上の額を返済するようになっていたのである。第二に，熱帯地域は対外利子・配当支払いに要する外貨の調達において，以前は特にヨーロッパに対する輸出超過に依存していたが，今やイギリスに対する輸出超過に頼るようになっていた。

アメリカの熱帯地域に対する輸入超過額は，1928 年の 9 億 5 千万ドルから，1938 年には 2 億 8 千万ドルに下落した。これは，多角的貿易の衰退というより物価の変動が理由と考えられる。また，1936 ～ 37 年におけるアメリカの好景気以降，熱帯地域に対する輸出が高いレベルに保たれる一方で，同国の工業原料，及びその他一次産品の需要が一時的に落ち込んだことも理由である。熱帯地域と同じような理由で，アメリカの新入植地域に対する輸出超過額も予想以上に大きくなった。

「新入植地域」はイギリスから巨額の借入を行っていたが，イギリスに対する輸出額は 1928 年の 1 億 7 千万ドルから，1938 年の 2 億 7 千万ドルへと増大した。これは，イギリスを終点とする資金循環の流れ，すなわち同国の投資収益回収経路の短縮（a short-circuiting of transfer）を意味した。そして，このことは特に大陸ヨーロッパに大きな影響を与え，同地域に対する輸出超過額は 1928 年の 7 億 1 千万ドルから，1938 年には 1 億 2 千万ドルへと下落した。

同様に，非大陸ヨーロッパの熱帯地域からの投資収益回収経路の短縮も，熱帯地域の大陸ヨーロッパに対する輸出超過が，3 億 4 千万ドルから 9 千万ドルへと減少したことに反映されている。一方で，熱帯地域の大陸ヨーロッパに対する輸入超過額は，6 億 9 千万ドルから 5 億 3 千万ドルへと少額の低下にとどまった。なお，1938 年の両数値は，為替管理の影響によって輸入額が高く評価されているため，不正確なデータと言わざるをえない。

大陸ヨーロッパの世界各地に対する輸入超過額の減少は，当然，非大陸ヨーロッパに対する輸出超過額の減少（6 億 7 千万ドルから 3 億 9 千万ドルへ）と関わりがある。

以上で示したデータは確かに目を引くが，多角的貿易システムの完全な解体，あるいは新しい国際貿易の型の出現，いずれをも明確に示してはいない。1930年代の世界貿易の特徴とは以下のようなものである。以前は世界的広がりをもつ多角的決済システムの下で行われていた対外決済は，二国間で，あるいは政治的，及びその他の紐帯で結ばれた一部の国・地域で構成されるグループ内で行われるようになった。もっとも，このグループ内の決済も，基本的に二国間での収支の均衡を目指したものである。たとえば，「帝国貿易」とは，実際のところ，「本国」と帝国を構成する各国・地域間の二国間貿易の寄せ集めにすぎない。

域内決済の単位として代表的なものは帝国である。1930年代に生じた国際貿易の変化が，一体いかなるものであったかを把握するために，イギリス連邦に関するデータをみていこう。イギリスの輸入超過額は，1928年の17億5百万ドル（3億5千万ポンド）から1938年の18億8千4百万ドル（3億8千5百万ポンド）へと増大した。海外投資や輸送費等の収入は減少したが，海外投資の元本返済額が新規投資額を上回ったので，経常収支に大きな変化はなかった。表116は，1928年と1938年におけるイギリスの国・地域別貿易収支を示している。

イギリスの貿易収支に2つの大きな変化があった。1928年において，イギリスはイギリス連邦を構成する国・地域に対して1億8千4百万ドルの輸出超過であったが，1938年には4億8千3百万ドルの輸入超過となった。すなわち，貿易収支のレベルでみると，6億6千7百万ドルもの逆方向への変化があったわけである。一方，イギリス連邦以外の国・地域に対する輸入超過額は減少し，貿易収支レベルでは4億8千8百万ドルの逆方向への変化があった。なお，図30にみられるように，イギリスは特にヨーロッパからの輸入超過額を減少させた。

あまり目立たないが，他の債権諸国と，その海外領土との間にも上記と同じような変化がみられた。たとえば，表117が示しているように，1928年においては，オランダとフランスは各々の海外領土に対して輸出超過であったが，1938年には輸入超過となった。

表116 イギリスの商品貿易：特別貿易a

（単位：100万ドル）

	輸入		輸出		収支	
	1928年	1938年	1928年	1938年	1928年	1938年
アイルランド	214	108	170	99	−44	−9
イギリス自治領諸国	732	956	691	589	−41	−367
インド，ビルマ，セイロン	298	291	437	195	+139	−96
イギリス直轄植民地，保護領，その他	146	247	276	236	+130	−11
イギリス領合計	1,390	1,602	1,574	1,119	+184	−483
アメリカ	866	548	228	101	−638	−447
ヨーロッパb	1,866	1,235	968	670	−898	−565
その他世界	1,087	776	734	387	−353	−389
外国合計	3,819	2,559	1,930	1,158	−1,889	−1,401
全世界	5,209	4,161	3,504	2,277	−1,705	−1,884

a：1928年のドルの金平価による。
b：アイルランド，マルタ，ジブラルタルを除く。

図30 イギリスの商品貿易収支

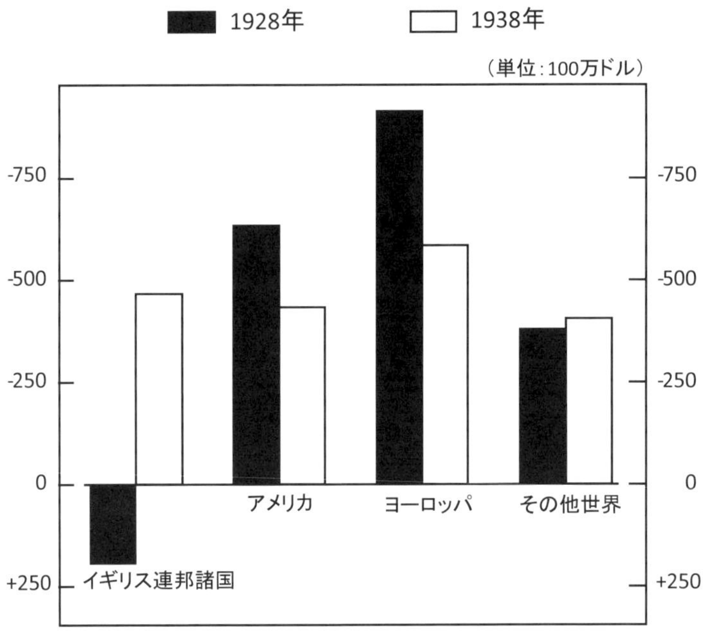

表117　海外領土との商品貿易収支

	1928年	1938年
フランス		
海外領土	＋94	－119
その他国・地域	－150	－327
オランダ		
海外領土	＋13	－8
その他国・地域	－305	－198

海外領土をもたない国は，自国経済と補完的関係にある国との間で二国間貿易を行おうと企てた。たとえば，ドイツは東南ヨーロッパやラテン・アメリカ諸国との間で二国間貿易の確立とその振興に努めた[17)]。

多角的貿易システムの衰退が生み出した一つの結果は，国際分業関係の弱体化である。たとえば，綿花，砂糖，米のようないくつかの重要産品において，それらを生産する国・地域の増加がみられた。かかる生産の分散化によって，各国・地域は高付加価値商品への生産の転換や，それに伴う生産財の新規建設や既存設備を充実させるための追加投資を余儀なくされた。しかし，多くの国において，かかる変化が引き起こした生産物の多様化は，少数の輸出品に依存することの危険性を考慮して，経済的に妥当であると判断されたようである。

以上で述べてきた各国・地域の貿易収支上の変化は1931年に始まった。その理由は同年後半における関税率の全般的引上げにあるとされてきたが，そもそもこの動きは，対外決済上の流動性を確保しようとする各国の激しい衝動に突き動かされていた。そして，流動性確保の衝動は，1931年国際金融危機として知られる主要債権国による資本の大量引揚げに起因していたのである。

この資本引揚げの動きは，1928年半ばに生じた国際資本・金融市場の混乱が激化したことによって生じた。この時，アメリカの対外資本の新規発行額は，1928年前半期における10億5百万ドルから，1928年後半の4億3千9百万ドルへと下落した。また，同時期，1923～27年の間に20億ドルにまで膨らんでいたフランスの短期資本が，コール，あるいは短期予告によって「本国」に引き揚げられていった。アメリカの対外貸付の減少は1928～29年における同国内の好況が理由である。したがって，国内経済が不況に転じたとき，対外貸付は再開されたが，それは短い期間で終わりを迎えた（1930年中の一時期）。フランス資本の「本国」引揚げは，1928年6月におけるフランの法的安定が理由である。なお，アメリカ資本とフランス資本の動きに果たして因果関係があったのか否か，という問題については，ここではひとまず措いておきたい。

先述のように，1920年代，アメリカの資本輸出は多角的貿易システムの支えとなっていたが，一方で，多角的貿易システムの不安定化を招く要因ともなっていた。1928年にアメリカの資本輸出が減少したとき，それに依存していた多くの国は購買力を失い，輸入超過を維持することが困難になった。また，全般的な好況局面にあったにも関わらず，1928年の終わりにかけて，図25のグループCに属するいくつかの諸国は国際収支の圧力にさらされることとなった。具体的には，アルゼンチンはペソの減価を余儀なくされ，カナダは金を失うこととなった。

フランスの短期資本引揚げも，アメリカの資本引揚げと同じような影響を多角的貿易システムに与えた。フランスの短期資本の大部分は，他の主要債権諸国の金融当局・機関に預金されていた。これら諸国はフランスの短期資本引揚げに対処するため，新規の対外借款を削減すると同時に，短期資本の回収を余儀なくされた。また，フランスから短期資本を借り入れていた諸国は，ある国・地域に対する輸出超過の一定部分を債務の返済に使用する必要に迫られ，その他の国・地域に対する輸入超過を維持できなくなった。かくして，世界市場で取引される商品に対する需要の減少が生じた。そして，これが世界大不況の原因となった主要産品の価格低下と，1929～30年における世界経済の混乱の要因となったのである。

しかしながら，各国・地域は金の売却や在外短期資産の引揚げによって，とりあえず国際収支危機を回避したので，大不況の初期においては，多角的貿易システムの完全な解体は生じなかった。したがって，多角的貿易システムは存在し続けていたようにみえたが，実際にはその機能を停止していた。

世界大不況の初期において，全世界にとってイギリス市場は非常に重要であった。工業国，農業国を問わず，世界中の国は当時，唯一の自由貿易国であったイギリスに輸出を集中した。もっとも，イギリス国内の生産者は苦境に陥った。1931年夏に金融危機が世界各地に拡大したとき，ロンドンに所在していた短期資金が引き揚げられたが，これはイギリスが世界各地に再貸付していた資金であった。この資金の引揚げは，イギリスによる大量の商品輸入を伴い，1929～31年において，イギリスの食糧の輸入量は10%，工業製品の輸入量は２％増大した。一方で，イギリスの工業設備の稼働率は16%低下した。しかし，同じ時期に世界の食糧と工業製品の輸入量は，各々４％，24%減少していたのである。この結果，イギリスから金が流出し，ポンドの切下げを余儀なくされた。この切下げと，その後の食糧と工業製品に対する関税の導入によって，イギリスの輸入超過額は減少した。特に，イギリス市場において関税上の優遇措置を与えられていない国からの輸入は削減された。

すでに多角的貿易システムは機能不全に陥って久しかったが，今やその機能を完全に停止するにいたった。イギリスに対して輸出超過の関係にあった諸国は，国際収支の均衡化を目的とした通貨，及び通商政策を実施し，イギリスに対する輸出超過の減少分を埋め合わせるために，他国に対する輸入超過を削減した。この結果，かかる政策の対象となった国は，同じような政策の遂行を余儀なくされた。結局，どの国もそうであるが，ある国に対する収支の均衡化を図れば，他の国に対する収支の均衡化も必要になるのである。

まさに，国際収支に対する懸念こそが通商政策の駆動力であった。しかし，貿易の制限を目指した通商政策は，以下の２つの影響をもった。特に工業国においては，この政策の目的は不況からの回復，失業の削減，及び既存設備の稼働率を可能な限り高くすることであった。確かに，新たに導入された通貨・通商政策は，広範にわたる対外経済関係の統制を可能にした。また，一見すると，これにより国外の経済状況に関心を払うことなく，国内経済の均衡を達成することが可能なように思われた。しかし，世界各国が報復の恐れを抱いていたがゆえに，国内均衡を目的とする通商政策も差別的にならざるをえず，結局は三角決済，あるいは多角的決済の機会は減少することになった。

この理由は以下の通りである。つまり，もしA国がB国に対して輸入超過の関係にあれば，B国からの報復の恐れはないので，制限的通商政策を導入することが可能である。他方，B国に対して輸出超過であれば，B国からの輸入を減らすと報復される恐れがある。実際，A国が制限を課しても課さなくとも，また，報復されようがされまいが，B国は輸入を制限するかもしれなかった。いずれにせよ，新たに導入された通商政策は，国家間の貿易収支の総額を減少させたのである。このように，各国は独自に国際収支の均衡化，あるいは，国内経済の再建を目指した通商政策を実施するにいたり，三角貿易，あるいは多角的貿易は機能不全に陥った。この問題はもはや国際協調的な行動によってしか解決するしかなかったが，すでにその機会は失われていた。

ドイツの通商政策によって状況はさらに悪化した。世界大不況期の初期において，ドイツの交易条件は向上した。また，1931年の国際金融危機の影響は，外国人保有の短期資金引揚げを規制する据置協定によって緩和された。しかし，1934年において，ドイツは長期債務の利子・配当支払いを一時停止することを宣言した。ドイツに対するヨーロッパの債権諸国，及び同国に対して輸入超過であった諸国は，支払協定を締結することによって商業・金融上の債権を回収しようと試みた。その時から，ドイツは債権諸国に対する輸出を停止し，容易に一次産品を獲得できる国に対して輸出するようになった。ドイツに対する輸出に依存していた諸国は厳格な二国間決済を求められ，いわば同国の「経済的衛星国」（economic satellites）のような状態に陥った。

二国間決済のシステムがその完成度を高め，同システムに巻き込まれる国が増えていくにつれ，すでに弱体化していた多角的貿易システムは最終的に解体し，国際貿易は諸国の経済的豊かさを増進する手段から，侵略や政治的支配を推進するための手段となってしまった。多角的貿易システムが解体してしまうと，外国の領土を政治的支配下に置き，自国の勢力圏内で生産できる産品の範囲を拡大することは，国益にかなうことだと考えられるようになった。また，各国はもはや国際貿易は正常な機能を果たすことはないだろうという仮定の下で，繁栄の土台が「生存圏」（living space）にあると考えるようになった。しかし，先述のように[18)]，急速に勢力を拡大しつつある国にとってさえ，領土の拡大が必然的に通商問題の解決をもたらしてくれるわけではない。

農業や鉱業に依存した諸国は，二国間通商政策によってその生産物と工業製品との交換を強制されればされるほど，対外債務に伴う利子・配当支払いや，自国の工業に必要な原料の購入を行うことが困難になる。

二国間通商政策がもたらす主な経済・金融的結果は以下のように要約できよう。ヨーロッパの債権諸国（主にイギリス）を帰着点とする多角的な決済ルートから排除された諸国は，外貨獲得の機会を奪われ，必要不可欠な一次産品輸入の困難に陥った。かくして，世界的な需要不足が生じ，1930年代を通して一次産品価格は低迷した[19)]。ある国は原料輸入が困難になる一方で，他の国は異常に低い値しか付かない生産物の在庫に悩まされた。しかし，かかる事態は，上記のような「世界市場」で生じた混乱を同一の原因としていた。価格の低下は一次産品生産地域に対する投資の収益を期待できないものにした。さらには，債務の返済を拒否する国も現れ，海外投資は危険極まりないものとなった。かくして，途上国に対する投資のインセンティブは著しく弱いものとなり，収益を期待できない長期投資を行うよりも，既存の債権を回収しようとする動きの方が優勢を占めるにいたったのである。

7．多角的貿易システムの未来

1920年代において，多角的貿易システムは毀損されたものの，完全に解体したわけではなかった。しかし，戦争（第二次世界大戦：訳注）はイギリスを帰着点とする資金循環システムの主要なルートを切断し，新たなシステムの形成を促した。

多角的貿易の必要性を減少させた要因，あるいは，将来，減少させうる要因について究明しようとするなら，まずは多角的貿易の必要性を減らした要因と，それを破壊した，あるいはその利益を損ねた要因を峻別する必要がある。

上述のように，大戦勃発の前に存在していた世界の金融構造，すなわち投資利害の国際的分布状況，及び各国の生産要素の分布状況，これら２つの要因が複合的に作用することで，多角的貿易を通じた投資収益の間接的な回収経路の必要性が生じた。もし，金融・経済構造の変化によって，かかる世界的規模をもつ経路がその必要性を失えば，世界貿易のより大きな割合が直接的な二国間貿易になるであろう。言うまでもなく，特定の機能を果たすために形成されたシステムは，その機能の必要性が無くなったのであれば，無理に存続させる必要はない。

近年，イギリスは戦争遂行のために海外資産の大部分を取り崩してしまった。この結果，海外投資残高の所在地は変化し，それに伴い，多角的貿易システムも変質を余儀なくされた。以上のことを考えると，同システムにおけるロンドンの地位は間違いなく低下するであろう。一方で，アメリカは債権国としての地位を強化しつつある。かかる事態を考慮すると，国際的な間接的決済の必要性が減じるとは考えられず，むしろ多角的貿易システムの型はより複雑なものへと変化していくのかもしれない。

戦争に伴う海上封鎖，輸送の困難，戦争需要によって，人造絹糸，合成ゴム，プラスチックのような合成素材の製造が増大しつつある。このことも変化を生み出す要因となるかもしれない。確かに，これらの素材の生産は巨額の設備投資が必要なので，それらの生産は高度に発展した工業国においてのみ可能であるが，合成素材の生産は国際貿易を縮小させ，それに伴い多角的貿易も縮小するかもしれない。

しかし，これらの構造的変化は，たとえばＡ国におけるＢ国の商品に対する必要性と，後者の前者に対する商品の必要性が，概ね合致するような状況を作り出すことはないであろう。多角的貿易システムは，1928 年以降の資本の国際的な動きの変化によって混乱に陥った。そして，1930 年代においては，諸国が国際収支の均衡を達成するために実施した二国間通商政策によってその土台を蝕まれていった。そして，かかる人為的な力の行使は，各国が必要とする産品をもっとも安い市場で購入することを妨げた。また，通商協定を締結した２国のうち，立場の弱い国は必要なものを輸入することができなかった。

したがって，構造的変化による多角的貿易の必要性の低下を過大評価すべきではない。確かに，イギリスの海外投資の減少は，多角的貿易システムの維持において重要な影響力を行使していた利子・配当支払いに伴う国際的な資金の流れを減少させるであろう。しかし，イギリスの投資収益の迂回的回収経路において一定の役割を果たしていた諸国の需要構造と生産構造は，一朝一夕に変化することはない。それゆえ，国際貿易におけるある種の多角的な編成は今後も維持されるであろう。また，大戦後，1930年代に失業に苦しんだ工業諸国が，適切な政策によって工業を復活させることができれば，既存の工業の生産量は合成素材の生産量を上回るであろう。その結果，これらの工業諸国に原料を提供していた諸国の輸出も刺激されることになろう。

本章で示してきたように，工業国と非工業国との間の貿易は巨額であり，もし，これが二国間主義に基づいて行われるのであれば，各国の外国産品に対する需要に応えることができなくなるであろう。また，抽象的な表現になるが，貿易と国際金融の健全な均衡を生み出すことにも失敗するであろう。したがって，多角的貿易システムの再建は，必ずしも旧いシステムの完成度を高めることである必要はないが，戦後復興期における重要な目的となることは間違いない。

これまでみてきたように，相手国の事情を考慮しない一方的な通商政策は，多角的貿易システムの機能を停止させてしまった。二国間通商政策は協調的なものでない限り，３ヵ国以上を関与させた決済関係を創出することはない。かかる関係を構築するには，事前に策定された計画に基づいて，協調的な通商交渉を行う必要があると思われる。これにより，貿易障壁を相互に取り払うための交渉を行い，各国がある国に対する輸入超過を他の国に対する輸出超過によって決済できるような状況を作り出すことが可能となろう。

【注】

1）*Europe's Trade*, pp.33-37; *Balances of Payments, 1933*, pp,23-31; *Review of World Trade, 1938*, pp.24-40を参照せよ。

2）1929～38年において，工業製品の貿易量は18%減少したが，食糧の貿易量はわずかに

8.5%，原料の貿易量は5%しか減少しなかった（*Review of World Trade, 1938*, p.61）。

3）1929～38年において，商品貿易価格はポンド建てで24%減価したが，*Economist* の推計によると，海上輸送費は1929年よりも1938年の方が0.6%高かった。

4）かかる企ては統計処理上の困難を伴うであろう。なぜなら，表77～84で各グループについて行った調整を，すべての国・地域に対して個々に行う必要が生じるからである。

5）チリは気候的には南部温帯地帯に属しているが，便宜上，ラテン・アメリカの鉱物生産国はすべて熱帯グループに含めることとした。実際，チリの貿易収支は熱帯グループと同様の傾向を示している。

6）定期的な元本の償還も経常的な金融取引といえる。1928年において，アメリカはかかる金融取引によって約3億6千万ドルもの収入があった。しかし，この収入がどの国・地域からもたらされたのかを知ることはできない。

7）246頁を参照されたい。

8）ヨーロッパの域内貿易について検討する際には，第Ⅰ部『ヨーロッパの貿易』収録の付表Ⅲ（本訳書では割愛：訳注）を参照されたい。

9）ノルウェーは例外である。同国はイギリス及びスウェーデンに対して輸入超過であった。しかし，ノルウェーはイギリスとの貿易に従事する商船が稼ぎ出す収入があったため，経常収支レベルではイギリスに対して黒字であった。

10）218～220頁を参照されたい。

11）アメリカに対する外国投資の総額は，1873年の15億ドルから1895年には25億ドルへと増大した。しかし，同時期，投資の利回りは6%から4%へと低下した（C. J. Bullock, J. H. William and R. S. Tucker, "The Balance of Trade of the United States", *Review of Economic Statistics*, July, 1919）。

12）表112の注を参照されたい。

13）200頁を参照されたい。

14）248頁を参照されたい。

15）204頁を参照されたい。

16）もっとも，この価格低下は多角的貿易の減少によって引き起こされた可能性もある。

17）世界貿易の解体に関しては，*Review of World Trade, 1938*, pp.34-40を参照されたい。

18）220頁を参照されたい。

19）一次産品価格の低下を招いた原因が，一次産品を購入する側の外貨不足にあるとするならば，価格の低下によって問題が解決されることはないであろう。

Folke Hilgerdt, "The Case for Multilateral Trade"

F. ヒルガート（国際連盟）

「多角的貿易論」

多角的貿易の世界システム

多角的貿易については，曖昧，かつ一般的な言葉で論じられるのが常である。二国間において，双方の商品に対する需要が完全に一致することはありえないので，我々は三角決済，あるいは多角的な決済に基づく国際貿易から一定の利益を得ることになる。これは事実，あるいは公理と言える。しかし，この事実からこれ以上議論を発展させることはできない。また，経済学者が用いる演繹のツールにもならない。多角的貿易論に対する最良のアプローチの仕方は，統計的手法による研究である。多角的なパターン，あるいは国家間で通常行う決済のパターンを調査すれば，多角的貿易論について具体的に考察することが可能になり，理解もより深いものとなろう。

しかし，このような研究は容易ではない。各国はある国に対しては輸出超過，別の国に対しては輸入超過の状態にある。200ほどの「国」（統計領域）があるため，各国間の貿易収支のネットワークは複雑なものとなる。しかも，商品貿易以外の国際取引についての情報は不明な部分が多く，我々の分析作業は困難なものとなろう。

かかる困難を完全に克服したとは言えないが，何年かにわたって行ってきた研究成果の一部を公にしたい[1)]。以下で取り上げるのは，国際的商取引において，圧倒的に重要な位置を占める商品貿易のみの数値である。しかし，商品貿易の検討は，その他の国際的商取引の状況を知るための手がかりを与えてくれる。

この調査から導き出されたもっとも重要な結論の一つは，ほぼ例外なく，すべての国の二国間貿易収支は多角的貿易の世界システムとでも呼ぶべきものに関わっているということである。当初は，世界的な重要性を有する規模の大きな貿易収支は，いくつかの少数の国からなるグループ内における三角，あるいは多角的決済によって説明可能であること，ゆえに，グループ間の貿易収支は少額であると思われた。ほとんどすべての国が，単一の世界的規模を有する決済システムに直接参加しているという事実は，国家間の相互依存関係の重要性を再認識させてくれる。

このシステムのおぼろげな姿は，すべての国が先行する国に対して輸入超過を持ち，後続の国に対しては輸出超過を持つように配列したリストを作成することによって浮き上がってきた。このリストの最初に位置するのは，対外債務を有する熱帯諸国である。これらの諸国は，ほぼすべての貿易相手国・地域に対して輸出超過を有している。そして，このリストの最後に位置するのは，対外債権を有するヨーロッパ諸国であり，その典型はイギリスである。これらの国は，ほぼすべての貿易相手国・地域に対して輸入超過を有している。しかし，熱帯諸国とヨーロッパ諸国の間に挟まれた諸国は，必ずしも，その貿易収支の規模にしたがって配置されてはいない。

図１は，上記のリストに基づいて作成された。この図に含まれている国・地域は，世界全体の貿易額の約９割を占めている。三大貿易国（イギリス，アメリカ，ドイツ）は個別に示されているが，その他の国は３つのグループに分類されている。すなわち，①熱帯地域，②温帯に位置する「新入植地域」（イギリス自治領諸国，アルゼンチン，ウルグアイ，パラグアイなど），③イギリスとドイツを除くヨーロッパ諸国，以上である。考察対象の年は 1928 年を選んだ。なぜなら，1930 年代において，このシステムは解体を余儀なくされたからである。

図１　多角的貿易システム　1928 年

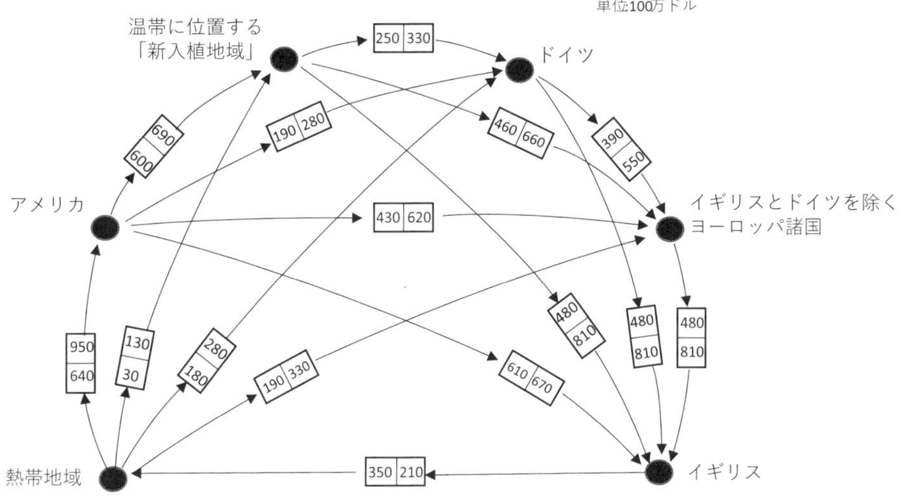

注：輸入額はCIF価格，輸出額はFOB価格。それぞれの長方形に記された数値のうち，より小さな額は矢印が出ている国・地域の輸出超過額，より大きな額は矢印が指している国・地域の輸入超過額を示している。後者の数値が大きくなるのは輸送費が含まれているからである。

図中の数値は，６つの国・地域間の貿易収支を表している。なお，輸入額に運賃・保険料を含めずに記録している国があった場合には，「国境価格」に調整している。２つの国・地域間を結ぶ矢印上には２つの数値が記されている。この数値のうち小さい方は，矢印が出ている国・地域の輸出超過額，大きい方は，矢印が指している国・地域の輸入超過額である。なお，輸送費が含まれているため，輸入超過額は輸出超過額よりも大きくなる。たとえば，アメリカの貿易統計のように，輸送費が完全に除外されれば，貿易収支は示された２つの数値のおおよそ中間の値になる。なお，グループ分けをしなければ図はより複雑になるが，全体的には同じようなイメージの図になるだろう。図にはソ連が記載されていないが，おそらく「新入植地域」とドイツとの間に入る[2)]。中国は，「見えざる」項目や貿易統計の不完全性について考慮すれば，熱帯地域とアメリカの間に入ると考えられる。日本の多角的決済は，どの国よりも複雑であったと思われる。

このシステムの興味深い特徴は，主要な貿易国，そして工業国である３ヵ国が，より重要性の低いグループに挟まれている点である。アメリカは熱帯地域と温帯に属する「新入植地域」に，ドイツは「新入植地域」とより小規模な大陸ヨーロッパ諸国に，そして，イギリスは大陸ヨーロッパ諸国と熱帯地域に挟まれている。

このシステムにおける各国の位置は，偶然によって決まっているわけではない。それは，気候，経済発展の程度，外国との金融的関係，そして，消費慣行によって決定されている。図中の矢印から以下のことがわかる。アメリカは熱帯地域に対して，大幅な輸入超過を有している。この理由は，アメリカは，熱帯諸国からジュート，天然ゴム，コーヒー豆などを輸入しているが，熱帯諸国はアメリカの製品を必要としていないからである。また，熱帯諸国はアメリカと二国間ベースで貿易を完結することはできない。なぜなら，熱帯諸国はヨーロッパ債権諸国に対する利子・配当支払いに回すための輸出超過を必要としているからである。

アメリカの熱帯諸国に対する輸入超過は，その他諸国に対する輸出超過によって十分に相殺される。とりわけ，アメリカは温帯の「新入植地域」に対して大幅な輸出超過の関係にあった。この地域に属する諸国は，人口密度が低く，鉱物資源が豊富で農業に適した広大な平原を有している一方で，工業は発展途上の段階にある。アメリカはこれらの国からあまり輸入していない。というのも，アメリカ自体が「新入植地域」に属する国であり，温帯の「新入植地域」と同じような自然状況だからである。一方，アメリカはより進んだ工業国であったので，上記諸国が必要とする自動車，機械類，その他製品を輸出することができた。したがって，「新入植地域」はアメリカに対して輸入超過の状態にあった。さらに，熱帯諸国に対しても輸入超過であったが，両者に対する輸入超過は，ドイツやその他ヨーロッパ工業諸国に対する原料・食糧輸出によって生じる輸出超過によって相殺された。

ドイツは諸外国に対する輸入超過を，他のヨーロッパ諸国に対する輸出超過によって決済していた。同国は一次産品の純輸入国であり，工業製品を輸出していたが，その５分の４はヨーロッパ諸国に輸出していた。ドイツを除く大陸ヨーロッパ諸国，とりわけ北西ヨーロッパの国々は，ドイツやその他の国に対する輸入超過を，海外投資からもたらされる利子・配当収入，及び，イギリスに対する輸出超過によって決済していた。フランスのファッション性が高い織物，デンマークのベーコンとバター，スウェーデンの紙と木材にとって，イギリスは主要な市場であった。イギリスはヨーロッパ域外地域に対する投資と海運サービスからあがる収益を，上記の各種産品のかたちで回収していたのである[3)]。また，熱帯諸国から流入する資金の一部は，アメリカに対する輸入超過というかたちで流出していった。一方で，イギリスは熱帯諸国に対して輸出超過であった。というのも，イギリスの輸出産業は長い時間をかけて，熱帯諸国の需要に自らを適合させていったからである。

このシステムに関与する貿易収支は，ヨーロッパ債権諸国へと向かう海外投資と海運サービスの提供から生じた収益の移転に役立っている。なお，この収益は迂回的経路を通して回収されている。しかし，単に経路上に存在しているだけの諸国も，実はこのシステムから利益を得ていた。というのも，これらの諸国は，輸入するものがさして存在しない諸国に対して輸出することが可能となり，それによって生じる輸出超過を用いて，自国の輸出が限られた諸国から必要とする商品を輸入できたからである。

このシステムにおいてアメリカは独特な位置を占めている。図が示すように，アメリカの非熱帯諸国に対する輸出超過額は，熱帯諸国に対する輸入超過額をはるかに超える。これは，アメリカが資本輸出をしていること，そしてヨーロッパに対する輸出超過の大きな部分は，アメリカ人による旅行支出と移民送金によって相殺されていることが理由である。別の言い方をすれば，アメリカの輸出超過は多角的決済の重要性を強調してしまう傾向がある[4)]。しかし，図１は，資金の移転の方向については正確に示している。

多角的貿易システムの形成史

このシステムの特質を把握するには，その成立過程について知る必要がある。多角的な取引は，貿易が原始的な物々交換の域を超えた時点で始まっていた。しかし，ここで検討されている多角的な決済システムは，世界的広がりを有する固有のものであり，その歴史はそれほど古くはない。このシステムは19世紀末葉に出現し，当初からイギリスの海外投資収益の移転と関わっていた。イギリスの海外投資が増え，その収益が新規投資額を大きく上回るようになると，債務諸国からイギリスへと向かう資金の一部は，ヨーロッパとアメリカを経由して移転されるようになった。一方，工業の成長により，ヨーロッパ諸国とアメリカは大量の一次産品輸入を必要としたが，これらはイギリスに対する輸出超過によって決済できるようになった。ヨーロッパ諸国とアメリカは，イギリス工業製品に対する依存度を低下させるにつれ，同国に対して輸出超過の状態になっていったのである。

図2をみると，1860年代末葉から第一次世界大戦にかけて，イギリスのヨーロッパとアメリカからの輸入超過が拡大していることがわかる。対照的に，イギリスの「その他世界」に対する輸入超過は縮小している。しかし，イギリスの主な海外投資先は「その他世界」であった。当時，イギリスのヨーロッパに対する投資はすでに減少傾向にあったし，後にはアメリカに対する投資も減少していった。1920年代になると，イギリスの海外投資において，これらの国・地域が占める割合は10分の1弱になっていた。このように，海外投資からもたらされる所得は，投資先以外の諸国からの純輸入によって移転されるようになったのである[5)]。

最初のうちは，二国間貿易から三角貿易への転換がみられたが，もっと後の時代になると貿易は多角的性質を帯びていった。たとえば，1880年代以降，ドイツはイギリスへ向かう資金の流れにおいて，独立した位置づけを有するようになった。ドイツの急速な工業化と，それに伴うヨーロッパ域外諸国・地域

図2　イギリスの貿易収支

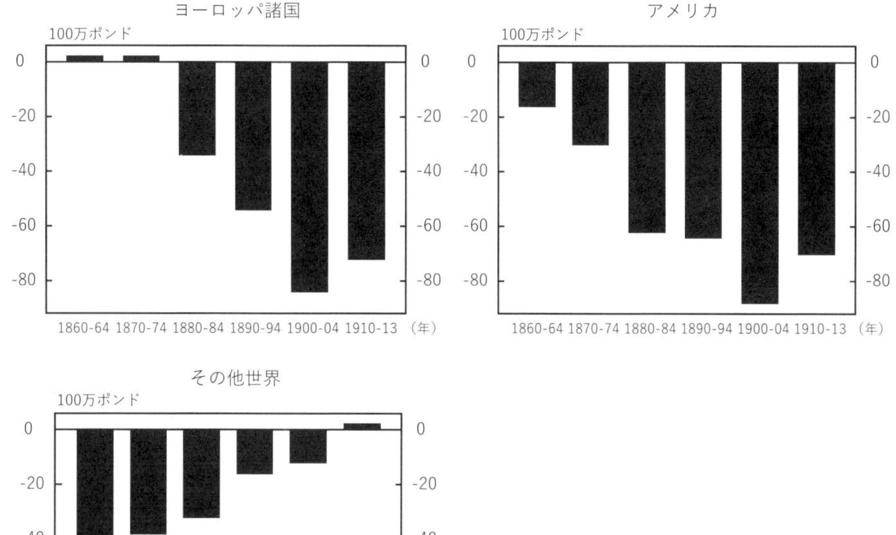

注：「ヨーロッパ諸国」とは，ベルギー，デンマーク，フランス，ドイツ，オランダ，ノルウェー，スペイン，スウェーデン。

からの純輸入の拡大に伴って生じた事態は，イギリスに対する輸出の増加ではなく，その他のヨーロッパ諸国に対する輸出の増加であった。一方，後者は，イギリスに対して輸出超過の関係にあった。図3は，1890年から第一次世界大戦までの間におけるドイツの各国・地域に対する貿易収支を示している。この図で示された傾向は，1890年より少し早い時期に現れた可能性がある。というのも，ドイツが自国船で貿易を行う前は，同国の輸入の一部は，経由地であるオランダ，ベルギー，フランスの輸入として記録されていたからである。

ドイツが多角的決済システムに参入した数年の後に，温帯の「新入植地域」は，アメリカとドイツの間に独立した位置を占めるようになった。南半球にあるいくつかの国（アルゼンチン，オーストラリア，ニュージーランドなど）は，冷凍技術の発展により赤道を超えてヨーロッパに対して生鮮肉を輸出することが可能になった。この結果，これらの国はアメリカに代わり，ヨーロッパに対する食

図3　ドイツの貿易収支

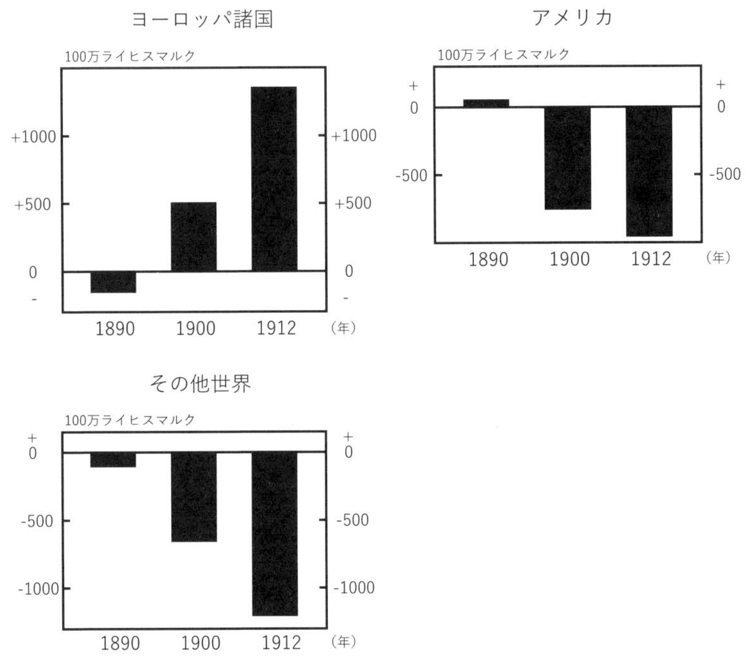

注：「ヨーロッパ諸国」とは，ベルギー，デンマーク，フランス，オランダ，ノルウェー，スイス，イギリス。
「その他世界」とは，アルゼンチン，オーストラリア，ブラジル，エジプト，インド，オランダ領東インド，ニュージーランド。

肉供給源となったが，稼ぎ出した輸出収入は，アメリカからの鉄，鉄鋼，機械類などの輸入に用いられた。「小麦ベルト」が形成されたカナダにおいても，同じような事態の進展がみられた。アメリカは資本財（鉄道備品など）をカナダに輸出していたので，同国に対して輸出超過の状態となった。カナダは対米貿易赤字を，ヨーロッパ諸国に対する小麦輸出によって稼得した輸出収入によって，またそれ以上に，イギリスからの資本輸入によって決済していた。

新たな輸出市場の獲得によって，アメリカの工業は急成長をとげた。1897年以降，アメリカは工業製品の純輸出国となった。また，同じ頃，原料の純輸入国となった。したがって，「新入植地域」に対する輸出超過の大部分は，熱帯諸国に対する輸入超過によって相殺された。図4は，「新入植地域」に対す

図4　アメリカの貿易収支

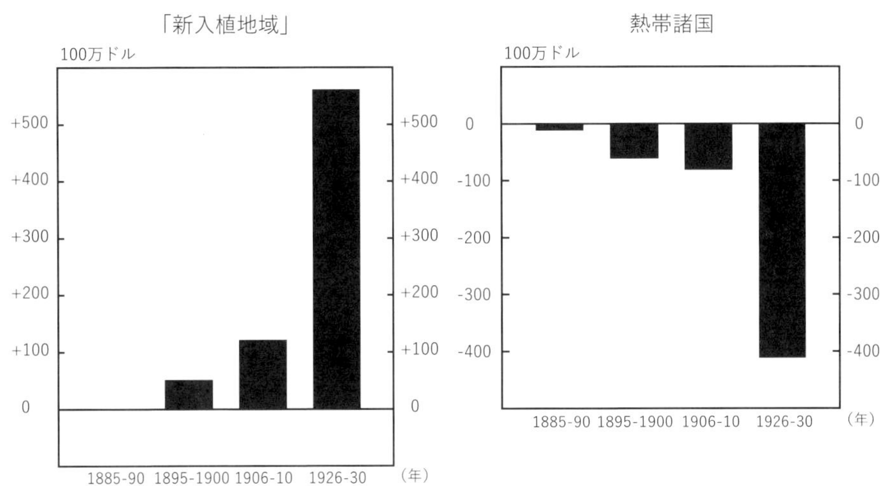

注：「新入植地域」とは，アルゼンチン，オーストラリア，カナダ，ニューファンドランド，ニュージーランド。
　　「熱帯諸国」とは，インド，イギリス領マラヤ，オランダ領東インド。

る輸出超過額と，熱帯諸国に対する輸入超過額が急拡大していることを示している。この状況は第一次世界大戦後も続き，1920年代の多角的貿易システムにとって重要な意味を持つこととなった。1920年代におけるアメリカの資本輸出も多角的貿易の成長に大きな貢献をした。というのも，アメリカの資本輸出は，対外決済の困難に直面していた諸国に外貨を提供したからである。これにより，図1で示した決済網のもっとも弱体な連結部分は補強されることとなった。

多角的貿易システムは，あたかも扇が広がるように，そして数十年の時間をかけて発展していった。時とともにシステムに取り込まれる国は増えていき，一定の秩序に従ってシステムに配置されていった。すなわち，債務諸国から債権国イギリスへと向かう資金の流れに沿って配置されていき，これらの国とイギリスとの距離はますます遠ざかっていった。多角的貿易システムは近代経済の発展に重要な役割を果たした。このシステムは，まさに近代経済の発展が開始した1870年頃に出現し，同システムがその形を整えた20世紀初頭において，国際経済は円熟の極みに達したのである。その後，多角的貿易システムは規模を拡大し，1930年代までその型を維持していく。

しかし，1930年代において多角的貿易システムは衰退する。元本償還，利子・配当支払いに伴う資金の流れは迂回的ではなくなった。イギリスの熱帯地域に対する輸出超過は，輸入超過へと転じたが，これは迂回的な資金移転の回路が閉塞したからである。一般的に，1930年代に世界貿易が破綻した理由は，差別的通商政策や清算協定，二国間収支の均衡を目指した諸政策に求められている。確かに表面的には，イギリスによるポンドの切下げと保護関税の導入は，全世界の通商政策の転換を引き起こしたようにみえる。というのも，イギリスがこれらの政策を実施した直後に，ほぼすべての国で貿易を制限するさまざまな政策が採用されだしたからである。これらの諸国は，イギリスのヨーロッパに対する輸入超過縮小の影響を，直接的，あるいは間接的に受けたのである。

しかし，原因と結果を取り違えてはならない。すなわち，通貨・金融政策の変更は原因ではなく，1931年に頂点に達した国際金融危機の結果なのである。第一次世界大戦後における不安定な経済・金融の状況は，いわゆる「ホット・マネー」を生み出した。これは，投機的利益を求めて，あるいは損失を回避することを目的に運用されている資金である。巨大な国際金融センターに流れた短期資金，あるいはそこから債務諸国に再貸付された資金の合計は，フランスのものだけでも数十億ドルになる。1928年6月にフランが法的に安定すると，短期資金の引揚げが始まり，1931年に生じた金融危機に至るまで間断なく続いた。

では，短期資金が急速に流出すると，どのようなことが起こるのだろうか。輸出超過によってある国から獲得された通貨は，債務の清算に使用されるため，他の国に対する輸入超過が決済できなくなる。したがって，短期資金が引き上げられた国のみならず，その国が輸入超過の関係にある国も対外決済の困難に陥るのである。かかる状況に直面した国は，通商を統制しようとする。

しかし，ほとんどの国は報復を恐れ，輸出超過の関係にある国に対して輸入規制を行うことはしない。A 国が B 国に対する輸入超過を減らすと，B 国は A 国に報復できないので，自国が輸入超過の関係にある C 国やその他の国からの輸入を減らすことになる。各国が二国間収支の均衡を目指したため，報復は野火のごとく広がっていった。また，各国は一方的に，あるいは二国間では解消しえないような経済的結び付きを強化することとなった。ある国との貿易収支の均衡化は，他の国との貿易収支の均衡化も伴うのである。1930 年代初頭に生じた以上の出来事は，世界的な経済戦争へと帰結することになった。この経済戦争は第二次世界大戦勃発まで続いた。

多角的貿易論

これまで，多角的貿易システムの組織，形成史，その衰退について記してきた。ここでは，特定の国に対する多角的貿易の必要性や，特定の産品の需給関係を問題としているわけではない。また，一般論として，いかに多角的貿易が望ましいかを論じる気もない。そうではなく，世界的広がりを持つ多角的決済システムについて明確にしたいと考えている。要するに，世界経済の均衡という問題を扱っているのである。では，多角的貿易システムの衰退は，為替相場，海外投資，各国の経済全般，そして通商・外交政策にいかなる影響を与えるのであろうか。

（1）為替相場への影響

国際的な通貨の均衡状態に必要な最低限の条件は，ある程度の為替相場の安定性に加え，異種通貨間の単一の評価基準が存在することである。すなわち，各国・地域における通貨の需給関係の相違は，裁定取引によって矯正されなくてはならない。通貨の裁定取引を単なる銀行業務の一つとして解釈すべきではない。たとえば，B 国において，通貨 A の過剰が存在し，C 国において同程度の通貨 A の不足が存在したとしよう。かかる状態にも関わらず，通常，通貨Aの為替相場はB国とC国において同じであろう。というのも，B国はC国に対して余剰の通貨Aを売るからである。ただし，C国が，B国あるいは，B国に対して輸出超過の関係にある他国に対して，商品，サービス，金，あるいは証券の純輸出によって，支払うことが可能でなくてはならない。通貨の取引は，なんらかの負債や勘定などを決済しているわけではない。それは単に，並行して生じている商品や他の形態の経済財の交換を反映したものにすぎない。

となると，以下の議論が成立する。（1）異種通貨の異なった市場における単一の評価基準の存在は，国際的な通貨の均衡状態にとって第一の条件となる。（2）単一の評価基準が存在するためには，あらゆる通貨がその他の通貨と自由に交換できなくてはならない。（3）しかし，そのような通貨の交換は，その対となる商品やサービスの多角的な交換を通してのみ可能である。

したがって，多角的貿易の経路を閉鎖すると，すべての通貨に対して差別の無い為替相場を担保することができなくなる。このことは，為替相場が混乱状態にあった1930年代において，為替管理を実施していた諸国が，取引の種類や相手国に応じて，異なる為替レートを適用していたことによって示されている。通貨が圧力にさらされると，為替管理を導入する国が出てくる。通常，ある国に対する輸入超過（あるいは利子・配当支払い）は，ある国に対する輸出超過によって決済されている。したがって，為替相場に対する圧力は一部の国との間で生じるので，無差別的な影響を及ぼす為替相場の切下げは不適切だと感じられるのである。

多角的貿易システムは，1870年代初頭から[6)]，1931年まで存在していたが（第一次大戦中と大戦直後の時期を除く），国際的に金本位制が採用されていた時期と概ね一致する。国際金本制の時代においては，為替相場が安定していただけでなく，各国間の通貨を自由に交換することも可能であった。これまでの議論を踏まえれば，なぜ国際金本位制の時代と多角的貿易システムが存在していた時期が一致するのかは明白であり，これ以上の説明は必要ないであろう。

為替相場の安定は，単一の為替相場のような通貨の国際的均衡の前提条件ではなく，その重要性はより間接的である。しかし，多角的貿易システムの形成史を検討した際に明らかにしたように，それが重要であることは間違いない。1930 年頃，為替相場の安定性の欠如が投機的な資金の移動を導き，その引揚げによって多角的貿易システムは機能不全に陥ったのである。

（2）海外投資への影響

海外諸国からヨーロッパ債権諸国に対する利子・配当の支払いは，通常，多角的な貿易を通して実現されている。したがって，多角的貿易の阻害は，投資収益の移転を妨げることになる。もっとも，債務国と債権国の二国間で，投資収益の移転が可能な場合は別である。二国間関係で投資収益を確保するために，債権国は債務国からの輸入を拡大，あるいは輸出を削減しようとするかもしれない。しかし，大体において海外投資は，債務国の世界市場向け輸出の拡大に資するものであり，輸入の拡大には限界がある。たとえば，イギリスとオランダは，いくら努力してみたところで，オランダ領東インドとイギリス領マラヤで生産される天然ゴムの一部しか輸入できないであろう。両植民地は天然ゴムの３分の２をアメリカに輸出していた。しかし，債権国の債務国に対する輸出の削減に限界があったとしても，それは輸出産業にとっては大きな不安要素であった。1930 年代の経験に照らすと，債権国は自国の輸出産業を犠牲にする意図はまったくなかった。それどころか，金融と経済の間の利害衝突が生じた場合，前者を犠牲にする傾向があった。しかし，そもそも，移転される投資収益自体が減少傾向にあった。

投資収益が減少すると，1930 年代初頭に広範囲にみられたように，直接投資の市場価値が低下し，利子・配当支払いも滞ることになる。結果的に，新規投資は引き合わないものとなり，多少の損失が出ても債券や証券は現金化された。豊かな国の資本によって世界の資源が開発されることはなくなった。このことは，遅かれ早かれ，すべての国に何らかの影響を及ぼすことになろう。外国資本の力を借りつつ，多角的貿易システムが未発展な国の生産を促進しなければ，1870 年～ 1930 年の時期における世界経済の未曽有の発展はなかったであろう。

（3）各国経済への影響

債権国においては，多角的貿易システムの解体の影響は，金融業のみならず輸出産業にも及ぶ。しかし，その影響は，債務国と債権国の間に位置する国においてより明確に表れた。このような国は，図１の右側に位置する諸国に対する輸出超過が減少，あるいは消滅したことにより，もはや左側に位置する諸国に対する輸入超過を決済することができなかった。左側に位置する諸国（とりわけ「熱帯地域」と「新入植地域」）は一次産品供給国であったため，原料に対する商業的アクセスの問題が生じた。この問題は国家間の政治・経済的関係に悪影響を及ぼしたが，有効な多角的貿易システムを維持さえすれば解決できる問題であった。

一次産品に対する有効需要が減少したため，一次産品価格は低下し，輸出国に過剰な在庫が生じた。輸出国における在庫の増大と，他の国が一次産品の購入が困難になったこととは，同じ現象の２つの側面と言える。通常，価格の低下は国際市場から国内市場へと広がっていく。一次産品価格のみが低下するのであれば，工業諸国の景気は上向くであろう。というのも，原料コストと完成品価格との間に開きが生じ，これが製造業者の収益率を高めるからである。しかし，価格の低下が完成品にまで及ぶ事態にいたると，製造業の不況も始まり，経済・金融のあらゆる部門が悪影響を受けることとなろう。そうなると，各国は国内の物価レベルを維持することを目的として輸入を制限することになる。

（4）通商・外交政策への影響

世界的な決済システムが機能不全に陥ると，各国は二国間，あるいは少数の国との間で決済を完結させようと試みるようになる。その結果，差別的待遇が横行し，帝国特恵体制が確立され，「門戸開放」政策は放棄されることになる。1930年代において，諸帝国は域内の貿易関係を強化した。多角的貿易の経路を通じて，投資収益を回収できなくなったので，本国の海外領土に対する貿易関係は，輸出超過から輸入超過の状態へと変化した。帝国に属しておらず，お互いに補完的な経済関係にある諸国は，相互間の貿易を強化する誘因が強まった。しかし，かかる関係においては，弱い立場にある国は政治・経済的独立性を脅かされることとなった。一方で，大きな国も小さな国も，そして発展した国も途上国も，買手・売手双方の立場で平等な条件でアクセスできた「世界市場」を失うことになった。多くの国で為替管理が導入され，人為的に通貨価値が高められた。この結果，各国の産品はより高い価格で取引されるようになった。為替管理は無駄な管理機構を必要とするが，結局それは完全なものとはなりえない。

結　論

しばらくの間混乱は続くであろう。しかし，この混乱は永久に続くだろうか。今後，世界的な決済システムは必要なくなり，各国の生産は二国間，あるいは帝国内貿易に適合してゆき，新たな均衡状態に達するのだろうか。あるいは，1930 年代における国際経済の困難は，多角的な決済が時代遅れとなった証拠であり，この時代は新たな世界へと向かう「移行期」となるのだろうか。

確かに，生産条件は一定の程度までは調整可能であるが，気候，土壌，そして地理的位置は変更することができない。これらの条件はあまりに異なるので，生産の高度な特化は大きな利益を生み出すのである。そして，このような特化は貿易が多角的に行われるときにおいてのみ実現可能である。多角的貿易が損なわれると，各国は外国を支配することにより，自国経済の効率化を図ろうとする。このように，多角的貿易システムを確実に機能させることは，経済的のみならず，政治的にも重要なのである。多角的貿易システムは，戦争に結びつくような国家間の緊張関係を緩和する機能を有している。

多角的貿易システムの機能不全は，近代経済のあらゆる部門に悪影響を及ぼす。なぜなら，世界的な多角的決済は，平時の経済において基軸的な役割を果たしているからである。すなわち，多角的貿易システムは，国際的な通貨の均衡状態，海外投資，世界市場の価格レベル（及びそれを介しての国内物価），したがって，生産，雇用，景気，これらに決定的に重要な影響を与えているのである。経済政策の国際的協調，そして，すでに10年以上続いている経済戦争の終結を目指すならば，まずは多角的貿易システムの再建について考えるべきであろう。

しかし，第二次世界大戦後の多角的な貿易経路は，1920年代とは異なるものとなろう。イギリスの海外投資の大部分が清算されたこと，大戦による富の喪失，生産技術の発展や新製品（合成ゴムなど）の開発，そしてより重要なものとしては大規模な航空輸送の発展，これらの要因は異なる型の多角的貿易システムを出現させるであろう。戦後の状況に適合した多角的貿易システムの形成は，痛みを伴うプロセスを経ることとなろう。しかし，多角的貿易システムの再建しか，混乱した世界経済を回復させる手段はない。

一般的に，国際決済の障害は通貨の分野にあると考えられている。しかし，これは誤解である。最近では，世界的な決済を実現するための斬新なアイディアが生み出されている。これは，獲得した外貨をすぐに使用させることにより，短期債務の過度な蓄積を防ぐことを目的としている。しかし，このようなアイディアでは問題は解決できない。たとえば，余剰の輸出収入を減価，あるいは無価値にするなどして決済を強制したとしよう。このようなことをすれば，各国の真の需要を反映しない商品とサービスの多角的交換を促すことになり，要素賦存の状況を反映した多角的貿易システムは形成されない。我々が望んでいるのは，自然に形成された型，あるいはそれに近い型の多角的貿易システムである。重要なのは，通貨の請求権の決済ではなく，すべての国に利益をもたらす国際経済の統合であり，これは多角的な商品とサービスの交換によって実現される。為替相場の適度な安定と，政治的安定が保証されていればよいのであり，新たな国際決済システム（多角的清算システム）を導入する必要はない。為替相場の安定と安全保障さえ担保されていれば，輸出業者も海外に短期資金を蓄積することはない。

我々が望んでいる国際的な統合は，国際貿易の分野に関しては，各国の経済政策の協調によって達成される必要がある。1930年代初頭から導入されてきた貿易統制は，一方的な，あるいは二国間的な行動によって取り除くことはできない。健全な原則の下で多角的貿易主義を復活させるには，広範な規模での国際的計画が必要である。具体的には，多角的貿易の経路を再建するために，新たな通商政策の創出が必要である。しかし，本稿の目的は多角的貿易の理解にあるので，この点に深入りはしない。

【注】

1）詳細については，*The Network of World Trade* を参照されたい。しかし，本稿においては，同書で取り上げていない事柄についても検討されている。

2）図1では，アジアと北アメリカにある他の非熱帯諸国も省略されている。

3）より厳密に言えば，純資本輸出額を上回る投資収益と海運収入の金額である。

4）たとえばドイツの貿易収支についても同じことが当てはまるだろう。しかし，別のケースでは，「見えざる」項目を含めると，多角的に決済される資金の量は増加するであろう。

5）図では，三角貿易が発展していく速度が強調されている。なぜなら，この数値は，大陸ヨーロッパ諸国が直接的輸送ルートを確立することによって生じた貿易相手国・地域の変化の影響も受けているからである。イギリスの純輸入額と投資額との間の反比例的な関係については，*The Network of World Trade* に収録されている図7（本訳書の図26：訳注）が明確に示している。

6）より正確には1873年である。William Adams Brown, Jr., *The International Gold Standard Reinterprited, 1914-34,* Vol.1, p.xv. を参照されたい。

訳者あとがき

一般的に，すべての国は比較優位財を生産・輸出するので，各国の貿易は一定の方向性を帯びる。19 世紀半ば以降，この一定の方向性を有する商品貿易の流れは，交通・通信革命，自由貿易主義や金本位制の普及，そしてイギリスをはじめとするヨーロッパ債権諸国の海外投資などによって，太く，速くなっていった。その結果，1870 年頃に，ほぼすべての国を包摂する有機的に編成された単一の貿易ネットワークが出現し，世界は史上初の，そして，おそらくは不可逆的なグローバル化を遂げた。

一方で，このネットワークは，「世界の銀行」イギリスの投資収益回収経路としての機能と特徴を有していた。したがって，それが機能不全に陥った 1930 年代初頭，イギリスは投資利害を保全するために新たなシステムを構築した。すなわち，1932 年オタワ会議による帝国特恵体制の確立と，その後の帝国外諸国との間の二国間通商協定の締結である。これにより，イギリスは投資収益の保全には成功したが，100 年近く堅持してきた自由貿易政策の放棄を余儀なくされたのである。この結果，ドイツをはじめとする「持たざる国」の二国間通商政策が惹起され，世界経済は分断化の様相を深めていった。

本訳書 275 頁で記されているように，多角的貿易システムの必要性を減らした要因と，その利益を損ねた要因とを区別する必要がある。第一次世界大戦後，最先端の技術と生産力を誇るアメリカの輸出攻勢により，イギリスを基軸とする多角的貿易システムは変質し，その機能を果たさなくなっていった。一方で，アメリカの資本輸出によってイギリスへと向かう投資収益の流れは維持されていたので，多角的貿易システムがその機能を果たす必要はなかった。要するに，アメリカの急速な台頭によって，既存の多角的貿易システムに歪みが生じたのであり，これこそが，1930 年代初頭に世界貿易が劇的に縮小し，その後長期的に停滞した根本的理由であった。したがって，本訳書 52 頁に記されているように，各国の近隣窮乏化政策は，上記の歴史的 / 構造的変化に促された対応にすぎなかったと言えよう。

多角的貿易システムは定常的なものではなく，大国による権力闘争のダイナミズムの中で変転を繰り返している。したがって，既存の多角的貿易システムがその必要性を失い，それが理由で世界貿易が混乱に陥っているのであれば，各国の利己的な通商政策の規制は根本的解決にはならない。そもそも，一般的な意味での多角的貿易は一時的に衰退するかもしれないが，時が経てば新たな多角的貿易システムが自然に形成されるであろう。それゆえ，多角的貿易の必要性を訴えるよりも，世界各地の経済構造や現状を踏まえ，いかなる機能を備えたグローバルな貿易体制が必要かを議論する方がより建設的であると思われる。

2021 年 2 月

佐藤　純

索　引

ア

カ

サ

タ

ナ

ハ

マ

ヤ

《訳者紹介》

佐藤 純（さとう・じゅん）

1973年 秋田県秋田市生まれ
2004年 東北大学大学院文学研究科博士後期課程修了，博士（文学）
2004年 日本学術振興会特別研究員（PD）
2005年 八戸工業高等専門学校講師，2007年同准教授（～2017年）
2009年 London School of Economics and Political Science
Economic History Department, Senior Visiting Scholar（～2010年）
2017年 東北学院大学経済学部准教授，
2018年 東北学院大学経済学部教授，東北大学理学部非常勤講師
（～現在にいたる）

［主要著書］
『西洋近代における分権的統合 その歴史的課題』（共著）東北大学出版会，2013年
『新版 格差社会論』（共著）同文舘出版，2019年

（検印省略）

2021年3月20日 初版発行
2023年3月20日 改訂版発行

略称 ―世界貿易

世界貿易のネットワーク［改訂版］

著 者 League of Nations
(Economic Intelligence Service)
訳 者 佐 藤 純
発行者 塚 田 尚 寛

発行所 東京都文京区 春日2－13－1 株式会社 創成社

電 話 03（3868）3867 FAX 03（5802）6802
出版部 03（3868）3857 FAX 03（5802）6801
http://www.books-sosei.com 振 替 00150-9-191261

定価はカバーに表示してあります。

© 2021, 2023 Jun Sato
ISBN978-4-7944-3241-4 C3033
Printed in Japan

組版：スリーエス 印刷：エーヴィスシステムズ
製本：エーヴィスシステムズ
落丁・乱丁本はお取り替えいたします。

経済学選書

書名	著者		価格
世界貿易のネットワーク	国際連盟経済情報局 著 佐藤純 訳		3,200円
みんなが知りたいアメリカ経済	田端克至	著	2,600円
自動車産業のパラダイムシフトと地域	折橋伸哉	編著	3,000円
「復興のエンジン」としての観光 —「自然災害に強い観光地」とは—	室崎益輝 監修・著 橋本俊哉 編著		2,000円
テキストブック租税論	篠原正博	編著	3,200円
テキストブック地方財政	篠原正博 大澤俊一 山下耕治	編著	2,500円
財政学	望月正光 篠原正博 栗林隆 半谷俊彦	編著	3,100円
復興から学ぶ市民参加型のまちづくりII —ソーシャルビジネスと地域コミュニティ—	風見正三 佐々木秀之	編著	1,600円
復興から学ぶ市民参加型のまちづくり —中間支援とネットワーキング—	風見正三 佐々木秀之	編著	2,000円
福祉の総合政策	駒村康平	編著	3,200円
環境経済学入門講義	浜本光紹	著	1,900円
マクロ経済分析 —ケインズの経済学—	佐々木浩二	著	1,900円
ミクロ経済学	関谷喜三郎	著	2,500円
入門経済学	飯田幸裕 岩田幸訓	著	1,700円
マクロ経済学のエッセンス	大野裕之	著	2,000円
国際公共経済学 —国際公共財の理論と実際—	飯田幸裕 大野裕之 寺崎克志	著	2,000円
国際経済学の基礎「100項目」	多和田眞 近藤健児	編著	2,500円
ファーストステップ経済数学	近藤健児	著	1,600円

(本体価格)

創成社